In der Küche von Reine Sammut wird ein Dessert vorbereitet. Folgende Seite: kulinarisches Stillleben auf dem Fenstersims in Suzels Restaurant-Museum in Ringendorf im Elsass.

Gilles Pudlowski
Fotos Maurice Rougemont

Spitzenköchinnen
und ihre besten Rezepte

Aus dem Französischen von Ingrid Ickler

Flammarion

INHALT

Die Frauen sind am Zug

Vor rund 25 Jahren sind die Frauen aufgebrochen, die Welt der Spitzengastronomie zu erobern – heute haben sie viele ihrer männlichen Kollegen überflügelt. Dass Frauen in Politik, Sport, Kunst und Kultur eine bedeutende Rolle spielen, ist längst Realität, dass sie aber auch in der von Männern dominierten Welt der Spitzenküche Anerkennung gefunden haben, ist neu.

Bis dato beschränkte sich der Wirkungskreis kochender Frauen auf die heimische Küche; sie waren für die täglichen Mahlzeiten der Familie zuständig. Das althergebrachte Bild der Frau am Herd zeigt die gemütliche Hausfrau und Mutter, keine raffinierte Spitzenköchin. Doch im Laufe der Zeit hat sich dieses Bild gewandelt.

Ein gutes Beispiel ist Italien. Dort haben die Frauen in der Spitzengastronomie ihren männlichen Kollegen den Rang abgelaufen. Während es im besonders kritischen französischen Guide Michelin nicht einmal zwanzig Köchinnen geschafft haben, sich einen Stern zu erkochen, nehmen in der nicht weniger strengen italienischen Ausgabe Frauen sogar die Spitzenpositionen ein. Nur vier Mal wurden drei Sterne verliehen, drei Mal davon an Frauen: Annie Feolde, Nadia Santini und Luisa Valazza sind mehr als nur Köchinnen, sie sind Künstlerinnen am Herd. Sie setzen Trends, prägen ihren eigenen Stil und fordern mit Erfolg die männliche Konkurrenz heraus.

Alle drei sind ausgeprägte Individualistinnen: rundlich oder zierlich, mal mütterlich und kumpelhaft, mal sinnlich und raffiniert – eines aber ist allen eigen: ihr überragendes Können.

Die in diesem Buch vorgestellten Frauen – 33 europäische Spitzenköchinnen und eine wahrhaft göttliche Konditorin – haben neben all ihrer Individualität auch eine ganze Reihe an Gemeinsamkeiten. An erster Stelle steht dabei die Liebe für das außergewöhnliche Metier. Zudem sind sie allesamt Idealistinnen; ihre Restaurants arbeiten oft am Rande der Rentabilität. An feste Arbeitszeiten ist nicht zu denken. Christine Ferber zum Beispiel ist bereit, um drei Uhr morgens aufzustehen, nur um als Erste auf dem Obstmarkt zu sein. Allen gemeinsam ist auch ihr Innovationsgeist sowie die Lust am Wiederentdecken alter Rezepte.

Die vorgestellten Frauen sind Köchinnen aus Leidenschaft, sie leben für ihre Kunst. Nicht zuletzt deshalb haben wir sie ausgewählt. Sie versetzen uns immer wieder in Erstaunen, irritieren und verführen gleichermaßen. Orientiert haben wir uns an ihrem Talent, ihrem Ehrgeiz und ihrer natürlichen Überzeugungskraft. Dies gilt sowohl für die renommierten Sterneköchinnen, die bereits ein Aushängeschild für ihr Heimatland oder ihre Region sind, aber auch für die Newcomerinnen, die noch weitgehend unbekannt und erst auf dem Weg nach oben sind. Zu ihnen zählen die *Nouvelles mères cuisinières*, wie Hélène Darroze jene Gruppe aufstrebender junger Chefköchinnen genannt hat,

Vorhergehende Doppelseite, von links nach rechts: Schiefertafel mit dem Tagesmenü bei Olympe; Schnecken im Gemüsemantel bei Jocelyne Lotz-Choquart; Calamares in der Pfanne bei Flora Mikula; einige Hundszahnblätter in den Händen von Isabelle Auguy; Einkochen von Marmelade bei Christine Ferber; Wildkräuter bei Judith Baumann; ein Tisch mit Spirituosen bei Lea Linster; ein Hibiskusblütenaufguss mit Wassermelonenwürfel bei Judith Baumann. Gegenüber: ein Gericht von Johanna Maier.

die Jahr für Jahr ihre Fähigkeiten anlässlich eines Wohltätigkeitsessens unter Beweis stellt. Unter ihnen befinden sich neben einigen der hier porträtierten Köchinnen auch Ariane Daguin aus New York und Barbara Lynch aus Boston.

Hinter den Starköchinnen stehen oft Männer, die sie gleichzeitig tragen und ertragen. Sie stehen ihnen zur Seite, ermutigen und stimulieren sie, den eingeschlagenen Weg fortzusetzen.

Der Werdegang der hier porträtierten Frauen ist oft abenteuerlich, ja manchmal schier unglaublich. Häufig haben sie keine klassische Kochausbildung, haben dem Vater, dem Bruder, der Mutter oder auch dem Ehemann über die Schulter geschaut und nicht selten danach mit ihrem Lehrmeister den Platz getauscht. In Filzmoos zum Beispiel steht jetzt Johanna Maier hinter dem Herd und nicht mehr ihr Mann. Oder Annie Feolde: Diese aus bescheidenen Verhältnissen stammende Frau aus Nizza betreibt heute ein weltbekanntes Restaurant in Florenz und gilt als der Maßstab für große toskanische Küche.

Unsere Kochkünstlerinnen haben in Luxemburg, Österreich, Spanien, Belgien, der Schweiz und anderswo die männerdominierte Kochwelt und ihre Hierarchien geradezu auf den Kopf gestellt. Doch sie legen keinen Wert auf Starrummel oder haben ihm nach Jahren im Blickpunkt der Öffentlichkeit den Rücken gekehrt. Dies gilt zum Beispiel für Olympe, die den Montparnasse, die Fernsehkameras und Radiostationen mit einem ruhigen Sträßchen im Viertel Nouvelle Athènes im 9. Pariser Arrondissement vertauscht hat.

In Fragen des kulinarischen Geschmacks sind diese Frauen richtungsweisend, egal ob sie aus einem kleinen Ort in der Po-Ebene stammen (wie die geniale Nadia Santini aus Canneto sull' Oglio) oder am Ufer des Orta-Sees leben wie die sanftmütige Luisa Valazza aus dem Al Sorriso in Soriso.

Und selbst auf dem Kocholymp ist heute Platz für Frauen. Die Luxemburgerin Lea Linster gewann 1989 als erste und einzige Frau den »Bocuse d'Or« in Lyon, einen international renommierten Kochwettbewerb.

Trotz aller Lobeshymnen: Die Frauen dieses Buches bleiben bescheiden, angenehm zurückhaltend und liebenswert.

Und egal, ob sie aus einer Metropole oder aus der Provinz kommen: Im Herzen sind sie Europäerinnen, gleichzeitig jedoch verwurzelt mit ihrer Region und ihren Produkten, mit dem Gruyère, mit Katalonien, dem Piemont, der Maremma, mit Flandern, der Provence, dem Elsass oder mit Latium.

Sie präsentieren uns eine andere Art zu kochen: einfallsreich, sinnlich, gefühlsbetont und manchmal auch wagemutig. Jede dieser Köchinnen hat ihr gewisses Etwas, einen typischen Saucenfond, einen speziell abgeschmeckten Bratensaft oder ein sonstiges i-Tüpfelchen, wie der kleingehackte Knoblauch auf korsischem Gemüse oder der Schuss Olivenöl in der deftigen Gemüsesuppe von Gisèle Lovichi, Geniestreiche wie die durchsichtigen Langustinenravioli von Carme Ruscalleda oder köstliche Desserts wie der geeiste Irish Coffee von Lydia Egloff.

Dieses Buch ist eine Hommage an die besondere Kreativität der femininen Küche. Jede der hier porträtierten europäischen Spitzenköchinnen beweist: In der Küche hat die Stunde der Frauen geschlagen!

Gegenüber, im Uhrzeigersinn von oben links:
Vorbereitungen bei Judith Baumann (Schweiz);
Reine Sammut probiert, bevor die Gerichte
die Küche verlassen; Luisa Valazza (Italien);
Amuses gueules von Johanna Maier
im Hubertushof, Österreich.

ELENA ARZAK

SAN SEBASTIAN *(BASKENLAND, SPANIEN)*

DAS SPITZENDUO DER IBERISCHEN KÜCHE KOMMT AUS SAN SEBASTIAN,
DER TOURISTENMETROPOLE DES SPANISCHEN BASKENLANDES:
JUAN-MARI ARZAK UND SEINE TOCHTER ELENA.
DIE BEIDEN BASKEN VERZAUBERN IHRE GÄSTE IMMER WIEDER AUFS NEUE.

Juan-Mari Arzak ist Erfinder und Bewahrer zugleich. »Wenn ich in der Welt unterwegs bin und neue Produkte und Gewürze entdecke, überlege ich, wie sie wohl in Kombination mit unserer regionalen Küche schmecken könnten.« Der dienstälteste Drei-Sterne-Koch Spaniens (seit 1989) ist mit seinen über sechzig Jahren auch heute noch auf der Suche nach Neuem. Der ehemalige Schüler großer Köche wie Paul Bocuse, den Gebrüdern Troisgros, Alain Senderens und Gérard Boyer hat sein mehr als hundert Jahre altes Eckhaus mit der prunkvollen Fassade, dem gemütlichen Speisesaal und der einladenden Bar zu einem Treffpunkt für Freunde und zu seinem kulinarischen Experimentierfeld gemacht. Früher führte sein Großvater José-Maria das Haus direkt an der viel befahrenen Alto de Miracruz, danach sein früh verstorbener Vater Juan-Ramon. In dieser Zeit stand seine Mutter am Herd, eine Verfechterin der bodenständigen, unverfälschten baskischen Küche. Juan-Mari Arzak dagegen experimentiert gerne mit Kontrasten, knusprig und weich, süß und sauer, kernig und mürbe. Dabei verwendet er mit Vorliebe Gelatine, Sauermilch oder Frischkäse. Wie ein Chemiker tüftelt er immer neue Geschmackskombinationen aus. Dabei unterstützt ihn seine dunkelhaarige Tochter Elena, die ihm als Energiequelle und konstruktives Gegengewicht zur Seite steht. Sie absolvierte ihre Ausbildung an der Hotelfachschule in Luzern und war danach bei den kreativsten Küchenchefs Europas tätig: bei Alain Dutournier im Carré des Feuillants in Paris, bei Claude Peyrot im Vivarois, bei Ferran Adria im El Bulli in Katalonien und schließlich bei Pierre Gagnaire, dem Zauberer aus der Pariser Rue Balzac. Ihre Erfahrungen setzt sie in neue Impulse und Anstöße für die väterliche Küche um.

Man muss sie gesehen haben, Vater und Tochter, wie sie in dem kleinen versteckten »Labor« hinter dem Restaurant Hand in Hand arbeiten. Sie diskutieren über Geschmacksnoten, Konsistenzen und Kombinationsmöglichkeiten, schieben kleine Plastikbehälter mit Kostproben zwischen sich hin und her und sinnieren dabei mit gro-

Elena Arzak und ihr Vater Juan-Mari (unten links) stehen für innovative baskische Küche. Gerichte wie Bonito mit panierter Haut und Zwiebel-Melonengemüse (unten rechts) oder grosse Krevetten im Grünen (Seite 11) zeigen ihre Kreativität. Jede ihrer kulinarischen Köstlichkeiten ist das Ergebnis eines langen Entwicklungsprozesses. Gegenüber: der Empfangsbereich mit Bar.

ßem Vergnügen, was morgen auf der Karte stehen könnte. Dieses außergewöhnliche Paar wird nicht müde, auf kulinarische Entdeckungsreisen zu gehen. Was ist das Optimum an Würze, Schärfe oder Süße? »Wir wollen immer unseren eigenen Geschmack vervollkommnen«, erklären sie. Der eigene Geschmack, das ist der Geschmack des Baskenlandes. Ihn zu erhalten, weiterzuentwickeln und zu verbreiten, das ist das Ziel von Juan-Mari Arzak. Und Elena ist der Garant für Kontinuität.

Bei den Arzaks ist Essen Ausdruck einer Lebensphilosophie. Der lichte Essraum ist geschmackvoll eingerichtet, die Kellnerinnen tragen einfache graue Schürzen, und männliche Gäste verzichten bewusst auf Schlips und Kragen: Bei Arzak lässt es sich entspannt und trotzdem stilvoll essen. Das Restaurant bietet ständig wechselnde, aber stets marktfrische Tagesgerichte »à la Arzak« mit Fischen und Krustentieren aus dem Meer vor San Sebastian und weiteren pfiffigen Variationen heimischer Produkte.

Die neuesten Kreationen sind marinierte Kammmuscheln auf Tomatengelee, mit Speck umwickelte Feigen mit einer Bohnenvinaigrette sowie ein karamellisiertes Dreieck aus Melone, Joghurt und Taubenleber. Dazu Tintenschnecken, deren Farbe wie von Zauberhand von schwarz nach rot wechselt, wenn man sie in den köstlichen Zitronenmelissesud gleiten lässt. Es folgen Nudeln mit Krevetten und Spargel oder das überwältigende *Fleur d'œuf* mit Trüffeln. Das Brustfilet vom Thunfisch, das auf eine Gräte gespießt serviert wird, ist auf der ganzen Welt berühmt. Traditionell und doch leicht sind der Seehecht mit grüner Sauce und Venusmuscheln oder die marinierten Tintenschnecken.

Dass die Arzaks gerne reisen, zeigen die Pekingtaube mit Erdnüssen und das Lammcarré mit Curryhaut. Auch die Desserts präsentieren sich exotisch: pikante Schokolade mit Honig und Tomate, *Pâte de lait* mit Chili oder geschmorte Früchte. Einen passenden Kontrapunkt setzen erlesene spanische Weine: ein prickelnder Txakoli, ein fruchtiger Chardonnay Chivite, ein kräftiger Rioja Torre Muga oder ein leidenschaftlicher Contino. Das alles prickelt und kitzelt den Gaumen und was anfangs provoziert und überrascht, ja stutzig macht, verführt und bezaubert schließlich.

Der Magier Arzak ist trotz lauernder Konkurrenz noch nicht bereit, den Kochlöffel an den berühmten Nagel zu hängen. Die baskische Küche hat noch einiges zu erwarten. Und um seine Nachfolge braucht er sich auch keine Sorgen zu machen!

Gegenüber, oben links: Elena in ihrem Gewürzlager (es umfasst mehr als 1000 sorgsam etikettierte Behälter). Darunter: Das Servicepersonal trägt die hauseigene Uniform. Gegenüber, oben rechts: eine verblüffende Kreation mit Feuerwerks-Effekt: die »pompas de fresas«, Fruchtspiesse mit Erdbeermilch. Unten: In der Küche, unter den Augen des omnipräsenten Vaters, ist immer etwas los.

DAS BESONDERE REZEPT VON ELENA ARZAK

GROSSE KREVETTEN IM GRÜNEN

FÜR 4 PERSONEN
VORBEREITUNGSZEIT: 35 MINUTEN
KOCHZEIT: 25 MINUTEN

ZUTATEN

Für die Krevetten

- 8 große Krevetten (oder Gambas)
- 1 EL schwarze Oliven, püriert
- Olivenöl extra vergine
- Salz
- gemahlener Ingwer

Für die Beilage

- 120 g Salatblätter (Rucola, Rübenblätter, Portulak, junger Spinat)
- 1 große Kartoffel
- 3 EL Olivenöl
- 1 EL Reis- oder Sherryessig
- 1 TL löslicher
- Zichorienkaffee (oder Bierhefe)
- Salz, schwarzer Pfeffer

Für das Kaffeeöl

- 5 EL Öl
- 2 EL schwarze Oliven, entsteint
- 1/4 TL löslicher Kaffee
- eine Prise Puderzucker

ZUBEREITUNG

Für das Kaffeeöl die Oliven mit Öl, löslichem Kaffee und Puderzucker mischen. Die Kartoffel in der Mikrowelle 7–8 Minuten oder in kochendem Salzwasser 25 Minuten garen. **Für die Vinaigrette** Essig, Olivenöl, Zichorienkaffee (oder Hefe) mischen, salzen und pfeffern. Salat hinzugeben, nicht mischen. Krevetten mit Salz und Ingwerpulver würzen. Dann bei hoher Temperatur in 1 EL Olivenöl 4–5 Minuten braten, dabei ständig rühren. Vom Herd nehmen, mit den pürierten Oliven mischen und beiseite stellen. Kartoffel schälen und in 4 rechteckige Stück schneiden. In die Mitte der Teller je ein Kartoffelrechteck, 2 Krevetten und den mit Vinaigrette gewürzten Salat geben. Der Salat sollte luftig aussehen und alle Stängel sollten in eine Richtung zeigen. Einen Ring aus Kaffeeöl darum gießen.

Werden geschälte Krevettenschwänze verwendet, nur 2 Minuten garen.

ISABELLE AUGUY

LAGUIOLE *(AVEYRON, FRANKREICH)*

DAS DREI-STERNE-RESTAURANT VON MICHEL BRAS IN LAGUIOLE KENNT JEDER, ISABELLE AUGUY DAGEGEN IST NOCH EIN GEHEIMTIPP. SIE VERBINDET IN IHRER KÜCHE ALTBEWÄHRTES AUS IHRER HEIMATREGION MIT INNOVATIVEN IDEEN.

Laguiole liegt auf einem windigen Hochplateau in 1000 Metern Höhe. Das kleine Dorf hat nur 1200 Einwohner, aber zwei Spitzenrestaurants, von denen eines bereits weltberühmt ist. Zu Beginn der kalten Jahreszeit fällt Laguiole in den Winterschlaf. Ende Oktober schließt Michel Bras sein Drei-Sterne-Restaurant, das sechs Kilometer vom Dorf entfernt inmitten der Wälder des Aubrac liegt. Auch Isabelle Auguys Restaurant ist von Mitte November bis Mitte März geschlossen. Während in den übrigen Jahreszeiten die Feinschmecker in Scharen nach Laguiole pilgern, wird es nun still im Dorf.

Die im Herzen von Laguiole gelegene Auberge von Isabelle Auguy war 1926 von ihrer Großmutter eröffnet worden. Genau gegenüber werden bei Calmels die von Pierre-Jean Calmels etwa in der gleichen Zeit entwickelten *Forge de Laguiole* verkauft. Inzwischen gibt es ungefähr zwanzig Geschäfte im Dorf, die das echte »Laguiole-Messer« mit dem typischen Horngriff anbieten, aber nur noch wenige sind handgefertigt.

Laguiole ist ein wahres Mekka für Feinschmecker. Begehrt sind vor allem die Würste und Schinken von Conquet und Bringuier, die Brote und Hefekuchen von Pascal Auriat, die *Tripoux* von Claude Rus in der Drosera Gourmande und der Laguiolekäse von der Kooperative Jeune Montagne. Dieser Rohmilchkäse ist heute AOC-geschützt und gleicht äußerlich dem Chantal oder dem Salers. Auch der Ecir en Aubrac von der Fromagerie du Plateau, der dem Saint-Marcellin nahe kommt, ist eine Delikatesse.

Viele berühmte Köche der Region, wie Marcellin Cazes, der Gründer der Brasserie Lipp, oder die Gebrüder Costes, die in Paris zahlreiche Restaurants besitzen und deren Mutter dort einen Campingplatz eröffnete, haben in der französischen Hauptstadt ein Vermögen gemacht. Isabelle Auguy hingegen ist geblieben, und als ihre Eltern beschlossen, in Rente zu gehen, hat sie deren Restaurant übernommen.

Damals war sie gerade einmal zwanzig. Sie hatte die Hotelfachschule in Toulouse besucht und danach lediglich ein dreimonatiges Praktikum bei Jean-Claude Dray, dem Chefkoch des Zwei-Sterne-Restaurants La Renaissance in Magny-Cours in der Region

Auf dem Hochplateau von Aubrac, im Herzen von Laguiole, liegt das Grand Hotel Auguy, in der dritten Generation geführt von Isabelle Auguy. Sie hat alles im Griff – auch den Stier (ganz oben). Die Kräuter der Region kennt sie alle, wie auch diesen Hundszahn (gegenüber, oben links). Sie bevorzugt regionale Produkte, wie Froschschenkel mit Spargel (vorhergehende Seite oben) oder Steak vom Aubrac-Rind mit Marcillacsauce (gegenüber rechts). Wie selbstverständlich verbindet sie Tradition und Moderne wie bei diesem Lebkuchenröllchen auf Apfelconfit (gegenüber, links unten). Als Amuse gueule serviert sie Hausmacherwurst aus Laguiole (oben). Seite 16: Isabelle bereitet das traditionelle »Aligot« zu.

Nièvre absolviert. Bei ihm lernte sie Klassiker kennen wie die Rinderkoteletts mit Morchelrahm, aber auch eine moderne Variante mit Foie Gras und Ananaskonfitüre. Schritt für Schritt erweiterte sie das von Mutter und Großmutter geprägte Küchenerbe und entwickelte ihre eigene Philosophie. Neu auf die Karte kamen beispielsweise Confits und *Aligot,* ein dicker Brei aus Kartoffeln und Käse, oder Schweinefüßchen und Linsensalat. Isabelle heiratete Jean-Marc Muylart, einen Mitschüler aus der Hotelfachschule. Jean-Marc widmete sich dem Service, vergrößerte den Weinkeller und verschaffte dem Haus auch äußerlich ein modernes Ambiente. Als ihr Bruder und ihre Mutter starben, war Isabelle Auguy in der Lage, das Restaurant selbst zu führen. Damals war sie im Winter fast alleine im Dorf, Touristen kamen kaum noch, und sie empfing persönlich die seltenen Gäste, die für einen Abend bei ihr einkehrten, um ihre bodenständigen Gerichte zu genießen.

Seit diesen Anfängen setzt sie die Inspirationen der heimatlichen Umgebung in immer neue Küchenkreationen um. Den gleichen Weg geht Michel Bras, der bei ihr mit seiner gesamten Küchenmannschaft seinen dritten Michelin-Stern feierte. Im Gegensatz zu seinen extravaganten Gerichten ist Isabelle Auguys Küche ihren Wurzeln weitgehend treu geblieben. Ihre kulinarische Entdeckungsreise durch das Aubrac macht immer wieder Halt bei den deftigen Spezialitäten der Region wie Innereien oder Wurstwaren.

Ein Menü bei Isabelle beginnt mit Tapas aus Hausmacherwurst. Es folgen Würstchen aus gepökelten Schweinebäckchen mit einer Linsencreme und Fleischjus, danach Blutwurst mit in Butter gebratenen Äpfeln mit einer Sauce aus Cidre-Essig, die zusammen mit gebratener Foie Gras serviert werden, sowie feine Forellenfilets aus den Teichen von Gagnot mit krossem Speck, einer Sauce aus Laguiole-Käse und einer deftigen Kohlroulade.

Außerdem gibt es Schafskutteln nach Großmutterart, Schweinshaxe und geschmorte Schweinefüßchen, umhüllt mit geräuchertem Schweinebauch. Danach warten ein mit regionalen Spezialitäten bestückter Käsewagen und verführerische Desserts wie Karamellmousse mit Haselnusscremeröllchen und einer Sauce aus kandierten Orangen oder witzige, aus Karamell gerollte »Zigarren« auf einer gebratenen Birne mit Ingwereis und Passionsfrüchtegelee. So klassisch ihre salzigen Gerichte sind, so fantasievoll sind Isabelle Auguys Desserts.

Mit der Jahreszeit verändert sich auch die Karte. Hinter »Das Jahr beginnt« verbergen sich grüne Ravioli *à l'italienne* mit Morchelschaum, Dorsch mit Artischocken in pikanter Pfeffersauce, Lésignanzwiebeln, Tomatenconfit und sizilianischem Olivenöl sowie Roastbeef mit einer Cannelloni mit ausgelassenen Zwiebeln, mildem Pfeffer und Fleischbrühe, dazu das in der Kasserolle servierte *Aligot.*

Isabelle Auguy hat ihren Stil weiterentwickelt: durch zahlreiche Reisen – besonders nach Italien – sowie durch Stippvisiten bei europäischen Spitzenköchen wie Olivier Roellinger in Cancale, Michel Guérard in Eugénie-les-Bains, Didier Oudill in Grenade-sur-Adour und Michel del Burgo in Carcassonne. Aus eigener Kraft ist sie zur Spitzenköchin gereift – mitten im Herzen eines 1200-Seelen-Dorfs, das alle Jahre wieder in den Winterschlaf fällt.

DAS BESONDERE REZEPT VON ISABELLE AUGUY

KARAMELLISIERTE BIRNE MIT ZIMTCREMEZIGARRE

FÜR 6 PERSONEN
ZUBEREITUNGSZEIT: 50 MINUTEN
KOCHZEIT: 20 MINUTEN
KÜHLZEIT: 4 STUNDEN

ZUTATEN

Für die karamellisierten Birnen
· 6 Birnen
· 200 g Zucker

Für die Zigarren
· 125 g Butter sowie
· 20 g Butter für das Backblech
· 175 g Mehl
· 125 g Zucker
· 4 Eiweiß

Für die Zimtcreme
· 50 cl Milch
· 125 g Zucker
· 25 g Speisestärke
· 10 g Mehl
· 4 Eigelb
· 1 Blatt Gelatine
· 15 cl Crème fraîche
· 2 Messerspitzen Zimt

ZUBEREITUNG

Die Zigarren: Den Ofen auf 180 Grad vorheizen. Mehl und Zucker mischen, geschmolzene Butter zugeben und gut mischen. Das leicht geschlagene Eiweiß hinzufügen. Ein Backblech einfetten. Den Teig ausrollen und zwölf kleine Kreise ausstechen, mit Abstand auf dem Backblech verteilen und 7–8 Minuten goldbraun backen. Aus dem Backofen nehmen und sofort zu Zigarren rollen.

Die Birnen: Die Birnen entkernen und in Würfel schneiden. Den Zucker in der Pfanne karamellisieren lassen, die Birnen hinzugeben und goldbraun braten.

Die Zimtcreme: Die Milch mit der Hälfte des Zuckers aufkochen lassen, 10 Minuten ziehen lassen. Die Eigelbe mit dem restlichen Zucker vermischen, Mehl und Speisestärke hinzufügen und nach und nach die Milch unterrühren. Die Creme erwärmen und unter ständigem Rühren andicken lassen. Die Gelatine in kaltem Wasser einweichen, gut ausdrücken und zur warmen Creme geben. Rühren, bis sich die Gelatine vollständig aufgelöst hat, und abkühlen lassen. Die Crème fraîche in eine Rührschüssel geben und mit dem Mixer steif schlagen. Zur Creme geben und mit Zimt abschmecken. 4 Stunden in den Kühlschrank stellen.

Die Zigarren mit Hilfe eines Löffels oder einer Spritztüte füllen. Einige Birnenwürfel auf jeden Teller geben und mit den Zigarren servieren.

Ich serviere dazu Honig-Gewürzeis: Das ist eine leichte Vanillecreme, halb Zucker, halb Honig, mit einer Zimtstange, einer Vanilleschote, 1 TL Anis sowie 1 TL Ingwer und einer Zitronenzeste. Die süß-scharfe Geschmacksnote harmoniert wunderbar mit der Konsistenz und dem Aroma der Birnen.

JUDITH BAUMANN

CERNIAT *(KANTON FRIBOURG, SCHWEIZ)*

FAST ÜBERSIEHT MAN DIE BESCHEIDEN WIRKENDE FRAU, DIE IN IHREM RESTAURANT IN DER IDYLLISCHEN BERGLANDSCHAFT IM HERZEN DES KANTONS FRIBOURG SINNLICHE KRÄUTERKÜCHE ZELEBRIERT, EINE POETISCHE REVERENZ AN MUTTER NATUR.

Die Pinte des Mossettes war noch nie in einem Guide Michelin verzeichnet, obwohl das Restaurant seit fünfzehn Jahren eine Schar treuer Gäste anzieht, die den beschwerlichen Weg ins 1100 Meter hoch gelegene Cerniat auf sich nehmen, um mit Blick auf die Dents-Vertes-Gruppe bei Judith Baumann zu speisen. Aus der Berghütte, auf der man zwischen zwei Aufstiegen rasten konnte (»pinter«, wie es im Französischen heißt), ist heute das raffinierteste »einfache Gasthaus« der Welt geworden. Es ist nur von Mittwoch bis Samstag geöffnet, zwischen Ende Oktober und Mitte März bleibt es ganz geschlossen.

«Einfach sind wir nur vordergründig«, sagt lachend Jean-Bernard Fasel, der Geschäftsführer des Hauses. Von Beginn an begleitete er Judith Baumanns Karriere, davor war er Lehrer und lebte lange Zeit in Italien. Aus seiner Feder stammen die amüsanten Zitate, die hintergründigen Sprichwörter, die kleinen Gedichte und die mal wahren, mal erfundenen Geschichten, die die bezaubernde Tageskarte schmücken.

Judith Baumann, die gute Fee des Hauses, hat sich das Kochen selbst beigebracht. Sie wurde in Tafers, im deutschsprachigen Teil des Kantons Fribourg geboren, arbeitete als Weberin, Möbelrestauratorin und Kellnerin, bevor sie eine Stelle als Köchin in einem Wohnheim annahm. Nach und nach begann sie, für Freunde zu kochen. Sie orientierte sich dabei an Rezepten von Frédy Girardet, dem Magier aus Crissier (ein Städtchen nahe Lausanne im Kanton Vaud), und Joël Robuchon, der damals bei Jamin in Paris arbeitete.

Als Judith Baumann 1988 die Pinte des Mossettes pachtete, standen dort Fondues, warmer geräucherter Beinschinken und eine deftige Suppe aus wildem Spinat und Brennnesseln auf dem Speisezettel. Nach und nach entwickelte sie eine Vorliebe für Wildkräuter und setzte mit kunstvollen Kreationen neue kulinarische Akzente. Behutsam veränderte sie den Stil des Hauses, ohne dabei die Stammgäste zu verschrecken. 1998 wurde sie vom Schweizer Gault Millau zur »Köchin des Jahres« gekürt. In ihrer Kräuterküche verbindet sie Elemente von Marc Veyrat, Michel Bras und Régis Maçon aus Saint-Bonnet-le-Froid sowie von ihrem »Fast-Nachbarn« aus dem Comté, Jean-Paul Jeunet aus Arbois. Doch bei jedem Gericht ist ihre eigene Note spürbar.

Judith Baumann wirkt wie eine heitere Küchenelfe. Sie führt im Kanton Fribourg eine alte »Pinte«, einen Berggasthof, dessen ländlichen Charme sie erhalten hat. Judith inmitten frisch geernteter Wildkräuter (gegenüber rechts), dabei auch der von ihr sehr geschätzte Bärenklau, der an wilden Spargel erinnert (gegenüber links). Am schönsten ist es, im Sommer bei herrlichem Wetter auf der Terrasse unter Bäumen zu sitzen (unten) und auf über 1000 Meter Höhe die gute Bergluft zu geniessen. Zwei Köstlichkeiten: als Amuse guele »Gegen den Wind« (Auberginenkaviar mit Auberginen-»Tuile«, einer Bärenklaubutter und Tomatenconfit; links) und das »Salz des Sommers« (Holunderblütensuppe mit Melonensorbet und Mandel-»Financier«; vorhergehende Seite).

Ihre Menüs lesen sich wie kleine Gedichte. Leicht und spielerisch interpretiert die zierliche Judith Baumann die ursprüngliche Küche der Schweizer Berge. Unbekümmert spaziert sie durch alle Stilrichtungen und entwickelt spontan ungewöhnliche Ideen. Sie mischt vorwiegend regionale Produkte mit in Vergessenheit geratenen Kräutern und Gewürzen und schafft so ganz eigene Geschmackserlebnisse.

Inspirationen gibt es viele: Sprichwörter oder der Wechsel der Jahreszeiten beispielsweise. Ein Sommermenü in der Pinte des Mossettes etwa verbindet »Artemis im Kohl«, ein feines Kalbscarpaccio auf Blumenkohl-Beifußschaum, »Rapunzel und das Frikassee«, ein Raviolo mit Rapunzel-Champignonfüllung in einer Geflügelbouillon mit Trüffeln, sowie »Weites Meer«, Dorsch mit einer knusprigen Hülle aus Brot und Speck, serviert mit Spinat, Tapanade, Rauchteegelee und Rübenkompott.

Die Wahl fällt schwer zwischen Entenküken mit Rhabarber, Korianderkörnern sowie einem Sesamtörtchen und dem Lammcarrée mit Gurken, Borretsch und Sauerklee, serviert mit einem runden Schwarzkümmelbrot (»Der Wolf und die Schäferin«). Jean-Bernard Fasel präsentiert jedes Menü mit viel Humor und begleitet es mit kleinen Anekdoten. Das Servicepersonal arbeitet effektiv und kompetent und kann auf Nachfrage jedes Gericht erläutern und auf eventuelle Besonderheiten hinweisen, was in der heutigen Gastronomie leider eine Seltenheit ist.

Auch das fleischlose Menü ist ausgesprochen empfehlenswert: ein Beinwell-*Beignet* mit Kaviar und Auberginenstücken mit Tomatenconfit und einer Bärwurzmousse, *Serac* vom Grill mit frittiertem Bärenklau, Orangenconfit, Brokkoli und Bärenklaustängeln sowie eine mit Tannenspitzen-Gurkensabayon gefüllte Kartoffel mit einem Champignonspieß auf Salat. Als süßes Finale gibt es ein feines Mandelbiskuit mit einer Montbazillacsauce mit Blüten und Holunderbeeren mit Melonensorbet.

Die Desserts sind Judith Baumanns besondere Stärke. Der köstliche warme Schokoladenkuchen nach Art von Michel Bras, bei unserem Besuch leider ein wenig trocken, begleitet von einem Löwenzahneis, oder das Eis aus Guinnessbier mit entsteinten Kirschen im eigenen Saft, dazu Joghurt mit Zitronenconfit und eine gedrehte Blätterteigstange bilden den gelungenen Abschluss eines zauberhaften Menüs.

Im Schatten der dreißig Jahre alten Kastanie lässt es sich behaglich auf der sonnigen Terrasse sitzen und das grandiose Bergpanorama genießen. Das Kloster von Valsainte ist ganz in der Nähe, Cerniat etwa drei Kilometer entfernt, ganz genau lässt sich das nicht sagen – Judith Baumanns kulinarische Heimat liegt »am Ende der Welt«.

Auch wenn sich die Spitzenköchin hier im Herzen der Natur ganz zu Hause fühlt, zur Ruhe kommt sie nie. Wenn sie im Winter ihre Pinte schließt, geht sie auf Reisen, nach Indien zum Beispiel, wo sie sich nach Grundsätzen ayurvedischer Medizin behandeln lässt. Sie sammelt neue Energie, fährt Ski, macht Tai Chi (aber nicht in Hongkong, sondern in Bulle im Gruyère). Danach bricht sie mit frischen Kräften in ein neues, kreatives Küchenfrühjahr auf. Kein Zweifel: Judith Baumann ist eine glückliche Frau.

Liebevoll eingedeckte Tische in der Pinte des Mossettes (unten links). Rechts: zwei Beispiele der kunstvollen Kreationen von Judith Baumann: *Serac* vom Grill, frittierter Bärenklau und Orangenconfit, Brokkoli und Bärenklaustängel sowie Ravioli mit Pfifferlingen und Ziegenkäse (gegenüber Mitte. Beim Service steht Judith Baumann Jean-Bernard Fasel zur Seite. Aus seiner Feder stammen auch die Anekdoten, die die Karte schmücken (gegenüber links).

DAS BESONDERE REZEPT VON JUDITH BAUMANN

RAVIOLI MIT PFIFFERLINGEN UND ZIEGENKÄSE

FÜR 6 PERSONEN
ZUBEREITUNGSZEIT: 60 MINUTEN
KOCHZEIT: 3 MINUTEN

ZUTATEN

Für den Ravioliteig
· 100 g Mehl
· 1 Ei
· 1 TL Olivenöl
· Salz

Für die Farce
· 100 g kleine Pfifferlinge
· 1 EL geklärte Butter
· 1 EL Schalotten, fein geschnitten
· 1 TL Kirschwasser
· 30 Blütenstände der schwarzen Teufelskralle
· 20 g frischer Ziegenkäse
· 1 Eigelb
· Salz, Pfeffer

Für die Bouillon
· 60 cl Geflügelfond
· 1 TL Sojasauce
· Salz, Pfeffer

Für die Trüffel
· 15 g schwarze Trüffeln
· 3 cl Olivenöl

Zum Anrichten
· 6 Glockenblumenblüten
· 6 Blätter der schwarzen Teufelskralle

ZUBEREITUNG

Der Ravioliteig: Mehl in eine Schüssel geben, mit dem Ei und dem Öl mischen, Salz zugeben und so lange kneten, bis ein fester Teig entsteht. An einem kühlen Ort ruhen lassen.
Für die Farce Pfifferlinge in der geklärten Butter sautieren, die fein geschnittenen Schalotten zugeben, mit Kirschwasser ablöschen, salzen und pfeffern. Die Teufelskralle in heißem Salzwasser blanchieren und abschrecken.
Die Ravioli: Den Teig mit Hilfe der Nudelmaschine dünn ausrollen, den Streifen längs in der Mitte teilen. Mit dem Teigrädchen auf dem ersten Streifen Quadrate markieren. Ziegenkäse, Pfifferlinge und Teufelskralle darauf verteilen. Wurzen. Die Seiten der Ravioli mit Eigelb einstreichen, mit dem zweiten Streifen bedecken und die Ravioli ausschneiden. Kühl stellen.
Die Bouillon: Geflügelfond stark erhitzen und auf 30 cl reduzieren lassen, Sojasauce zugeben, salzen und pfeffern. Warm stellen.
Die Trüffeln fein raspeln, Olivenöl zugeben.
Die Ravioli in kochendem Salzwasser ca. 3 Minuten al dente kochen.

ANRICHTEN

Einen Raviolo in die Mitte eines Suppentellers setzen, mit Bouillon übergießen, das Trüffelöl darüber verteilen und mit einer Blüte verzieren.

NATHALIE BEAUVAIS

LORIENT *(BRETAGNE, FRANKREICH)*

IN DER BRETAGNE MACHT EINE BESCHEIDENE UND DRAHTIGE KÖCHIN KÖSTLICHKEITEN AUS DEN EINHEIMISCHEN PRODUKTEN – UND DAS ZU KLEINEN PREISEN.

Die gute Fee der Gourmets in Morbihan ist nicht besonders auffällig. Mit ihrer weißen Kochmütze und ihrem bretonischen Fischerhemd wirkt die kleine Frau wie ein neckischer Kobold. Sie dürfte unbestritten die einzige Spitzenköchin sein, die die bretonische Küche pflegt, obwohl sie keine Hausmannskost aus Großmutters Zeiten bietet – Nathalie Beauvais ist einfach unglaublich!

Gemeinsam mit ihrem Ehemann Arnaud hat sie dem etwas angestaubten Jardin Gourmand eine frische Note gegeben. Maître Arnaud ist der gute Geist des Hauses. Er empfängt die Gäste, stellt überzeugend die Tagesgerichte vor und hilft kompetent bei der Auswahl der überraschend günstigen Weine. Es gelingt Nathalie Beauvais, Gerichte auf den Tisch zu bringen, die zeitgemäße Akzente und traditionelle bretonische Gemütlichkeit miteinander in Einklang bringen.

Dies gilt auch für das renovierte Gebäude mit seinem hellen, zum Garten hin offenen Speiseraum. Es ist modern und typisch bretonisch zugleich. Die Holztische aus lackierter Buche und Birnbaum sind mit Stoffsets eingedeckt und laden zu Gesprächen in geselliger Runde ein. Hier herrscht eine freundschaftliche Atmosphäre, jeder kennt jeden – oder tut zumindest so, als ob. Man genießt ein Glas spritzigen weißen Sarthois der Côteaux de Jasnières oder einen im Holzfass gereiften Roten aus Brem, eine Mischung aus Pinot Noir und Cabernet. Das Ambiente des Jardin Gourmand verleiht den gleichermaßen einfachen wie raffinierten Gerichten aus der Zauberhand von Nathalie Beauvais immer etwas Ungezwungenes.

Die täglich wechselnde Karte ist jedes Mal ein Erlebnis. Was auf den Tisch kommt, bestimmt das Angebot frischer Produkte auf dem Markt. Dieses Mal ist es eine Langustinen-Cremesuppe mit *Kari Gosse*, einer Gewürzmischung, deren Name auf den

Nathalie Beauvais' bretonische Küche ist leicht, marktfrisch und abwechslungsreich. In ihrem kleinen Restaurant mit der Granitfassade (ganz oben links) bereitet sie die traditionellen Buchweizencrêpes (ganz oben rechts) und die »Andouille de Guéméné« (gegenüber, oben links) zu. Sie ist aber auch für kleine Spielereien zu haben, wie Roquefort mit verschiedenen Salaten und Nüssen (oben) oder knusprigen Lebkuchen mit Orangensorbet und Südfrüchten (vorhergehende Seite). Im Hafen von Lorient sucht sie frischen Fisch aus (gegenüber, oben rechts), ihre junge Küchenmannschaft lehrt sie den Umgang mit Meeresspinnen (gegenüber, unten links).

Apotheker Gosse aus Lorient zurückzuführen ist, der das Curry in dieser Gegend bekannt machte. Ein anderes Mal gibt es Pfefferminzzucchini mit Räucherlachsscheiben und Seespinne.

Ein raffiniertes Entree? Wie wäre es mit Artischockenblättern mit gegrilltem Speck und einer Marinade aus Salbei und Olivenöl, ein Hauch Provence zum typisch bretonischen Gemüse? Als Fischgang vielleicht einen gelben Kohlfisch mit Buchweizencrêpes, einer Hommage an vergangene Zeiten, gewürzt mit einer geräucherten *Andouille de Guéméné* Dieser Fisch, der früher als Armeleuteessen galt, war lange Zeit fast in Vergessenheit geraten.

Keine Frage: Nathalie besitzt einen sicheren Instinkt für die authentische bretonische Küche, den sie auf unnachahmliche Weise in die Praxis umsetzt. Sie verwandelt selbst alltägliche Produkte in ein überraschendes Geschmackserlebnis. Und Arnaud hält dazu ein flammendes Plädoyer, als müsse er die Gerichte seiner Frau vor der ewigen Verdammnis retten.

Ihr Handwerk hat Nathalie Beauvais auf der Hotelfachschule in Dinard gelernt, später ging sie zu Christiane Massia nach Paris, die im L'Aquitaine in der Rue de Dantzig über einen ganzen Stab an Köchen herrschte, und schließlich zu Alain Dutournier ins Carré des Feuillants, wo sie auf allen Posten arbeitete. Und natürlich hat sie zu Hause ihrer Mutter über die Schulter geschaut. Auch sie kam aus Lorient und war Lehrerin. Jeden Sonntag kochte sie für die Familie, jeden Sonntag etwas anderes, damit es nicht langweilig wurde. Vor allem die Desserts lagen ihr am Herzen so wie heute ihrer Tochter. Nathalie Beauvais' Schöpfungen sind eine Zeitreise zurück in die Kindheit: Rhabarbergratin mit Erdbeersorbet und Fruchtstückchen, ein verblüffend frischer Genuss, oder warmer Orangenfond auf Biskuit, mit einem Orangensaftsorbet und einem Obstsalat aus frischen Erdbeeren aus dem Garten von Madame André aus Plouay.

Alle Gerichte von Nathalie Beauvais sind einfach, leicht zuzubereiten und noch leichter zu genießen – und gleichzeitig Musterbeispiele für Ideenreichtum und Raffinesse. Nach einem Ausflug zum Hafen von Lorient oder zur Zitadelle Port-Louis bringen die Köstlichkeiten dieser bretonischen Spitzenköchin den hungrigen Gourmet wieder auf die Beine.

DAS BESONDERE REZEPT VON NATHALIE BEAUVAIS

ANDOUILLE DE GUÉMENÉ ODER *DE SCORFF* MIT KARTOFFELPÜREE NACH ALTER ART

FÜR 6 PERSONEN
ZUBEREITUNGSZEIT: 20 MINUTEN
KOCHZEIT: EINIGE SEKUNDEN

ZUTATEN
- 1,5 kg Kartoffeln (Charlotte)
- 40 cl Milch
- 40 cl Crème fraîche
- 2 Prisen Muskatnuss
- 300 g Butter
- 600 g *Andouille de Guémené* oder *de Scorff*
- Salz, Pfeffer

ZUBEREITUNG

Das Püree: Kartoffeln mit Schale im Salzwasser gar kochen, schälen und mit der Milch und der warmen Crème fraîche in der Kartoffelpresse oder mit einer großen Gabel zerdrücken. Muskatnuss und weiche Butter in kleinen Stücken zugeben und unter das Püree mischen, abschmecken und warm stellen.

Die *Andouille* in feine Scheiben schneiden, die äußere schwarze Haut entfernen und einige Minuten in den heißen Ofen schieben. Das Püree in tiefe Teller geben und mit warmen *Andouille*-Scheiben belegen.

TIPPS:

Hausgemachte *Andouille* ist sehr teuer. Das liegt an der aufwändigen Herstellung. Die *Andouille aus Guémené* besteht aus übereinander geschichteten Schweinedärmen, die einzeln vom Metzger gewürzt und entfettet werden. Danach wird sie in einer Bouillon gekocht und geräuchert.
Eine industriell hergestellte *Andouille* hingegen ist oft fett und schwer bekömmlich, da die Därme nicht so gut entfettet sind.
Dieses Gericht ist einfach, aber bei meinen Gästen sehr beliebt. Das Gelingen dieses Rezepts hängt entscheidend von der Qualität der Zutaten ab: Fassbutter, hochwertige Crème fraîche, Vollmilch und erstklassige Kartoffeln – dann wird es ein Fest.

SOPHIE BISE

TALLOIRES *(SAVOYEN, FRANKREICH)*

AN BEIDEN UFERN DES LAC D'ANNECY, IN TALLOIRES UND IN DOUSSARD, FÜHRT DIE ERBIN DER AUBERGE DU PÈRE BISE DIE FAMILIENTRADITION WEITER. MAL LUXUSRESTAURANT, MAL EINFACHER LANDGASTHOF – HIER KANN SIE ALLE FASSETTEN IHRER KOCHKUNST ZEIGEN.

Inmitten der herrlichen Landschaft am Fuße der Lanfon-Gruppe liegt Talloires. In diesem hübschen kleinen Städtchen am klarsten See Europas stiegen früher die Großen der Welt ab. Gleich nebenan liegen Doussard und der Ortsteil Bout-du-Lac. Das Gasthaus am Ufer strahlt Heiterkeit aus, es gibt eine große schattige Terrasse und eine Bar in Resopal. Die Einrichtung ist im Art-déco-Stil oder stammt aus den 1950er Jahren.

Das Gasthausschild des Chez Ma Cousine ist betont einfach, und die Karte lässt auf ideenreiche und frische Küche schließen. Überschrieben mit »Glück auf dem Löffel« verkündet die Speisekarte, die Vorspeisen seien »eine Einladung für Feinschmecker«, die Suppen hätten den »Duft von früher«, und man könne »die einfache Küche von anno dazumal« genießen. Die traditionelle Küche Savoyens entdecken wir dann in der Tat in einem Fondue mit drei Sorten Käse oder einer *Tartiflette* auf grünem Salat oder im »Hirtenteller« mit Frischkäse, einem Töpfchen Rahm und Heidelbeeren. Der Käse für diese Gerichte kommt von den umliegenden Höfen. Die Desserts stehen unter dem Motto »Aus Kindertagen«. Geboten werden eine Crème brûlée mit Vanilleschoten, eine Crème Chiboust mit Preiselbeeren und Zitronensorbet oder Joghurteis mit einer Fruchtsuppe aus Erdbeeren und Zitronenmelisse.

Verantwortlich für diese verführerischen Gerichte zeichnet eine begnadete Köchin, die in einem Spitzenrestaurant auf der anderen Seeseite hinter den Töpfen steht. Sie fährt morgens über den See, um nach dem Rechten zu sehen, und kommt am Abend wieder, um Freunde zu besuchen, die im Chez Ma Cousine einkehren. In ihrer Auberge du Père Bise, dem berühmten Gourmetrestaurant in Talloires, das schon ihr Großvater Marius und ihr Vater François erfolgreich geführt haben, serviert Sophie Bise wie ehedem Kalbsbriespfanne, Saibling und Bressehühnchen Miéral.

Die Tester von Michelin waren sich lange Zeit nicht einig. Erst einen Stern, dann zwei, dann drei, und wieder zurück – zwei, einen, zwei und schließlich wieder einen Stern. Unabhängig von allen Wechselspielchen: Der exzellente Service, die zauberhafte Terrasse

Zum Charme der Auberge du Père Bise trägt auch die schöne Lage in Talloires am Lac d' Annecy bei. Im Sommer sitzt man wunderschön auf der von Bäumen beschatteten Terrasse. Fischer liefern fangfrisch Heilbutt und Saiblinge (oben rechts), während ein Gast mit seinem Mahagoniboot auf einen Sprung vorbeikommt (gegenüber unten). In der Küche setzt Sophie ihre Ideen mit zwei Beiköchen in die Tat um, wie die gebratene Entenstopfleber mit Aprikosenmus »dolce forte« (oben links). Auf der Karte stehen aber auch Klassiker wie gedämpfte Seezunge mit Erbsen-Minzepüree (vorhergehende Seite) oder bretonischer Hummer mit Penne, Pfifferlingen und Wildzwiebeln (gegenüber, oben links).

direkt am See, der gemütliche Speisesaal und die einladende Bar des Traditionshauses bleiben unerreicht.

Und wo fühlt Sophie Bise sich am ehesten zu Hause? Im weltberühmten Stammhaus der Familie, das manchmal etwas steif wirkt, oder im schlichten Gasthaus gegenüber, wo einst ihr Großvater Marius um ihre Großmutter Marguerite geworben hat? Dort führte früher ihre Cousine Regie. Damals hieß es noch Restaurant Sautereau.

Sophie scheint sich an beiden Orten wohl zu fühlen. Auf der einen Seeseite die bodenständige Savoyer Küche im Chez Ma Cousine, auf der anderen die zeitlos-klassische Küche im Auberge du Père Bise. Hier gratinierte Krebsschwänze à la Marguerite Bise, dort der lauwarme Spargel mit Serranoschinken. In der Auberge das berühmte Kartoffeltatin mit Trüffeln und Foie Gras in Sauce Périgueux, im Gasthaus Krebsfleisch-Sektrisotto, Bachsaibling in geschäumter Butter oder fangfrische Fische aus dem See (nach Müllerin Art oder *à la grenobloise* mit Kapern), dazu das Savoyer *Farcement* mit Pflaumenfüllung.

Diese Köchin ist weltoffen und gleichzeitig in ihrer Region verwurzelt. Sie kann je nach Anlass und Gelegenheit bodenständig oder raffiniert kochen. In der Auberge du Père Bise genießt man dazu Weine aus dem Rhônetal oder aus dem Bordeaux. In Doussard trinkt man einheimische Tropfen wie einen Rosé von der Domäne L'Idylle in Cruet.

Zwei Adressen für Genießer: Wohlhabende Touristen lassen sich in der Auberge du Père Bise verwöhnen, die Einheimischen, darunter auch Marc Veyrat, der Spitzenkoch aus Veyrier, sind Stammgäste in Doussard.

DAS BESONDERE REZEPT VON SOPHIE BISE

BRETONISCHER HUMMER MIT PENNE, PFIFFERLINGEN UND WILDZWIEBELN

FÜR 4 PERSONEN
ZUBEREITUNGSZEIT: 45 MINUTEN
KOCHZEIT: 6 MINUTEN

ZUTATEN

- 25 cl Weißweinessig
- 1 Zweig getrockneter Kerbel
- 1 EL zerstoßener weißer Pfeffer
- 2 bretonische Hummer, ca. 600 g pro Stück
- 70 cl weißer Geflügelfond oder fertige Geflügelbrühe
- 2 EL Olivenöl
- 1/2 Zitrone
- 200 g Pfifferlinge
- 1 nussgroßes Stück Butter
- 1 EL Olivenöl
- 1 Schalotte
- 2 mittelgroße, vollreife Tomaten
- 200 g Penne
- 2 Knoblauchzehen
- 2 Wildzwiebeln oder kleine weiße Zwiebeln
- grobes Salz

ZUBEREITUNG

Einen Sud aus 2 l Wasser, Weißweinessig, dem Kerbelzweig, dem Pfeffer und einer Hand voll grobem Salz zubereiten, 15 Minuten köcheln lassen. Die Zangen der Hummer in den Sud tauchen und 3 Minuten kochen lassen, dann die Hummer ganz eintauchen und weitere 3 Minuten kochen lassen. Danach abtropfen und abkühlen lassen. Körper, Zangen und Schwänze der Hummer von der Schale befreien, die Schwänze in 2 Stücke teilen. Das Kopfinnere, den Rogen und die Innereien in den Mixer geben, danach durch ein Sieb pressen, in ein Wasserbad geben und unter ständigem Rühren rosa werden lassen. 20 cl weißen Geflügelfond, 2 EL Oilvenöl und den Saft einer 1/2 Zitrone zugeben, abschmecken und durch ein Sieb geben. Im Wasserbad warm stellen. Die Sauce darf nicht kochen! Die Pfifferlinge in einer großen Pfanne mit einem nussgroßen Stück Butter, 1 EL Olivenöl und der fein geschnittenen Schalotte 3 Minuten anbraten, in der Pfanne lassen. Die Tomaten häuten, vierteln, die Kerne entfernen und zu den Pfifferlingen geben. Die Penne in 50 cl weißem Geflügelfond und 4 halben Knoblauchzehen 7 Minuten kochen, abtropfen lassen und zu den Pfifferlingen geben. Die Kochflüssigkeit der Penne um 2/3 reduzieren. Die Zwiebeln fein schneiden, dabei das Grüne und das Weiße trennen. Pfifferlinge, Penne, Knoblauch, Tomaten und das Weiße der Zwiebeln zusammen mit dem Hummer aufkochen lassen, die Jus der Penne zugeben und alles in der Mitte des Tellers anrichten. Mit Zwiebelgrün bestreuen und mit der Rogensauce beträufeln. Sofort servieren.

CHANTAL CHAGNY

FLEURIE *(RHÔNE-ALPES, FRANKREICH)*

IM HERZEN DER WEINBERGE DES BEAUJOLAIS, DIREKT GEGENÜBER DER KIRCHE DES ÖRTCHENS FLEURIE, FÜHRT CHANTAL CHAGNY EINE TRADITIONELLE AUBERGE.

»Trotz der Schwierigkeiten, geeignetes Fachpersonal zu finden, versuchen wir, die Qualität unseres Service zu halten. Wir bedauern die Wartezeit und die damit verbundenen Unannehmlichkeiten und danken für Ihr Verständnis.« Dieses kleine gelbe Schild ist an die Speisekarte geheftet. Es drückt die Besorgnis aus, man könne sich hier schlecht bedient fühlen und zeigt sehr gut die Geschäftsprinzipien von Chantal Chagny und ihrer Auberge du Cep. Ihr Anspruch ist hoch.

Wir befinden uns im Herzen des Beaujolais, dem Land des Weins und der Herzlichkeit, dem Land der Gastfreundlichkeit und der Feste. Chantal Chagny empfängt uns ganz in Schwarz. Hier herrscht Ernsthaftigkeit und das Streben nach Qualität, hier wird Wert auf ehrliche, klare und geradlinige Küche gelegt. Chantal Chagny verkörpert all diese Werte. Effekthascherei oder Folklore gibt es bei ihr nicht. Ihre Freunde und Weggefährten sitzen wie üblich an ihrem angestammten Platz, Michel Chignard, der berühmte Winzer aus Fleurie zum Beispiel, oder Georges Dubœuf, der führende Weinhändler des Gebiets aus Romanèche-Thorins.

Die Stammgäste überlassen der Köchin die Auswahl des Menüs, werfen kaum einen Blick in die Karte und kennen trotzdem jedes Gericht in- und auswendig. Der zufällige Gast fühlt sich in dieser heimeligen Atmosphäre schnell zu Hause. Die Namen der in Schönschrift sorgsam aufgelisteten Menüs enthüllen das Wesen der Köchin und der wunderbaren Landschaft, in der sie lebt. Sie heißen »Bresse, Dombes und die Region von Brillat-Savarin« oder »Vom Burgund ins Saônetal, eine Symbiose aus Weinen und Speisen« – mit einem Sternchen versehen: »Wir wollen die französische Regionalküche erhalten.« Weitere Menüs nennen sich »Jahreszeiten im Cep – Knospen, Blüten, Trauben«, »Frühling, Sommer, Herbst« oder einfach »Wie im Beaujolais«.

Schnell wird klar: Chantal Chagny hat eine Vision. Sie ist überall, wirbelt durch die Küche und den Speisesaal. Hinter den Töpfen leistet sie Einzigartiges und wählt mit großem Gespür die besten Produkte aus: Schnecken aus dem Burgund, Frösche, die noch lebend aus Osteuropa geliefert werden, und das Haselnussöl für den Salat, selbstverständlich von einem der besten Hersteller aus der Region. Daneben natürlich die Bressehühner,

Chantal Chagny legt Wert auf Authentizität und gute Zutaten. Sie besucht gerne persönlich ihre Lieferanten, mit denen sie oft auch befreundet ist; hier mit Geneviève Dumont, von der sie ihren Käse bezieht (ganz oben links). Bodenständigkeit ist oberstes Gebot. Sorgfältig bereitet sie Schnecken, Waldpilze (oben) und Frösche (ganz oben rechts) zu. Ihre Gerichte sind ein Spiegelbild der hochwertigen Produkte des Beaujolais, wie »Cervelas« mit Linsensauce (vorhergehende Seite) oder warmer Ziegenkäse mit Speck (gegenüber rechts).

die hier wie ein *Coq au vin* zubereitet werden, und die über dem offenen Feuer gebratenen Kuttelwürste, 1919 von François Chabert erfunden und noch heute von seinem Sohn Georges und dessen Schwiegersohn Roger Ducruix im Dorf selbst hergestellt.

Chantal Chagnys Gerichte nach traditionellen Rezepten schmecken, wie gutes Essen schmecken soll: echt und schnörkellos. Die Saucen mit Zwiebeln, Schalotten und Rotwein sind angenehm säuerlich und klar im Geschmack. Die Bauernterrine mit Zwiebeln weckt Kindheitserinnerungen: Chantal wuchs sechs Jahre lang bei ihrer Mutter im Finistère auf, bevor ihr Vater die ganze Familie in seine Heimat Beaujolais holte. Kräutersuppe, Frikassee aus Waldpilzen, Fischragout aus in Wein geschmortem Aal: Ihre Gerichte preisen die Jahreszeiten – und hinter jedem steckt eine Geschichte.

Fleurie liegt genau am Fuße einer Anhöhe, auf deren höchstem Punkt die Kapelle de la Madone thront, von der aus man auf die Weinberge ringsum blicken kann. Auf dem Platz vor der Kirche steht die Auberge. Wie früher ist sie ein einladender Rastplatz, rustikal und schlicht. Zu Zeiten von Gérard Cortembert, einem Schüler von Alain Chapel, hatte die Auberge zwei Sterne. Leider ist dieser bescheidene Mann sehr früh verstorben. Heute besticht das Haus durch Einfachheit und Gradlinigkeit.

Chantal Chagny ist der kulinarische Maßstab der Region. In ihrer Auberge haben die Stammgäste aus der Nachbarschaft ihre eigenen Serviettenringe, und die anreisenden Auswärtigen, die den Weg durch die Weinberge zwischen Morgon und Chenas genommen haben, schätzen ihre erstaunlichen Kreationen: Taube aus dem Ofen oder hausgemachte Brühwurst mit einer pikanten Linsensauce. Dazu trinkt man einen rund und fruchtig schmeckenden Fleurie von Chignard oder einen cremigen Saint-Marcellin. Den Auftakt des Menüs bei Chantal Chagny bilden herzhafte Brandteigkrapfen und zum Dessert gibt es ein wunderbares Mokkaparfait. Der *Cassis de Lancie*, ein Sorbet aus leicht säuerlichem Fruchtfleisch, kontrastiert großartig mit einem Vanilleeis. Nicht zu vergessen die feinen Mandelbögen mit Orangenaroma, der aromatische Kaffee und der Marc aus der Region.

Genug des Lobes. Hier zeigt eine Frau Respekt vor ihren Gästen und vor den Produkten des Beaujolais. Sie nimmt das Kochen ernst, ohne dabei an Eleganz zu verlieren. Ein marinierter Flussbarsch mit Limetten und feinen Kräutern, ein goldgelb auf der Haut gegrillter Zander mit einer Sauce aus sauren Trauben, pochierte Eier in Beaujolais, Entenbrust im eigenen Saft – die Feinschmecker des Beaujolais schulden der »heiligen Chantal« eine Ode.

DAS BESONDERE REZEPT VON CHANTAL CHAGNY

GRATINIERTER WARMER ZIEGENKÄSE AUS DEM HAUT BEAUJOLAIS MIT DEFTIGEM SPECK

FÜR 4 PERSONEN
ZUBEREITUNGSZEIT: 30 MINUTEN
KOCHZEIT: 3 – 4 MINUTEN

ZUTATEN
- 4 Ziegenkäse
- 1 EL Crème fraîche
- 1 Eigelb
- 1 TL gehackter Knoblauch
- einige Thymianblättchen
- 2 EL Olivenöl
- 150 g leicht geräucherter Bauchspeck in feinen Streifen
- 8 Scheiben Landbrot
- 1 EL Gänseschmalz oder Schweineschmalz
- 300 g gemischter Salat
- 1 Schuss Nussöl
- 2 EL guten Weinessig
- einige gehackte Nüsse
- 1 Bund frisch gehackte
- Petersilie
- Meersalz, Pfeffer aus der Mühle

ZUBEREITUNG
Die möglichst frischen Ziegenkäse horizontal in zwei Hälften teilen, mit einem EL Olivenöl beträufeln und 2 – 3 Stunden an einem kalten Ort gut durchziehen lassen. Dann mit einer Mischung aus Crème fraîche und Eigelb bestreichen und mit der Außenseite nach oben in eine feuerfeste Form legen. Auf jede der Käsehälften eine Prise Meersalz, fein gehackten Knoblauch, Thymianblättchen und Olivenöl geben. Danach 3 – 4 Minuten im Backofen grillen, bis der Käse weich und leicht gebräunt ist. Den Bauchspeck in dünne Streifen schneiden und 2 – 3 Minuten ohne Fett in der Pfanne bräunen. Das Landbrot in 1/2 cm dicke Scheiben schneiden und mit Gänse- oder Schweineschmalz in der Pfanne goldbraun backen und auf Küchenpapier abtropfen lassen. In die Mitte der Teller einige Salatblätter legen, mit Nussöl, Weinessig, Meersalz und frisch gemahlenem Pfeffer würzen und mit den gehackten Nüssen bestreuen. Die Ziegenkäsehälften und den Speck auf die Brotscheiben legen und neben dem Salat platzieren. Mit der Petersilie bestreuen.

SALLY CLARKE

LONDON

IN IHREM AN EIN BISTRO ERINNERNDES RESTAURANT BIETET SIE IDEENREICHE FEINSCHMECKERKÜCHE, DIE ELEMENTE AUS FRANKREICH, ENGLAND UND KALIFORNIEN MISCHT.

Sally Clarke ist die »Kalifornierin« in London, die Grande Dame von Kensington. Seit mehr als zwei Jahrzehnten führt sie unter ihrem Namen ein Restaurant, eine Bäckerei und einen Laden mit Bioprodukten. Hier gibt es unbehandeltes Gemüse, kaltgepresstes Olivenöl, zartes und gesundes Fleisch und saftiges Obst. Keine Frage: Sally Clarke ist Köchin mit Leib und Seele.

Sie kommt aus Guildford in Surrey. Doch ihre Liebe gehört Frankreich. Ihre Ausbildung absolvierte sie in Croydon, später führte sie ihr Weg ins Cordon Bleu nach Paris, wo sie im Anschluss auch ein einjähriges Praktikum absolvierte. Sie war immer auf der Suche nach seelenverwandten Köchen, die mit Herzblut hinter den Töpfen stehen. So entdeckte sie Pierre Vedel aus Sète, der bei Michel Olivier im Bistro de Paris kochte. Nach einem dreimonatigen Intermezzo bei Jacques Manière, dem »Jean Gabin der Küche« im Pactole, landete sie schließlich bei Martin Cantegrit, dem engagierten Chef des Récamier.

Hier lernte sie die »wahre« Küche kennen, die Liebe für naturbelassene Produkte und das Gespür für die Harmonie der Aromen. Später zog es sie nach Kalifornien, wo sie bei Michael McMarty im Michael's in Santa Monica arbeitete. In Kalifornien traf sie auch ihr großes Vorbild Alice Waters, die »Päpstin« der schmackhaften und einfachen Küche, die im Panisse in Berkeley hinter dem Herd stand. Hier entdeckte Sally Clarke ihren eigenen Stil: gradlinig, ohne Effekthascherei, nur frische Zutaten, leichte Saucen, die Aromen der Provence – kurzum: Natürlichkeit. Sally kehrte nach London zurück, wo sie an Weihnachten 1984 das Clarke´s eröffnete, später kam ein Laden namens »& Clarke's« hinzu. Hier kann man Produkte kaufen, die ganz auf ihrer Linie liegen, Olivenöl aus Italien oder einen Cidre Brut aus dem Finistère.

Der Erfolg ließ nicht lange auf sich warten. In einer Stadt, in der die Feinschmeckerküche noch in den Kinderschuhen steckte, war sie eine Frau der ersten Stunde. Sie veröffentlichte *Sally Clarke's Book*, eine Hymne an das gute Essen, mit einem Vorwort von Alice Waters. Inzwischen hat sie eine stattliche Schar zufriedener Gäste. Die Zahl ihrer

In den 1980er Jahren hospitierte Sally Clarke bei Pierre Vedel und Jacques Manière in Paris. In ihrem charmanten Restaurant und ihrem Laden in Kensington (unten rechts) sind Qualität und Authentizität oberstes Gebot (gegenüber links und vorhergehende Seite: Feinkost und Gewürze von »& Clarke's«). Ihre gegrillte Dorade mit Puy-Linsen (gegenüber rechts) und ihre Sabayontorte mit Blutorangen und Pflaumenmus (unten links) sind ein Gedicht.

Mitarbeiter, die sie im Restaurant, im Laden, der Bäckerei und der Verwaltung beschäftigt, ist auf mehr als vierzig angewachsen. Ihre Karte wechselt täglich. Ein typisches Menü bei Sally Clarke? Spinatsuppe mit grünen Erbsen, Thymian, Saubohnen, Crème fraîche und Parmesanbaguette, geräucherter Fisch (Schwertfisch und Biolachs aus Irland) mit Avocados, Rüben und Zuckererbsen in der Schote oder ein köstliches Risotto mit Pancetta, Lauch, Mozzarella, Prosecco und Rosmarin – alles frisch und natürlich.

Daneben bietet sie mit Kräutern gegrilltes Wolfsbarschfilet mit Senf und Zitronenmayonnaise, gegrilltes Kornmasthähnchen mit einer Estragonsauce und Linsen oder die berühmten Schweinswürste mit Kräuterklößen, Äpfeln und Salbeijus. Auch die Desserts können sich sehen lassen: ein Sorbet aus Ananas, Mango und Passionsfrüchten mit knusprigem Mandelgebäck oder eine Sabayontorte mit Rhabarber, Blutorangen und Pflaumen. Die Weinkarte bietet vor allem Weine aus Kalifornien – beste Qualität zu erschwinglichen Preisen.

Keine Frage: Bei Sally Clarke begibt man sich auf eine kulinarische Reise, von der man begeistert zurückkehrt. Franko-anglo-kalifornische Küche, ehrlich und echt wie die Köchin selbst.

DAS BESONDERE REZEPT VON SALLY CLARKE

GEGRILLTER WOLFSBARSCH MIT PUY-LINSEN, FRISCHEM FRÜHLINGSGEMÜSE UND GRÜNER MAYONNAISE MIT ZITRONE

FÜR 6 PERSONEN
ZUBEREITUNGSZEIT: 40 MINUTEN
KOCHZEIT: 25–30 MINUTEN

ZUTATEN
· 6 Wolfsbarschfilets (jeweils 80 g)
· Olivenöl
· Meersalz, Pfeffer

Zur Dekoration
· 6 Zitronenviertel

Für die Mayonnaise
· 1 Ei
· 1 Eigelb
· 1 EL Dijon-Senf
· 1 TL Senf mit ganzen Senfkörnern
· 25 cl Pflanzenöl (oder die Hälfte Olivenöl)
· Saft einer Zitrone
· Salz, Pfeffer
· 2 EL fein gehackte Kräuter (z.B. Estragon, Petersilie und Schnittlauch)

Für die Puy-Linsen
· 300 g Puy-Linsen
· 2 Lorbeerblätter
· 1 TL Salz
· 7,5 cl Olivenöl
· 1 Knoblauchzehe, geschält und zerdrückt
· 1 klein gehackte Peperoni
· 1 EL gehackter Koriander
· 1 EL gehackte Petersilie
· 1 EL gehackter Schnittlauch

ZUBEREITUNG

Die Linsen: Mit den Lorbeerblättern in einen Topf geben, salzen und mit kaltem Wasser bedecken. Aufkochen lassen, dann die Hitze reduzieren und 12–15 Minuten köcheln lassen, bis die Linsen weich sind. Abtropfen lassen und mit kaltem Wasser abbrausen. Zusammen mit dem Olivenöl, etwas Wasser und den restlichen Zutaten in eine Sauteuse geben, mischen und sanft erhitzen.

Die Mayonnaise: Das Eigelb und das Ei mit dem Senf verquirlen, in dünnem Faden Öl zugießen, dabei immer weiter schlagen, bis die Sauce dick ist. Zitronensaft, Salz und Pfeffer zugeben. Vor dem Servieren die Kräuter einrühren.

Das Frühlingsgemüse nach Farbe und Form auswählen, zum Beispiel Karotten mit Grün, geteilt oder geviertelt, geputzter junger Lauch, kleine Fenchelknollen, junge Erbsen oder feine Brokkoliröschen.

Den Backofen auf 170 Grad vorheizen. Öl in eine beschichtete Pfanne geben und stark erhitzen (die Pfanne muss groß genug für alle Fischfilets sein).

Die Filets salzen und pfeffern und mit der Haut nach unten ins heiße Fett legen.

30–60 Sekunden anbraten, vorsichtig umdrehen und die Pfanne in den Ofen stellen.

Je nach Dicke der Filets 3–6 Minuten garen lassen.

In der Zwischenzeit Wasser in einem Topf zum Kochen bringen und je nach Kochzeit das Gemüse zugeben: Karotten zuerst, danach Fenchel, Brokkoli, Erbsen und Lauch, also das zarteste Gemüse zum Schluss.

Mit einer Siebkelle aus dem Wasser nehmen, abtropfen lassen und in eine Schüssel geben, mit Olivenöl übergießen, Meersalz zugeben und vorsichtig mischen.

Das Gemüse auf angewärmte Teller verteilen, darauf je ein Fischfilet legen und mit Zitronenvierteln garnieren.

Mit der frischen Mayonnaise servieren.

HÉLÈNE DARROZE

PARIS

HÉLÈNE DARROZE REPRÄSENTIERT DIE DRITTE GENERATION DER BERÜHMTEN KOCHDYNASTIE AUS VILLENEUVE-DE-MARSAN IM SÜDWESTEN FRANKREICHS. MIT IHRER KÜCHE MACHTE SIE IN PARIS FURORE. DOCH AUCH DIE TRADITION KOMMT NICHT ZU KURZ...

Man hat sie unterschätzt: die zierliche Hélène Darroze mit dem rundlichen Gesicht eines Mädchens aus der Provinz, die selbst noch nicht glauben kann, dass sie die Spitze des Gourmetolymps erklommen hat – und das ohne klassische Kochausbildung. Kein Wunder, dass die bereits seit Jahren in Paris etablierten Kollegen aus dem Südwesten über das Auftreten der jungen, forschen Frau mit Managervergangenheit nicht gerade begeistert waren.

Ist sie wirklich eine richtige Köchin? Nicht alle sind davon überzeugt, obwohl Hélène in ihrem Restaurant mit einer altmodischen Kochmütze auf dem Kopf persönlich hinter dem Herd steht und akribisch auf die Qualität der Gerichte achtet, die ihre Küche verlassen. Die erst knapp über dreißig Jahre alte Frau ist stolz, den berühmten Namen Darroze zu tragen, und will doch ihren eigenen Weg gehen. Ihr Großvater Jean war früher ein Zwei-Sterne-Koch im Stammsitz der Familie in Villeneuve-de-Marsan in den Landes (südlich von Bordeaux), wo ihr Vater Francis einen der besten Armagnacs Frankreichs herstellt. Heute steht dort ihr Bruder Marc hinter dem Herd. Dann gibt es noch ihren Onkel Claude in Langon und einen zweiten Onkel namens Henri in Toulouse: Die Dynastie Darroze ist weit verzweigt. Mit der ungezwungenen Hélène ist noch eine weitere schillernde Persönlichkeit hinzugekommen.

Nach ihrer Kindheit in der Küche des Restaurants in Villeneuve-de-Marsan begann sie Volkswirtschaft zu studieren. An der Universität ging es nicht um Essen und Trinken, sondern um eine effektive und gut funktionierende Verwaltung. Die Begegnung mit Alain Ducasse, ebenfalls ein Sohn der Landes, wenngleich schon früh »emigriert«, veränderte ihr Leben. Er hörte der jungen Frau zu, nahm sie unter seine Fittiche und schickte sie zuerst einmal für sechs Monate nach Monaco, um dort »Butter zu rühren und Salat zu putzen«.

Danach wurde Hélène ein Teil des Ducasse-Imperiums, jedoch nicht in der Küche, sondern im Büro. Von 1990 bis 1993 arbeitete sie dort in der Verwaltung. In dieser Zeit führte sie lange Gespräche mit Alain Ducasse über die zentrale Bedeutung hochwertiger

Zeitgenössisches Design in Rot und Schwarz, dazu ein alter Parkettboden (unten): Das ist der Rahmen für die Spitzenküche von Hélène Darroze. Im Erdgeschoss gibt es Tapas, im ersten Stock Gourmetküche, daneben ist sie für die Vereinigung »Nouvelles mères cuisinières« aktiv. Die Foie Gras auf dem Grill (links) wird mit Früchten serviert (gegenüber rechts). Das ist ein Beispiel für zeitgemässe Interpretation der traditionellen Küche der Gascogne. Das Dessertangebot reicht vom raffinierten Schokoladenbiskuit mit Zichorie und Vanille (vorhergehende Seite) bis zu diesen Töpfchen hausgemachter Marmelade mit »Madeleines« (gegenüber links).

Produkte in der Gastronomie. Auch an der Gestaltung der Karte des Louis XV in Monaco war sie beteiligt.

1995 übernahm sie das elterliche Haus, gab ihm den Namen Restaurant Hélène Darroze und wechselte direkt vom Schreibtisch an den Herd. Ihr Traum, ganz in der Nähe ein Restaurant nach ihren eigenen Vorstellungen zu eröffnen, platzte; die Winter sind lang hier, und die Gäste kamen spärlich. Sie wagte den Schritt nach Paris. Hélène, die Vertreterin der dritten Generation der Darrozes, machte dort Ende 1999 mit der Eröffnung eines ganz neuen Restaurants in der Rue d'Assas Furore. Das Restaurant liegt im ersten Stock des Gebäudes, im Erdgeschoss befindet sich ihr Bistro à la table d'Hélène.

Nun war sie mittendrin in Paris, im Viertel Saint-Germain-des-Prés, einen Steinwurf vom Boulevard Raspail und der Rue de Rennes entfernt, dort, wo die Medien bestimmen, wer »top« und wer »flop« ist. Ihr Start stand unter einem guten Stern. Die elegante Einrichtung des Restaurants in Rot und Schwarz, der gewachste Fußboden und der prompte und aufmerksame Service machten die Pariser neugierig. Grundstein ihres Erfolgs waren aber vor allem ihre heimatverbundene, gefühlvoll in Szene gesetzte Küche und die exquisite Weinkarte. Ehrgeiz und Talent hatte Hélène Darroze mehr als genug.

Davon zeugen die Crème aus grünen Bohnen und Mais mit Stockfischpüree und baskischen Chilischoten, die glacierte Krustentierbouillon mit Fenchel, gebratene Kalamares mit einem Chutney aus süß-scharfen roten Paprikaschoten, der kross gebratene Wolfsbarsch mit violetten Artischocken, Jakobsmuscheln mit einer herbstlichen Komposition aus Steinpilzen, Kastanien und *Ognasses* (Zwiebeln der Region Landes), eine Scheibe fein gewürztes Pauillac-Lamm, eine Variation von Foie Gras, das mit Champignons gefüllte

Challanshähnchen sowie die *Escaoutun*, eine Art Polenta mit frischem Schafskäse und dünnen Trüffelscheiben. Als Dessert gibt es Feigen in Portwein, dazu Berghonigeis, Schokoladenkuchen mit einer herrlichen Vanilleeiscreme, mit Armagnac flambierter Rosinenkuchen mit Schlagsahne, säuerlicher Apfelcrumble mit Karamell und ein Sorbet aus grünen Äpfeln. Auf der Weinkarte stehen erlesene Tropfen wie ein Sauvignon La Désirante aus dem Poitou, ein Saint-Véran von Deux Roches oder ein umwerfender Fronton von Cahuzac, dazu das große Angebot an Armagnacs ihres Vaters – Hélènes nachhaltiger Erfolg kommt nicht von ungefähr. Auch wenn sich die Pariser Gourmetwelt verwundert die Augen reibt, dass eine Köchin schon in so jungen Jahren derart erfolgreich sein kann und bereits einen Michelin-Stern ihr Eigen nennt.

Am Treppenaufgang vom Erdgeschoss in die erste Etage zeigen Schwarzweiß-Fotografien die Geschichte des Restaurants in Villeneuve-de-Marsan. Doch Hélène Darroze ist keine Nostalgikerin, sie will vielmehr zum Ausdruck bringen, dass ihr heutiger Erfolg auf dem Erfahrungsschatz ihrer Vorfahren aufbaut und nur dann von Dauer sein kann, wenn sie sich respektvoll daran erinnert, wie alles angefangen hat.

Hélène Darroze kocht bewusst weiblich (»Wir Frauen haben eine andere Sensibilität als die Männer, wir betrachten die Welt mit anderen Augen, denken und fühlen anders. Davon ist auch unsere Küche geprägt. Sie ist vielseitiger?...«). Als Mitglied der *Nouvelles mères cuisinières* trifft sie sich einmal im Jahr mit befreundeten Kolleginnen, um Erfahrungen auszutauschen. Mag ihr Erfolg auch noch so groß sein, Paris hat Hélène Darroze nie ganz als eine der ihren anerkannt. Das Mädchen aus den Landes bleibt eine Prinzessin im Exil.

Selbst bei Hochbetrieb trägt Hélène Darroze stolz die altmodische Kochmütze (unten links und gegenüber links). Jedes Detail ist ihr wichtig. In ihrer leichten, feinen Küche vermählt sie die Produkte der Landes mit denen Aquitaniens. Ein Hauch Italien ist aber immer dabei: Tartar aus Jakobsmuscheln mit Haselnüssen, Trüffelsauce und Rucola (gegenüber rechts) und Rehragout-ravioli (unten rechts). Hélène Darroze schafft den Spagat zwischen Tradition und Moderne.

DAS BESONDERE REZEPT VON HÉLÈNE DARROZE

TARTAR AUS JAKOBSMUSCHELN MIT FRISCHEN HASELNÜSSEN, TRÜFFELSAUCE UND RUCOLA

FÜR 4 PERSONEN
ZUBEREITUNGSZEIT: 45 MINUTEN
KOCHZEIT: 30 MINUTEN

ZUTATEN

Für das Tartar
· 16 Jakobsmuscheln aus Erquy
· 80 g Haselnüsse (200 g mit Schale)
· 1 cl Haselnussöl
· 1 cl Olivenöl
· 1 cl Schlagsahne
· 1 Espelette-Schote
· Salz, Pfeffer

Für die Rucolajus
· 1 kg wilder Rucola
· 10 cl Geflügelbrühe
· 5 cl Olivenöl
· 1 Espelette-Schote
· Salz, Pfeffer

Für die Crème glaçée
· 30 cl Milch
· 6,5 cl flüssige Sahne
· 4 EL Milchpulver
· 12,5 g Gelierzucker
· 2 g Salz
· 10 cl weißes Trüffelöl
· 1 Blatt Gelatine
· 5 cl Wasser

Zum Anrichten
· 60 g Parmesan
· 40 g wilder Rucola
· 2 g weißer Trüffel

ZUBEREITUNG

Die Nüsse knacken, dann rösten, um die Schale zu entfernen, grob hacken und noch einmal rösten. Hasel-nuss- und Olivenöl mischen. Die Jakobsmuscheln mit dem Messer klein hacken und kurz vor dem Kochen die Hälfte der Nüsse hinzufügen, mit Salz, Pfeffer und der gehackten Espelette-Schote würzen und das Öl zugeben. Gut durchmischen und mit etwas geschlagener Sahne dekorieren. Rucola blanchieren und abschrecken, um die
Farbe zu erhalten. In den Mixer geben, die Geflügelbrühe hinzufügen und mit dem Olivenöl binden. Mit Salz, Pfeffer und der gehackten Espelette-Schotte abschmecken.
Milch, Sahne, Gelierzucker und Milchpulver mischen, auf 85 Grad erhitzen (Thermometer verwenden!) und salzen. 6 Stunden kühlen. Gelatine im Wasser auflösen, nach und nach das Öl zugeben, bis die Masse bindet. Danach portionsweise die Milchmischung hinzufügen, die Masse muss cremig bleiben. In eine Eismaschine geben und kühlen.
Mit einem Ring mit 6 cm Durchmesser das Tartar formen und in die Mitte des Tellers setzen. Einen Kreis aus Jus darum träufeln, einige Tropfen Ölmischung darüber geben, danach den übrigen Rucola mit der Ölmischung vermengen. Den Parmesan in 8 Stücke schneiden, den Trüffel hobeln. Einen Nocken Trüffelcrème glaçée auf das Tartar geben, mit einem Stück Parmesan und einigen Trüffelspänen garnieren, Rucolablätter darüber streuen und sofort servieren.

PATRICIA DESMEDT

WAREGEM *(BELGIEN)*

IM FLÄMISCHEN TEIL BELGIENS, IM KLEINEN INDUSTRIESTÄDTCHEN WAREGEM, BIETET PATRICIA DESMEDT GROSSE KÜCHE, DIE EINE REISE WERT IST. EINE ENTDECKUNG!

Ein Gourmettempel? Mitnichten, eher ein Geheimtipp unter flämischen Feinschmeckern. Waregem – diesen Namen muss man sich merken, vor allem, wenn man gerne gut essen geht. Waregem ist ein Städtchen an einem Autobahnknotenpunkt unweit eines Industriegebiets, etwa 40 Kilometer von Lille und 35 von Gent entfernt. Hier beginnen die flämischen Ardennen, die dem sonst flachen Land einige Konturen verleihen. Nicht gerade der Nabel der Welt, aber ein Besuch lohnt sich.

Das Gasthaus trägt den für fremde Zungen schwer auszusprechenden Namen »t'Oud Konijntje«, was »Zum alten Kaninchen« bedeutet und darauf hinweist, dass sich früher in dieser Gegend Kaninchen tummelten. Gegründet wurde es von den Großeltern Desmedt, dann bei zunehmender Bekanntheit lange Zeit von deren Tochter Thérèse geleitet und schließlich von deren drei Kindern kontinuierlich zu einem Spitzenrestaurant ausgebaut.

Die blonde Anne-Marie Desmedt sorgt für einen herzlichen Empfang und eine zuvorkommende Bedienung der Gäste. Frank Desmedt ist Sommelier und stellt kompetent und engagiert Weine aus der ganzen Welt vor, auch wenn seine Vorliebe für französische Tropfen nicht zu übersehen ist. Er hat einige weitgehend unbekannte, aber hervorragende Bordeaux-Weine in seinem Keller wie zum Beispiel einen ausdrucksvollen Pomerol von Château Cantelauze.

Patricia, die Dritte im Bunde, zeichnet auf höchstem Niveau für die Küche verantwortlich. Ihr Werdegang verblüfft; wie eine typische Zwei-Sterne-Köchin wirkt sie nicht. Doch sie hält diese begehrte Auszeichnung bereits seit zwanzig Jahren. Die zierliche, eher wie eine Intellektuelle wirkende Frau hat nie bei einem der »Großen« hospitiert. Sie hat alles von ihrer Mutter gelernt, der sie nach erfolgreich abgeschlossenem Wirtschaftsstudium zur Hand ging. Später trat sie dann ihre Nachfolge an und kochte von Anfang an handwerklich nahezu perfekt. Ihr Gespür für das richtige Produkt, die punktgenauen Kochzeiten und die perfekt abgestimmten Aromen sind kaum zu übertreffen. Ihr Credo

Zum alten Kaninchen heisst das Restaurant der Familie Desmedt. Überall taucht das Wappentier auf: als Holzfigur (ganz oben links) oder als Gravur auf der Eingangstür (gegenüber, oben rechts). Das sind nur zwei Beispiele von vielen, wie das Ambiente des kleinen Landhauses im Neuengland-Stil durch persönliche Details bereichert wird. Aus dem Speisesaal blickt man in den Garten (gegenüber, links oben). Aus der Küche kommen sorgfältig angerichtete Köstlichkeiten (ganz oben rechts und gegenüber, oben Mitte), wie die Törtchen von Kaninchen und Hähnchen mit Morcheln (oben) und das Duo aus Wolfsbarsch und Langustine mit Jasminreis, Lauch und Krustentierjus (gegenüber, unten links). Ein Amuse gueule wird in einer Silberschale präsentiert (vorhergehende Seite).

ist das Festhalten an alten Traditionen, sie kocht ausgewogen, unverfälscht und schnörkellos. Im Vodergrund steht immer das frische Produkt und sein Eigengeschmack.

Bei der Arbeit sieht Patricia in ihrem Kittel wie eine Krankenschwester aus, die braunen Haare zu einem Knoten aufgesteckt, auf der Nase eine Gelehrtenbrille – ein ungewöhnliches Bild. Eine solche Erscheinung erwartet man eher in einer der Kochsendungen des Fernsehens als in der Küche. Die Köchin aus Leidenschaft ist Mitglied der Vereinigung *Traditions et Qualité*, eines exklusiven Club internationaler Köche: Patricia Desmedt gehört zur europäischen Kochelite. Bei allem Erfolg ist sie bescheiden geblieben, ihre Kunst spricht für sich.

Sitzt man dann in Gesellschaft von Kaninchen aus Steingut im kleinen Empfangszimmer und genießt die Amuses gueules der Meisterin – *Mousse de foie* mit Portwein, gebeizter Lachs, geschmorter Aal mit Tomatengelee –, wird einem schnell klar, dass hier im Herzen Flanderns große Küche geboten wird. Das mit Kiefernholz getäfelte Interieur erinnert an Neuengland und ist von bezaubernder Schlichtheit. An schönen Tagen kann man das Essen im Garten genießen.

Was auf den Tisch kommt, überzeugt vom ersten Moment an. Alles ist frisch, unverfälscht und schnörkellos zubereitet, die Aromen sind perfekt abgestimmt. Grenaillekartoffeln auf Moskowiter Art mit Kaviar und Meerrettich sowie gebratene Garnelen aus Zeebrugge mit einem ganz frischen Babysteinbutt, präsentiert auf Kartoffelschaum mit einer Butter-Estragonsauce, sind dafür die besten Beispiele.

Die feinen Ravioli mit einer Füllung aus pochiertem Kalbsbries in Hühnerbrühe mit geriebenen Trüffeln und reifem Parmesan sind eine Verbeugung vor Italien. Patricia Desmedt gehört zu der Gruppe von Autodidaktinnen wie Nadia Santini (siehe S.149) und Luisa Valazza (siehe S.165), die ihren männlichen Kollegen den Rang abgelaufen haben und mit jeweils drei Sternen ausgezeichnet wurden. Der Hasenbraten »Harlekin« mit zwei verschiedenen Pfeffersaucen – die eine mit Sahne verfeinert, die andere neutral – sowie mit Preiselbeerkompott und Früchten der Saison beseitigt auch die letzten Zweifel, dass man hier in einem der besten Restaurants Europas speist.

Auch die Desserts sind perfekt. Süß, aber nicht zu süß, wie der Lebkuchen-*Millefeuille* mit Zichorieneis und Kaffeeglasur und das Mandarinenliköreis mit Orangenmus. Für Feinschmecker ist das t´Oud Konijntje ein absolutes Muss. Und vierzig Minuten bis Brüssel oder zweieinhalb Stunden bis Paris – das ist nun wirklich nicht die Welt!

DAS BESONDERE REZEPT VON PATRICIA DESMEDT

DUO AUS WOLFSBARSCH UND LANGUSTINE MIT JASMINREIS, LAUCH UND KRUSTENTIERJUS

FÜR 4 PERSONEN

ZUBEREITUNGSZEIT: 45 MINUTEN

KOCHZEIT: 7–8 MINUTEN

ZUTATEN

- 1 EL in sehr kleine Würfel geschnittenes Gemüse als Saucengrundlage (Lauch, Zwiebeln, rote Paprika, Staudensellerie)
- 2 EL Olivenöl
- 1 Knoblauchzehe
- 100 g Reis
- 4 EL Olivenöl
- 4 Scheiben Wolfsbarsch à 120 g mit entschuppter Haut
- 4 große, rohe Langustinenschwänze ohne Schale
- 20 cl Langustinenfond 1 Schuss Cognac
- 2 EL Crème fraîche
- 1 Lauchstange (ohne Grün)
- 1 nussgroßes Stück Butter
- 4 Frühlingszwiebeln
- 4 Blätterteigstangen mit Sesam Pfeffer, Salz, grobes Salz

ZUBEREITUNG

Der Reis: Das Gemüse in einem Schuss Olivenöl und mit zerdrucktem Knoblauch anbraten, Reis, Pfeffer und Salz zugeben. Umrühren und mit Wasser auffüllen, bis alles bedeckt ist. Aufkochen lassen, mit einem Deckel verschließen und sanft köcheln lassen. Den fertigen Reis in einen zuvor mit Backpapier ausgelegten Behälter füllen und abkühlen lassen. Ist der Reis kalt und fest geworden, in kleine Rechtecke schneiden und in Olivenöl anbraten. Auf Küchenkrepp legen und zur Seite stellen.

Der Fisch: Olivenöl erhitzen, den Wolfsbarsch mit der Hautseite nach unten zugeben und mit Pfeffer und Salz würzen. 7–8 Minuten im auf 180 Grad vorgeheizten Backofen garen lassen. Langustinenschwänze dämpfen.

Die Sauce: 10 cl Langustinenfond mit einem Schuss Cognac 15 Minuten bei mittlerer Hitze reduzieren lassen, die Crème fraîche zugeben und aufkochen lassen. Den restlichen Langustinenfond auf die Hälfte reduzieren. Die weißen Teile des Lauchs in Rauten schneiden und im Dampf garen, die Butter hinzugeben, mit Salz und Pfeffer würzen. Auch die Frühlingszwiebeln dämpfen.

ANRICHTEN

Auf die eine Seite eines vorgewärmten Tellers einen Löffel Lauchrauten, auf die andere Seite ein Reisrechteck geben. Den Wolfsbarsch mit der Hautseite nach oben auf den Lauch legen und mit grobem Salz bestreuen. Danach den Langustinenschwanz auf den Fisch legen und eine Frühlingszwiebel auf den Reis geben. Einen Kreis mit der Sauce und einen zweiten Kreis mit Langustinenfond um den Fisch ziehen und mit einer Blätterteigstange dekorieren.

LYDIA EGLOFF

STIRING-WENDEL *(LOTHRINGEN)*

IN DER AUBERGE VON LYDIA EGLOFF
GEHT MAN AUF EINE KULINARISCHE ENTDECKUNGSREISE IN DEN SÜDEN –
UND DAS MITTEN IN LOTHRINGEN!

Die eine blond, schlank und verschmitzt, die andere brünett, sportlich und springlebendig – trotz dieser Gegensätze führen die beiden Schwestern seit mehr als zwanzig Jahren mit großem Erfolg ein ungewöhnliches Restaurant. Es liegt in Stiring-Wendel in der Moselle, der ehemaligen Kohleregion nahe Saarbrücken. Hier wurden die Sängerin Patricia Kaas geboren – und Lydia und Isabelle Egloff.

Von Anfang an wollten die beiden Schwestern der bodenständigen Küchentradition ihrer Heimat einen provenzalischen Akzent geben. Mit Erfolg: In ihrer Auberge fühlt man sich wie in Südfrankreich. So bietet die Weinkarte von Isabell Egloff einen Val Joanis oder einen Pibarnon, Paradebeispiele für provenzalische Rotweine, die ein würziges und fruchtiges Aroma auszeichnet.

Die lebhafte Lydia Egloff ist für die Küche verantwortlich. Sie besuchte die Hotelfachschule in Straßburg und hospitierte unter Maximin im Negresco in Nizza. Unbekümmert kombiniert sie deftige Eintöpfe und Bouillabaisse, Olivenöl und geräucherten Speck, Seezunge und Bergamotte, Hummer und Kohl. Das sind nur einige Beispiele der für sie typischen Gerichte, die im Sommer auch im Garten an Teakholztischen unter Sonnenschirmen genossen werden können. *Backehoffe* vom Lamm in salziger *Charlotte* oder Steinbutt mit gerösteten Haselnüssen und reifem Parmesan mit einer Sommertrüffelmarinade, eine knusprig-köstliche Variante des klassischen Carpaccio, die Gazpacho aus glacierten Gemüsen, der gebratene Petersfisch mit Artischocken, die feine Schneckentarte mit Ziegenkäsemus oder gebratene Foie Gras mit Birne und einer *Sauce laquée*: Lydia Egloff zaubert spielerisch-leicht und einfallsreich die Sonne des Südens auf den Teller.

Wer sich hinter der fensterlosen Fassade des Hauses an der Route Nationale an den Tisch setzt, muss für alles offen sein, denn er begibt sich in ein kulinarisches Abenteuer. Bei Lydia Egloff wird der Fisch – ein Seebarsch mit Eukalyptus – auch mal nach dem Fleischgang serviert, heute eine Taube mit Engelwurzaroma, begleitet von *Quinoa,* grünen Kaffeebohnen und einem Püree aus Chorizowürstchen. Verrückter geht es kaum!

Sie lässt aber auch längst vergessene Gerichte wieder auferstehen: Zander auf *Krumberkichl*, wie Kartoffelpuffer hier heißt, ist dafür ein gutes Beispiel. Diese traditionellen Rezepte verbindet Lydia Egloff mit neuen Elementen. Der Eintopf »Riche« wird mit Foie Gras zubereitet, das Sabayon-Grenadinedessert namens »Tango« weckt Erinnerungen an längst vergangene Zeiten.

Ein lebendiges Restaurant auf höchstem Niveau mit ebensolchem Service, bei dem Professionalität und Herzlichkeit im Einklang stehen. Sind wir hier wirklich in Lothringen? Aber ja, denn hier wird bei aller Genialität immer auch »seriös« gekocht. Die berühmten Schnecken aus Saulnois auf einer feinen Tarte und einer mit Fenchel und Sternanis gefüllten Artischocke werden auch als Bouillon mit einer Borretschsauce, Pfifferlingen und Tomaten gereicht. Das Kalbsbries »Müllerin« wird von einem karamellisierten Blumenkohlpüree sowie einer mit Foie Gras gefüllten Cannelloni begleitet, die Kalbniere von einem in Piconbier geschmorten Endiviensalat: Alle Gerichte sind eine Liebeserklärung an die gute alte Zeit, jedoch modern inszeniert.

Auch die luftigen und leichten Desserts sind eine Sünde wert. Neben der bereits erwähnten Sabayon »Tango« gibt es ein Irish-Coffeesoufflée mit einer Pilzbierkruste, das nach Meinung von Marc Haeberlin, dem Starkoch der Auberge de L'Ill »eines der besten Desserts der Welt« ist. Ein Genuss sind auch das warme Sandgebäck mit Früchten, das mit Gewürzen glacierte *Sabayon brûlé* sowie das mit Orangenbutter überzogene Mirabellengratin. Nicht zu vergessen eine mit Sangria aromatisierte Schokoladen-»Zigarre« auf Erdbeergelee, eine halbgefrorene Jivara-Schokoladeneiscreme mit schwarzen Olivenstückchen, eine schaumige Vanille-Kaffeecreme mit Kardamom oder ein hausgemachtes Mandelplätzchen mit Gianduia-Kaffeefüllung.

Zusammen mit der geschmackvollen modernen Umgebung schaffen diese Köstlichkeiten eine provenzalische Oase inmitten der alten Kohleregion. Ein Haus im Süden – direkt vor den Toren des Saarlands und nur ein kleiner Umweg auf dem Weg ins Elsass.

Ein zeitgenössischer, gutbürgerlicher Speisesaal (unten) ist das Reich von Lydia Egloff (gegenüber oben in einer Cidrekelterei und auf Seite 52 in weissblauer Schürze). Beispiele ihrer klassisch-modernen Küchenphilosophie: Kaninchen-»Brioche« (unten rechts) und gratiniertes Mirabellencremegelee (gegenüber unten) sowie Schneckentörtchen mit »Pistou« und Brokkolicappuccino (vorhergehende Seite), eine kulinarische Reverenz an den Nordosten Frankreichs.

DAS BESONDERE REZEPT VON LYDIA EGLOFF

GRATINIERTES MIRABELLENCREMEGELEE

FÜR 6 PERSONEN
ZUBEREITUNGSZEIT: 40 MINUTEN
KÜHLZEIT: 12 STUNDEN.
ZUBEREITUNG: EINIGE SEKUNDEN

ZUTATEN
- 130 g Zucker
- 800 g Mirabellen (am besten selbst eingekocht)
- 3 Eier
- 20 g Mehl
- 30 g Konditorcremepulver
- 300 g süße, nicht pasteurisierte Sahne
- 10 cl Zitronensaft
- 25 cl Mirabellensaft
- 3 Blätter Gelatine
- 5 Eiweiß
- etwas Zitronensaft
- 10 cl guten Mirabellenbrand

ZUBEREITUNG
In einer Pfanne 10 cl Wasser mit 30 g Zucker aufkochen lassen. Die Mirabellen hinzugeben, karamellisieren lassen und auf einem Teller beiseite stellen. Die Eier mit 60 g Zucker in einer Schüssel verrühren, Mehl und Konditorcremepulver zugeben.
Die Sahne mit dem Zitronensaft und dem Mirabellensaft zum Kochen bringen, in die Schüssel gießen. Mit dem Schneebesen aufschlagen und dann die Masse bei niedriger Hitze köcheln lassen, bis sie fester wird.
Die Gelatine in kaltem Wasser einweichen, abtropfen lassen und unter die Masse ziehen. Das Eiweiß zu steifem Schnee schlagen und ebenfalls unter die Masse ziehen. Die Tarteförmchen mit Backpapier auslegen und die Mirabellencreme einfüllen.
12 Stunden kühlen.
Vor dem Servieren die restlichen 40 g Zucker karamellisieren lassen. Mit einigen Tropfen Zitronensaft und dem Mirabellenbrand ablöschen. Die Förmchen mit der Mirabellencreme einige Sekunden unter den Grill stellen, die Creme vorsichtig aus der Form lösen, einige karamellisierte Mirabellen hinzugeben und mit Mirabellensauce beträufeln.

NICOLE FAGEGALTIER

BELCASTEL *(AVEYRON, FRANKREICH)*

BESCHEIDEN UND FREUNDLICH HERRSCHT SIE ÜBER EINES DER SCHÖNSTEN DÖRFER FRANKREICHS. EINE KLEINE GOURMETREISE INS SÜSSE HERZ DES FRANZÖSISCHEN SÜDENS.

Ein malerisches Dörfchen, das sich an die Felsen klammert, mit steil ansteigenden »Calades«, wie die gepflasterten Wege in Aveyron heißen. Darüber eine von Fernand Pouillon wieder instand gesetzte Burg mit fünf runden Türmen, eine markante Brücke, die mit fünf Rundbögen den Fluss überspannt, die mit Statuen geschmückte Kirche und das alles in herrlicher Umgebung nahe der Stadt Rodez – das ist der Rahmen für eine Geschichte, in der Frauen im Mittelpunkt stehen.

Wir sind im Herzen Südfrankreichs, in der Heimat der Schwestern Nicole und Michèle Fagegaltier. Bereits seit vier Generationen führen die Fagegaltiers hier ein Restaurant, und in der Küche hatte stets eine Frau das Sagen. Das ist auch heute nicht anders. Michèle studierte Jura, Nicole besuchte die Hotelfachschule in Rodez. Danach übernahmen die Schwestern das Haus, in dem schon ihre Großmutter und später ihre Mutter eine Art »rustikale Landküche« praktizierten, wie sie es augenzwinkernd nennen.

»Wir waren damals autark«, erzählt die Köchin Nicole. »Wie schon mein Großvater betrieb mein Vater den Hof mit zwölf Hektar Grund und Boden. Wir hielten Schweine, Kälber und Geflügel, bewirtschafteten einen Gemüsegarten und bauten genug Getreide an, um das Vieh zu füttern. In der Küche wurden nur Produkte verarbeitet, die vom eigenen Hof stammten. Wir waren damals eine richtige Bauernwirtschaft. Es gab Spießbraten, geschmortes Zwiebelhühnchen, Zicklein in Sauerampfer, kräftigen Pfannkuchen oder Kohlrouladen.« Und eines Tages nahm Nicole den Kochlöffel selbst in die Hand, und die Dinge änderten sich.

Nach Abschluss der Hotelfachschule übernahm sie 1983 das Restaurant ihrer Eltern. Wenig später trat ihre ältere Schwester Michèle an ihre Seite, eine leidenschaftliche Weinliebhaberin. Schnell bekamen die Schwestern ihren ersten Michelin-Stern, und plötzlich war das Restaurant in aller Munde. Auf der anderen Seite des Flusses bauten sie ein kleines Hotel mit nur sieben modern, aber liebevoll eingerichteten Zimmern, später gesellte sich eine einfache Pension hinzu. Vor allem aber wurde die Küche vergrößert und

modernisiert. Michèle lernte Bruno Rouquier kennen, ihren späteren Ehemann. Er hatte von 1978 bis 1982 bei dem berühmten Koch Michel Bras im nahen Laguiole gearbeitet. Mit seinen Erfahrungen bereicherte er die Fagegaltiersche Küche.

Heute ist der Stil des Hauses eine gelungene Mischung aus Tradition und Moderne. Im Mittelpunkt stehen erstklassige Produkte der Region. Das Fleisch kommt aus der Nähe: Lamm aus Aveyron, Rind aus Aubrac und Kalb aus Segala. Doch zwei Mal pro Woche geht es auch auf den Markt nach Rodez, wo Fisch aus der Bretagne und exotische Gewürze auf dem Einkaufszettel stehen. Der einfache lichtdurchflutete Speiseraum ist nicht groß, er bietet gerade einmal Platz für 35 Personen.

Ein festliches Menü in Belcastel beginnt mit einem Amuse gueule, zum Beispiel einer Kirschtomate mit einem Hauch Essig. Danach lauwarme Kartoffeln mit Spargel, grüner Anchovispaste, Sauerampfermus und Frischkäse, gefolgt von einer ungewöhnlichen Kombination aus Schweinsfußwurst und Taschenkrebsen vom Grill, dazu Kartoffelpüree mit Foie Gras und einer sämigen Portweinsauce. Nicht zu vergessen eine der lokalen Spezialitäten: Lammfüßchen mit grünen Linsen mit Orangen-Wacholdervinaigrette, sautiertem Kalbsbries und einer Zwiebel-*Tuile*.

Weiter geht das Fest mit gebratenem Kabeljaufilet, köstlich kombiniert mit Schweinebrust und Spargel, oder einer Stockfischcreme mit Trüffeljus, einer raffinierten Variante der Aveyroner *Estofinades*. Auf der Karte stehen auch in Nussbutter gebratener Wolfsbarsch mit Kartoffelpüree und einer Sauce aus gerösteten Mandeln, gegrillte Entenleber mit Sellerie-Kohlrabiconfit, Honigkaramell, Ananasmus und getrockneten Aprikosen und schließlich Curry-Lammgeschnetzeltes und Lammkeule mit zarten Erbsen.

Aber auch für den köstlichen Käse aus Rouergue sollte man noch Zeit und Muse haben. Die Palette reicht von Schaf über Kuh und Ziege bis zum Gorgonzola. Zum guten Schluss wartet eine reichhaltige Dessertauswahl: gebratene Gewürzananas mit Kokosmousse in einer knusprigen Hülle mit einer Creme aus glacierter Orange und Koriander, Nougat-Blätterteiggebäck mit Kaffee-Mascarponecreme, Balsamiteeis (eine der Pfefferminze ähnliche Pflanze) mit Erdbeersauce, dazu ein Früchtespieß und ein Zitronenkeks. Auch die von einer jungen Pâtissière meisterhaft zubereiteten *Petit Fours* (Trockenfrüchtekaramell, Orangenhörnchen mit Mandelcremefüllung und Schokolade mit Teearoma) sollte man probieren. Nicht zu vergessen die Weine aus Gaillac von Plageoles oder Rotier. Sie sind harmonische Begleiter eines Menüs, das an Einfallsreichtum, Frische und Vielseitigkeit nichts zu wünschen übrig lässt.

Was kreative und kunstfertige Küche angeht, haben sich die »Landfrauen« vom Ufer des Aveyron zu einer der ersten Adressen Frankreichs entwickelt. Nach einem ihrer köstlichen Menüs sollte man allerdings auf einen Verdauungsspaziergang zur nahen Burg nicht verzichten.

Michèle führt den jungen Service mit sanfter Hand, und Nicole und Bruno haben für die kommenden Jahre schon neue Pläne. Sie träumen davon, in Rodez ein Romantikhotel mit Bistro zu eröffnen. In Belcastel im Aveyron wird aber weitergezaubert: Die Schwestern sind Künstlerinnen ihres Fachs, die ihren Gästen genussvolle Stunden schenken.

Nicole Fagegaltier (ganz oben mit ihrem Bäcker Roger Bayrol aus Rigniac) steht für eine stimmungsvolle Jahreszeitenküche. Zusammen mit ihrem Ehemann Bruno Rouquier (gegenüber unten: im Hintergrund die auch darüber zu sehende beeindruckende Brücke von Belcastel) setzt sie kulinarische Akzente, wie Kartoffeln mit grüner Anchovispaste und Spargel (gegenüber rechts) oder Kalbsfilet mit Mandelcreme und Fenchelconfit (oben). Ihre Küche verbindet Tradition und Moderne, wie bei diesem Nougat-Millefeuille mit Caramabareis (vorhergehende Seite) oder dem überraschenden Amuse gueule aus getrockneten Kartoffelstreifen (Seite 56).

DAS BESONDERE REZEPT VON NICOLE FAGEGALTIER

KARTOFFELN MIT GRÜNER ANCHOVISPASTE, SPARGEL, SAUERAMPFERMUS UND FRISCHKÄSE

FÜR 4 PERSONEN
ZUBEREITUNGSZEIT: 40 MINUTEN
KOCHZEIT: 25–30 MINUTEN

ZUTATEN
- 4 Kartoffeln, je etwa 120 g (Charlotte)
- 200 g Sauerampfer
- 30 g Butter
- 1 EL Crème fraîche
- 16 Stangen Spargel
- 10 g Kerbel
- 10 g Rucola
- 10 g Kresse
- 1 Sardellenfilet
- etwas Zitronensaft
- 1 EL Olivenöl
- 10 g gemahlene Haselnüsse
- Salz, Pfeffer
- 80 g Frischkäse
- 1 Stängel Petersilie
- 1 Stängel Schnittlauch
- 1 Stängel Kerbel
- Zum Anrichten einige Salatblätter

ZUBEREITUNG
Die Kartoffeln waschen, in Alufolie wickeln und 25–30 Minuten im Ofen garen lassen. Jede Kartoffel längs so zuschneiden, dass sie eine ebene Grund- und Oberfläche hat. Warm stellen.
Den Sauerampfer verlesen, waschen und in der Pfanne mit Butter zusammenfallen lassen. Würzen, einige Minuten köcheln lassen, dann Crème fraîche zugeben und warm stellen.
Die Spargel schalen und in heißem Salzwasser kochen. Wenn sie gar sind, mit kaltem Wasser abschrecken. Jede Stange auf eine Länge von 12 cm zurechtschneiden und dann nochmals teilen, so dass man 6 cm lange Enden und ebenso lange Köpfe erhält.
Für die Anchovispaste die Kräuter in der Küchenmaschine zerkleinern, Sardellenfilet, Zitronensaft, Olivenöl, gemahlene Haselnüsse, Salz und Pfeffer zugeben.
Den Frischkäse mit den übrigen gehackten Kräutern vermischen und abschmecken.
Das Sauerampfermus auf 4 Teller verteilen, darauf jeweils 4 Spargelenden, eine mit Anchovispaste bestrichene Kartoffel und schließlich 4 Spargelköpfe platzieren.
Zum Abschluss eine Frischkäsenocke obenauf setzen.
Mit Salatblättern garnieren.

ANNIE FÉOLDE

FLORENZ

SIE WAR DIE ERSTE DREI-STERNE-KÖCHIN ITALIENS. OHNE IHRE SÜDFRANZÖSISCHEN WURZELN ZU VERLEUGNEN, BEGEISTERT SIE IHRE GÄSTE IN FLORENZ EBENSO WIE IN TOKIO. SIE RESIDIERT IN DER TOSKANA, WO SIE EINEN DER BESTBESTÜCKTEN WEINKELLER DER WELT IHR EIGEN NENNT.

Es klingt wie ein Märchen. Ein kleines Mädchen, nahe der Promenade des Anglais in Nizza geboren, verschlägt es in die Toskana und wird dort berühmt. Vor allem aber ist Annie Feoldes Geschichte eine Liebesgeschichte: ihrer Liebe zu einem Mann und zu einer Region. Ihre Eltern arbeiteten im Negresco, einem der großen Hotels in Nizza. Ihr Vater war Fahrer und ihre Mutter Telefonistin. Kochen lernte Annie nur, um ihrem Mann Giorgio Pinchiorri, dem berühmten Sommelier der Enoteca Nazionale in der Via Ghibellina in Florenz (der heutigen Enoteca Pinchiorri), zur Seite stehen zu können.

Vorher arbeitete Annie in Paris als Beamtin, machte dann einen kurzen Zwischenstopp in England und fand sich schließlich in Italien wieder, wo sie ihre große Liebe kennen lernte. »Anfangs haben wir nur kleine Gerichte serviert, als Begleiter für Giorgios Spitzenweine. Irgendwann habe ich mit dem Kochen angefangen und bin dann immer mehr auf den Geschmack gekommen«, erzählt Annie die lange Geschichte von der Verwirklichung ihres Lebenstraums. Schließlich kam sie so sehr auf den Geschmack, dass sie die erste Drei-Sterne-Köchin Italiens wurde. Heute residiert sie in einem großartigen florentinischen Palazzo mit labyrinthartigen Sälen und Salons, freskobemalten Decken, einem herrlichen Innenhof und einem riesigen Weinkeller.

Ihre höheren Weihen erhielt Annie Feolde bereits vor mehr als zehn Jahren. Sie folgte dem Ruf der Japaner, die in Florenz ihre Enoteca kennen und lieben gelernt hatten. In Tokio eröffnete sie im achten Stock eines Hochhauses im Geschäftsviertel Ginza eine exakte Kopie ihrer Enoteca Pinchiorri, später noch eine Cantinetta. In dieser Zeit erkannten die Michelin-Tester ihr einen Stern ab, da sie diese Überaktivität gar nicht schätzten. Doch Annie ist immer und überall – Köchin, Chefin und Ausbilderin in einer Person. Sie nimmt auch junge Köche unter ihre Fittiche, wie Franck Cerutti (»er ist wie ein Sohn«, sagt sie, »er war sieben Jahre bei mir und gehört zur Familie«), der heute in Monaco bei Alain Ducasse im Louis XV Toskanisches wie Süßsaures, Hülsenfrüchte, mit schwarzen Oliven

gefüllte Ravioli und Gnocchi mit Pinienkernen und Rosinen auf der Karte hat. Im Guide Michelin 2004 erhielt Annie Feolde ihren dritten Stern zurück, und das mit Recht: Wie nie zuvor sorgt sie für kulinarische Glanzpunkte. Traditionsbewusst setzt sie regionale Küche in kreative Gerichte um. Eine Hommage an ganz Italien und an die Toskana im Besonderen. Einige Gerichte haben bereits seit mehr als zwanzig Jahre einen festen Platz auf der Karte, wie der in Tempuramehl frittierte Stockfisch mit *Papa al pomodoro*, die erfrischend neu interpretierte toskanische Brotsuppe mit Tomaten, die Scampi im Speckmantel in einer Suppe aus Bohnen und Perlgraupen und nicht zuletzt die *Pici con le briciole*, kleine runde Nudeln aus Hartweizenmehl und Wasser, die mit Sardellen, Kräutern, frittierter Schweineschwarte, Krümeln von toskanischem Landbrot und einer Creme aus weißen Luccabohnen serviert werden. Köstlich auch ihre südtoskanische Variante der ursprünglich aus Umbrien stammenden *Porchetta*, in der Schwein durch Wachteln ersetzt wird. Annie Feolde serviert das Fleisch mit einer Füllung aus gepfefferter Wachtelleber auf einem Püree von grünen Erbsen und mit Rosmarin-Kichererbsenkroketten. Einfach himmlisch!

Des Weiteren stehen *Maccheroni alla chitarra* auf der Karte, schmale Bandnudeln, die mit einer speziellen Nudelmaschine hergestellt werden. Dazu wird eine Creme aus Erbsen und marinierten Makrelen sowie eine Scheibe gepökeltes Roastbeef gereicht. Köstlich auch die *Agnolotti* auf einem Bett aus Ricotta, Römersalat und Würstchenscheiben, gefüllt mit einer Mischung aus Schafsricotta, Pfefferminz, Safran und Zimt, oder die *Cappelletti,* gefüllt mit Fasan und Linsenpüree. Natürlich gibt es auch eine reichhaltige, saisonal wechselnde Fischkarte. Die Meerbarbe mit Fenchel und Zitrone stand gestern darauf. Heute wird sie mit einem kleinen Foie-Gras-Schnitzel, Topinamburschaum und hauchdünnen Scheiben frittierter Artischocken serviert. Außerdem gibt es Jakobsmuscheln mit gekochten Tomaten und Kutteln mit einem großen knusprigen Raviolo, der mit Origano und Zucchini gefüllt ist.

Keine Frage: Während früher die einfachen und frischen Gerichte nur Beiwerk für die erlesenen Weine waren, steht heute die Küche im Mittelpunkt. Giorgio Pinchiorri, einst Gründer der Enoteca (im Keller lagern mehr als 100 000 Flaschen), hält sich heute eher im Hintergrund. Seine Mannschaft junger Sommeliers präsentiert vorbildlich die besten Weine aus der ganzen Welt: Tocai aus dem Friaul, Chardonnay aus dem Piemont sowie

Annie Feolde residiert in einem florentinischen Palazzo in der Via Ghibellina. Im Sommer speist man im Innenhof (gegenüber, oben links). Als Chefin des Küchenorchesters bespricht sie mit zwei Beiköchen die Karte (unten), die u. a. traditionelle »Petit Fours« (gegenüber unten) sowie frische Gerichte wie ein Tomaten-Basilikum-gelee mit einem Salat aus Walnüssen und Käse (links) anbietet. Zum Kaffee wird Extravagantes wie Lyoner »Bugnes« gereicht (Seite 61).

eindrucksvolle toskanische Rotweine aus Sangiovese, Cannaiolo und Brunello. Auch die französischen Grands Crus, darunter die berühmten Petrus oder Yquem, fehlen nicht.

Die Fleischkarte ist vielseitig. Eine *Concia*, Kalbsmaulscheiben in Tomatensauce, knuspriges Schweinefleisch aus dem Ofen, dazu mit Rübenöl, süßsauren Zwiebeln und Presskopf angemachter Kartoffelsalat, gegrillte, mit Thymian marinierte Taubenbrüstchen mit einem Taubenschenkelconfit mit Gänseschmalz auf Kartoffelmatte, dazu toskanisches Landbrot mit Rotwein und Zucker (ein alter Brauch in der Region, um den Kindern das Brot schmackhaft zu machen). Und je nach Saison Zicklein mit weißer Polenta und Kohl.

Nicht unerwähnt bleiben sollen auch die Käsegerichte wie das *Burrata-Gelee*, eine butterweiche Büffelmozzarella, die von einem Püree aus frischen Basilikumtomaten und frittierten Saubohnen begleitet wird.

Die Desserts bieten eine gute Gelegenheit, einen weichen Vin Santo zu genießen. Es gibt eine Schokoladenvariation, einen knusprigen, mit Haselnusscreme gefüllten Gianduiabiskuit, zu dem ein toskanischer *Neccio* (ein Pfannkuchen aus Kastanienmehl) gereicht wird, eine Milchspeisenkomposition mit Moussebiskuit, Bayerischer Creme, Eis und Milchschaum, ein Birnentörtchen mit Karamell und Rosmarin und schließlich *Zuccotto*, Halbgefrorenes aus Schokolade auf einem mit mildem Fruchtlikör getränkten Biskuitteig.

Die fabelhafte Annie Feolde bietet ihren anspruchsvollen Gästen traditionelle Gerichte in edlem Gewand. Sie beweist eindrucksvoll, dass die toskanische Küche an Qualität und Vielfalt kaum zu übertreffen ist.

Giorgio Pinchiorri, der Begründer der gleichnamigen Enoteca, ist Herr über einen der schönsten Weinkeller der Welt (unten links). Annie hat ihre Küchenmannschaft stets im Blick und legt auch selbst mit Hand an (gegenüber links). Die Spaghetti »alla chitarra« mit getrockneten Tomaten und Erbsencreme (unten rechts) und das geschmorte Spanferkel mit süßsauren Schalotten (gegenüber rechts) sind Beispiele ihrer Kochkunst, die Bodenständigkeit und Kreativität miteinander verbindet.

DAS BESONDERE REZEPT VON ANNIE FEOLDE

GESCHMORTES SPANFERKEL MIT SÜSS-SAUREN SCHALOTTEN

FÜR 4 PERSONEN
ZUBEREITUNGSZEIT: 45 MINUTEN
KOCHZEIT: 120 MINUTEN (DAVON 75 MINUTEN AM VORTAG FÜR DEN FOND)

ZUTATEN

Für das Fleisch und die Schalotten

· 1 Schulter vom Spanferkel, entbeint und gerollt
· 4 vom Knochen gelöste Koteletts
· 8 große Schalotten
· 25 cl Rotweinessig
· 150 g Zucker
· 20 g Butter
· 1 EL Olivenöl
· Salz, Pfeffer

Für den Fond (fakultativ)

· 250 g Schweineknochen
· 1 kleine Zwiebel
· 1 kleine Karotte
· 1 Stange Sellerie
· 10 cl trockener Weißwein
· Pfeffer
· 1 EL Olivenöl

ZUBEREITUNG

Am Vortag: Für den Fond die Knochen 10 Minuten lang in Olivenöl anrösten, das geputzte und klein gehackte Gemüse hinzugeben und weitere 5 Minuten anbraten. Das Fett abschöpfen, den Wein zugießen und so lange garen, bis die Flüssigkeit fast völlig verkocht ist. 50 cl Wasser zugeben, aufkochen lassen, den Schaum abschöpfen, pfeffern und 60 Minuten köcheln lassen. Passieren und die Flüssigkeit auf 15 cl reduzieren (ca. ein 3/4 Glas). Kühl stellen. Am folgenden Tag das Fett abschöpfen, das sich auf der Oberfläche angesammelt hat. Die Schalotten putzen und 3 Minuten in Salzwasser aufkochen. Abtropfen und zusammen mit dem Essig und dem Zucker in einen Topf geben, ca. 15 Minuten lang kochen lassen, bis die Flüssigkeit auf die Hälfte reduziert ist. Die Schalotten abtropfen und mit Butter karamellisieren lassen, warm stellen.

Den Backofen auf 220 Grad vorheizen. Die Schulter und die Koteletts salzen und pfeffern. In einem Schmortopf mit Olivenöl von allen Seiten auf kleiner Hitze anbraten. Im offenen Topf 15 Minuten im Ofen weitergaren lassen. Das Fleisch herausnehmen und warm halten (in Alufolie). Den Schweinefond in den Topf geben, um den Bratensaft zu lösen, 2 Minuten kochen lassen. Koteletts und Schulter in runde Scheibchen schneiden. Zusammen mit den Schalotten und dem Fond warm servieren. Dieses Gericht kann man auch mit Fleisch von ausgewachsenen Schweinen zubereiten. Bitten Sie den Metzger, 4 dicke Koteletts abzuschneiden, ohne die Haut zu entfernen. Nach dem Anbraten bleibt das Fleisch 30 Minuten im Ofen. Der Schweinefond kann durch Gemüsebrühe oder Wasser ersetzt werden.

CHRISTINE FERBER

NIEDERMORSCHWIHR *(ELSASS)*

DIE KÖNIGIN DER ZUCKERBÄCKER RESIDIERT IM HERZEN DES ELSASS: CHRISTINE FERBERS MARMELADEN UND KUCHEN SIND IN DER GANZEN WELT BERÜHMT. SIE IST DIE FEE DER KONFITÜREN, DIE PRINZESSIN DES SÜSSSAUREN.

In Kurven zieht sich die Straße nach Niedermorschwihr im Elsass durch die Weinberge und Hügel der Vogesen. Besucher schlendern durch die Hauptstraße, vorbei an dem durch die Karikaturen von Jean-Jacques Waltz bekannten umrankten Glockenturm und bleiben vor einem Laden stehen, der wie ein Lebkuchenhäuschen aussieht. Wer in der Vorweihnachtszeit kommt, dem steigt auch tatsächlich der Lebkuchenduft in die Nase.

Die Maison Ferber ist eine Mischung aus Pâtisserie und Gemischtwarenladen, in dem man auch Zeitungen und Postkarten kaufen kann. Hier herrscht Christine Ferber. Vater Maurice sowie Bruder und Schwester sind ihr wertvolle Hilfen. Doch den Löwenanteil der Arbeit leistet Christine Ferber selbst. Neben der Pâtisserie noch Telefonate mit Kunden aus aller Welt, die Durchsicht ihrer Manuskripte – sie ist einfach überall.

Der Larousse der Marmeladen, *Verwunschene Leckereien*, *Salzige und süße Tartes* – das sind nur einige Titel ihrer Kochbuchbestseller, die sie im Winter schreibt, »wenn nicht so viel los ist«. Doch wann soll das sein? Christine steht oft schon vor Morgengrauen auf (wochentags um 5 Uhr, samstags um 3.30 Uhr), um auf dem Markt mit erfahrenem Auge als Erste die frischesten und makellosesten Früchte aussuchen zu können. Danach verbringt sie den ganzen Tag in der Küche, um Schokoladen, Gugelhupf und *Bredeles*, die elsässischen Weihnachtsplätzchen, herzustellen, Gläser mit Heidelbeeren und Brombeeren zu füllen und süßsaure Kreationen zu verfeinern. Jedes Jahr zur Vorweihnachtszeit öffnet ihre Pâtisserie zu einem »Tag der offenen Tür«, an dem Künstlerfreunde und Feinschmecker für sie die »Küchenjungen« spielen.

Sonntags lädt sie häufig zu einem Essen im Freundeskreis in ihre Pâtisserie und ins »Laboratorium«. Dabei kommen Gourmets aus unterschiedlichsten Kreisen zusammen, Geschäftsleute sind ebenso willkommen wie Künstler. Auf den Tisch kommen Krustenschinken, Sushi, elsässischer *Baeckoffe* oder gegrilltes Küken.

Christine Ferber besticht durch Freundlichkeit, Offenheit, Talent, Großzügigkeit, die Fülle ihrer Ideen und durch ihre Fähigkeit, Menschen zusammenzubringen. Gemeinsam mit ihrer Freundin Hélène Darroze, der aus den Landes stammenden Pariser Spitzenköchin, ist Christine Ferber der Motor der *Nouvelles mères cuisinières*. Dieser Vereinigung gehören neben eini-

Christine Ferber ist mehr als nur die »gute Fee der Konfitüren«. Sie prägt auch das kulinarische Leben in ihrer Heimat Niedermorschwihr am Fusse der Weinberge der Vogesen (ganz oben links). Für ihre unnachahmlichen Marmeladen wählt sie nur die besten Früchte der heimatlichen Obstgärten aus. Christine in einem Rosenbeet bei der Auswahl von Blütenblättern für ihre Marmelade (Seite 66). In ihrem Delikatessengeschäft werden die Marmeladen in hübschen Gläsern verkauft (vorhergehende Seite). Eingekocht wird die Marmelade in Kupferkesseln (oben), dann eingefüllt (ganz oben rechts). Gegenüber, oben links: Gläser mit Quittengelee. Darunter: Christine freut sich über ihr Produkt. Gegenüber, oben rechts: Eine Apfeltarte mit Zimtstreusel wird zubereitet.

gen Köchinnen aus diesem Buch auch Kolleginnen aus Übersee an, wie ihre »Schwester im Geist« Ariane Daguin aus New York oder Barbara Lynch aus Boston.

Christine Ferber ist die ungekrönte Königin der Zuckerbäckerei. Eine Dorfbäckerin hätte sie nicht bleiben mögen, auch wenn der Leitspruch ihres bescheidenen Vaters war: »Wir sind einfache Bäcker, vergiss das nicht.« Ein Satz, der sie auch während der Ausbildung beim großen Peltier in der Pariser Rue de Sèvres begleitete. Ihr Handwerk hat Christine Ferber auf der École Nationale de Pâtisserie in Brüssel von der Pike auf gelernt.

Weil Christine so selten lächelte, wählte ihr Vater die zwei Jahre jüngere Schwester als Nachfolgerin im Laden aus. Ihr selbst blieb die schwere Arbeit in der Backstube. Doch sie entwickelte sich bald zu einer Expertin für Schokolade und zu einer Künstlerin von Weltruf in Sachen Konfitüre. Sie erfand Rezepte für süßsaure Konfitüren, die hervorragend zu Fleisch, beispielsweise zu Wild, passen.

Das Geheimnis ihres Erfolgs sind die liebevolle Auswahl der Früchte, die Sorgfalt, mit der sie die besten Schwarzkirschen, die reifsten Mandarinen und die auf den Punkt geernteten elsässischen Zwetschgen aussucht, oder Erdbeeren mit Veilchen mischt und damit geschickt ihr Aroma verstärkt. Gemeinsam mit ihren treuen Mitarbeitern zaubert sie in den Kupferkesseln sinnliche Genüsse, die den Namen Ferber in der ganzen Welt bekannt gemacht haben. Man muss es selbst gesehen haben, wie sie im Labormantel in der Küche steht und mit Leidenschaft und großem Einsatz ans Werk geht.

Beliebt sind auch ihre Honiggürkchen, ihr Preiselbeerconfit, die karamellisierten Zwiebeln, die Sauerkirschen mit Lorbeer, die Weinbergpfirsiche in Pinot Noir und die geschälten Tomatenviertel mit Basilikum. Die Brombeeren mit Muskatnuss passen hervorragend zu sanft geschmortem Fleisch. Die Marmeladen aus Zwetschgen, Äpfeln, Nüssen, Bitterorangen oder Rhabarber, die Birnenkonfitüre mit fein geschnittenen Fruchtstückchen, die Marmelade aus Waldheidelbeeren, Weinbergpfirsichen oder heimischen schwarzen Johannisbeeren sind viel zu schade, um nur Brotaufstrich zu sein. Für diese Köstlichkeiten ist kein Weg zu weit.

Aber auch ihre anderen Produkte sind süße Verführungen. Das Eis ist ein Genuss, das Gebäck butterzart, ihre Kekse schmecken zu jeder Gelegenheit. Der Gugelhupf ist ein Meisterwerk, die Schwarzwälder Kirschtorte eine Ode an ihre Herkunft, die Schokoladenmacarons gehören zu den besten, die es gibt, und die Biskuitrolle mit Maronen ist ein wahr gewordener Kindheitstraum. Christine Ferber muss man einfach lieben!

DAS BESONDERE REZEPT VON CHRISTINE FERBER

APFELTARTE MIT ZIMTSTREUSEL

FÜR 6 PERSONEN
ZUBEREITUNGSZEIT: 45 MINUTEN
(DAVON AM VORTAG 20 MINUTEN
FÜR DEN TEIG)
RUHEZEIT: 30 MINUTEN
BACKZEIT: 50 MINUTEN

ZUTATEN

Für den Tarteboden

· 300 g Mürbeteig mit Mandeln und Haselnüssen (siehe Rezept Seite 177)
· 300 g Mandelcreme (siehe Rezept Seite 177)
· 5 cl Crème fraîche
· 5 Äpfel (Idared)
· 20 g Mehl zum Ausrollen
· 20 g Butter für die Form
· 2 EL Puderzucker

Für die Streusel

· 60 g Puderzucker
· 60 g kalte Butter
· 30 g gemahlene Mandeln
· 30 g Mehl
· drei Messerspitzen gemahlener Zimt

ZUBEREITUNG

Am Vortag den Mandelmürbeteig vorbereiten. Am nächsten Tag die Arbeitsfläche mit Mehl bestäuben und den Teig zu einem Kreis mit einem Durchmesser von 34 cm (2,5 mm dick) ausrollen. Eine Springform einfetten und den Teig hineingeben und mit den Fingerspitzen an Boden und Seiten andrücken, was übersteht, abschneiden und den Teig mit einer Gabel einstechen. Mit Klarsichtfolie abdecken und 30 Minuten in den Kühlschrank stellen.
Den Ofen auf 180 Grad vorheizen. Die Äpfel schälen, halbieren, entkernen und grob reiben. Geriebene Äpfel, Mandelcreme und Crème fraîche vorsichtig vermischen und auf dem Teig verteilen. 40 Minuten backen.
Unterdessen die Streusel zubereiten: Die Butter in kleine Würfel schneiden und in eine Schüssel geben. Puderzucker, Mandeln, Mehl und Zimt zugeben. Mit den Fingern zu Streuseln kneten. Wenn die Tarte leicht gebräunt ist, die Streusel darauf verteilen und nochmals 10 Minuten in den Ofen schieben, bis die Streusel knusprig und die Seiten des Kuchens schön gebräunt sind. Aus der Form nehmen und auf einem Gitter auskühlen lassen. Vor dem Servieren mit Puderzucker bestäuben.

Zu dieser Tarte passen gut eine leichte Vanillecreme mit Zimt oder eine Vanillecreme mit Kardamom.

ROSE GRAY & RUTH ROGERS

LONDON

DAS TALENTIERTE DUO PRÄSENTIERT AM THEMSE-UFER HINTER EINER VON RICHARD ROGERS ZEITGEMÄSS GESTALTETEN FASSADE ITALIENISCHE KÜCHE VOM FEINSTEN.

Das River Café in London ist die Geschichte zweier englischer Freundinnen, Rose Gray und Ruth Rogers. Jedes Jahr pilgerten die beiden Toskana-Liebhaberinnen in das Land der sanften Hügel. Es machte ihnen Spaß, zwischen neapolitanischem Rucola und Endivien aus Treviso zu wählen, ihre Favoriten unter den ligurischen Pestos aufzuspüren, die besten Olivenöle zu entdecken und am Ende ihrer Reise Fenchel, Knoblauch, Borlottibohnen, sizilianische Erbsen, Brokkoli, Knospenkohlröschen und Kichererbsen mit nach England zu bringen, um ihre Freunde zu verblüffen.

Nach kurzen Stationen in Chelsea, Kensington und Fulham eröffneten sie an der Westseite der Londoner Docks im trendigen Viertel Hammersmith ein Restaurant mit italienisch geprägter Küche. Auch äußerlich sticht das River Cafe ins Auge. Gestaltet wurde es von Ruths Ehemann Richard Rogers, dem berühmten Architekten und Gestalter des Pariser Centre Georges Pompidou. Er schuf einen großzügigen, luftigen und lichtdurchfluteten Bau, in dem er auch sein eigenes Büro einrichtete.

Im River Cafe ist die Farbe Weiß vorherrschend: eine breite Aluminiumtheke, stoffbespannte Metallstühle, zierliche Hängelampen und eine Gartenterrasse mit Blick auf Wohnhäuser nebenan und auf das Lagergebäude des Kaufhauses Harrods auf der anderen Seite des Flusses. Hier fühlt man sich wie auf dem Land, und Rose und Ruth bieten dazu die passende Küche: frische Gemüse der Saison, hausgemachte Pasta, knackige Salate, köstliche Saucen und würzige Essigdressings.

Die Karte wechselt täglich, je nach Jahreszeit und abhängig vom Angebot auf dem Gemüsemarkt, dem Fang der Fischer vor Cornwall oder von dem, was gerade frisch aus Apulien und Kampanien kommt. Heute gibt es *Puntarelle alla romana*, ein in feine Streifen geschnittener Endiviensalat mit Anchovis, Paprikaschoten, Kapern und Kräuteressig. Danach Carpaccio vom Yorkshire-Rind mit Artischocken, Zitrone und Parmesan und

Wir sind im trendigen Londoner Viertel Hammersmith. Dort hat Richard Rogers (gegenüber, oben links), der Architekt des Centre Georges Pompidou, für seine Frau Ruth und ihre Freundin Rose Gray in den alten Docks ein Restaurant eingerichtet (unten links: die Bar; gegenüber unten: der Speisesaal mit Blick auf die Themse). Die Küche ist toskanisch beeinflusst, hier eine Büffelmozzarella mit Salat aus Saubohnen und Pecorino (unten rechts) oder ein Steinbuttsteak mit Kapern (vorhergehende Seite). Der Schokoladenkuchen Nemesis dagegen könnte aus der Küche einer englischen Grossmutter stammen (gegenüber, oben rechts).

köstliche Pasta und Hülsenfrüchte. Beste Beispiele für eine zeitgemäße italienische Küche – qualitätsbewusst, frisch, fein und bekömmlich – sind die *Taglierini* mit Würstchen, Erbsen, Minze und Thymian, die *Agnolini* mit einer Tauben-Kalb-Pancettafüllung mit Butter und Parmesan, ein *Risotto marinara* mit Tintenfisch, Krevetten, Venusmuscheln, Tomaten, Petersilie und Pinot Grigio. Das trendige Londoner Publikum, das nach Hammersmith pilgert wie zu einem Picknick, genießt die gemütliche, ungezwungene Atmosphäre des River Cafe. Hier fühlt man sich wie in einem Garten zwischen Cerbaia und Gaiole im Chianti. Rose und Ruth erzählen Geschichten, erklären und diskutieren mit ihren Gästen. Richard Rogers sitzt gerne alleine am Tisch, um einen Salat zu essen, ein Glas Sangiovese zu trinken und die *Times* zu lesen. Von der Geräuschkulisse lässt er sich nicht stören. Die Gäste genießen die exzellenten Gerichte, die vom jungen und engagierten Personal serviert werden, wie der Babysteinbutt mit Kapern, Majoran, Rucolakräutersalat und Knospenkohlröschen oder das Rinderrückenfilet vom Grill mit weißen Borlottibohnen.

Auch die Desserts sind ein Stück Italien. Sie scheinen aus dem Rezeptbuch einer englischen Großmutter zu stammen, die es in den Süden verschlagen hat: eine Bitterschokoladentarte, so verführerisch zart, dass sie den Namen *Tarte Nemesis* trägt, eine Zitronen-Mandel-Pflaumentarte, knusprig wie ein Crumble, oder ihr Karamelleis, das langsam auf der Zunge zergeht. Im Speisesaal herrscht eine angeregte Atmosphäre, und Rose Gray und Ruth Rogers verzichten auf die übliche Runde. Hier genügt ein Blick um festzustellen: Ihre Gäste sind rundum zufrieden.

DAS BESONDERE REZEPT VON
ROSE GRAY & RUTH ROGERS

SCHOKOLADENKUCHEN NEMESIS

FÜR 6 PERSONEN
ZUBEREITUNGSZEIT: 25 MINUTEN
BACKZEIT: 30 MINUTEN

ZUTATEN

- 340 g Bitterschokolade
- 5 Eier
- 280 g Puderzucker
- 225 g weiche Butter
- 30 g Butter und 1 EL Mehl für die Form

ZUBEREITUNG

Den Ofen auf 150 Grad vorheizen. Eine runde Form (26 cm Durchmesser, 5 cm hoher Rand) mit Backpapier auslegen, das Papier einfetten und bemehlen.
Die Eier mit einem Drittel des Zuckers schaumig schlagen, bis sich das Volumen der Masse vervierfacht hat (mit dem Mixer ca. 10 Minuten).
Den restlichen Zucker mit 25 cl Wasser zu Sirup kochen. Die Schokolade und die Butter zugeben und vorsichtig rühren, vom Herd nehmen und abkühlen lassen. Die noch leicht warme Schokoladenmasse zum Eischaum geben und höchstens 20 Sekunden behutsam zu einer homogenen Masse verrühren.
Das Ganze in die Backform gießen und in ein Wasserbad stellen. Damit die Masse gleichmäßig fest wird, muss die Form vollständig im Wasser schwimmen.
30 Minuten im Ofen backen. Mit einem sanften Druck auf die Oberfläche prüfen, ob der Teig fest genug ist, sonst weiter backen lassen. Den Kuchen in der Form auskühlen lassen, gestürzt servieren.

CATHERINE GUERRAZ

PARIS

Aus einer düsteren Strasse nahe der grossen Kaufhäuser zog sie in ein vornehmes Pariser Viertel, nur einen Steinwurf von den Champs-Elysées entfernt. Und plötzlich kannte ganz Paris diese traditionsbewusste Autodidaktin, für die die Tradition eine zweite Natur ist und die ihre Gäste für die einfache Küche begeistert.

Früher wurde ihr Vorname unter Eingeweihten wie ein Code weitergegeben. »Catherine« war in Gourmetkreisen so etwas wie »007« in Sachen Geheimdienst. Im Chez Catherine in der Rue de Provence aß man einfach, aber gut. Zu ihr kamen viele Angestellte der großen Kaufhäuser zum Mittagessen (Printemps und die Galeries Lafayette liegen gleich um die Ecke). Doch dann wollte Catherine Guerraz mehr. Die »Miss Bistro« verließ ihr an eine Hafenkneipe erinnerndes Restaurant im 9. Arrondissement. Sie kennt und schätzt die Vorzüge der Gourmetküche. Deshalb nahm sie mit ihrem Umzug gleichzeitig Abschied vom einfachen Bistrostil.

Auch an ihrer neuen Wirkungsstätte im schicken Viertel étoile heißt ihr Restaurant Chez Catherine. Von der offenen Küche aus hat sie alle drei ineinander übergehenden Essräume im Blick. Im ersten Saal isst man am Tresen wie im Cipriani in Venedig, vom zweiten aus hat man einen guten Blick in die Küche, und der dritte, etwas versteckt, ähnelt einem kleinen Salon. Charme haben sie jedoch alle. Auch ihren Service hat Catherine Guerraz aufgestockt – in Quantität und Qualität.

Doch ihre wichtigste Stütze ist ihr Partner Frédéric, ein passionierter Weinkenner, der früher in der Werbung tätig war. Stets elegant gekleidet, wacht er über das Wohlergehen jedes einzelnen Gastes und sorgt für die richtige Inszenierung des Menüs. Dazu gehören auch seine Weinempfehlungen wie beispielsweise ein Côte Rôtie oder einen Saumur Champigny du Clos Rougeard von Demars-Foucault. Frédéric ist auch für den reibungslosen Ablauf beim Service und für das angenehme Ambiente zuständig. Obwohl natürlich das Essen im Mittelpunkt steht, ist bereits das besondere Flair des Hauses ein Genuss.

Catherine bietet das Beste, was die moderne Haute Cuisine zu bieten hat, aber auch die großen Klassiker französischer Kochtradition. Sie steht für eine neue Art der Gourmetküche. Stets charmant und heiter gelingt es der sommersprossigen Pariserin immer wieder, ihre anspruchsvollen Gäste mit tradionellen Gerichten »im neuen Gewand« zu be-

geistern. Ihre Küche macht Appetit: geschmorte Schnecken aus dem Burgund mit Pfifferlingen, Foie Gras mit Krebsfleisch, Fasanenterrine mit Nüssen und knackigem Salat, in Folie gegarter Merlan (Weißling) mit *Sauce Bourride*, gegrillter Dorsch mit aromatischen Kräutern oder rosa gebratenes Kalbsfilet mit Meerrettich. Die Küchenmannschaft wurde verstärkt, die Preise auf der Karte haben angezogen, und die Weinkarte liest sich jetzt wie eine Schatzkarte für Liebhaber großer Tropfen. Das sagt alles über die Ambitionen »der Guerraz« (wie man »die Callas« sagt).

Doch das Chez Catherine bietet auch ein bescheideneres »Menü du Marché« mit beliebten Gerichten zu vernünftigen Preisen, darunter auch die Spezialität des Hauses, Kutteln *à la niçoise* mit Tomaten und Olivenöl, eine Hommage an ihre Großmutter, die eine hervorragende Köchin war. Die Kutteln und die ebenfalls auf der Karte stehenden *Andouilettes* zeigen, dass Catherine ihre gute alte Bistroküche nicht ganz aufgegeben hat. Davon zeugen auch das raffiniert zubereitete Meerbarbenfilet mit Tapanade und einer Artischockenpastete sowie die Filets vom Salers-Rind, einmal mit einer Pfeffersauce, ein andermal mit Markknochen und zarten kleinen Kartoffeln. Die Desserts sind bürgerlich und unprätentiös. Es gibt eine »falsche« *Tarte Tatin* mit weichen, nicht karamellisierten Früchten mit Vanillecreme, ein Schokoladenfondant oder eine Crème brûlée mit Pistazien – alles einfach köstlich.

Man kann einwenden, dass hier nichts revolutionär Neues auf den Tisch kommt. Dafür aber werden schnörkellose und äußerst schmackhafte Gerichte geboten. Die bodenständige klassische Küche, ehrlich und ohne Schnickschnack, ist wieder im Aufwind und begeistert die Gourmets. Sie wird zum Hochgenuss, wenn dazu ein Graves-Weißwein von Château Brown oder ein exzellenter roter Côte Rôtie von Gaillard de Malleval gereicht wird, empfohlen von einer jungen, freundlichen und kompetenten Sommelière.

Catherine Guerraz bezaubert und belohnt ihre Gäste mit gleich bleibendem Engagement. Mit dem Wechsel des Standorts hat sie zwar ihren »Kochhorizont« erweitert, ihrer Philosophie jedoch ist sie treu geblieben. Keine Frage: Sie ist einer der neuen Stars am Pariser Gastrohimmel.

Die energiegeladene und sympathische Catherine Guerraz steht gutgelaunt ihrer männlichen Küchenmannschaft vor, die sie als Chefin voll und ganz akzeptiert (ganz oben links). Ihr warmer Schokoladenkuchen mit salzigem Karamell erinnert an Michel Bras (oben). Das Thunfischsteak mit Gewürzen und Trockenfrüchten (gegenüber unten) sowie der Kalbsbries mit karamellisierten Schwarzwurzeln (vorhergehende Seite) zeigen, dass diese Autodidaktin alle Tricks und Kniffe der modernen Küche perfekt beherrscht: hier die letzten Handgriffe an servierfertigen Tellern (oben rechts und gegenüber, oben rechts). Zur Mittagszeit erinnert der Speisesaal an ein schickes Bistro im 8. Arrondissement (gegenüber, oben links).

DAS BESONDERE REZEPT VON
CATHERINE GUERRAZ

THUNFISCHSTEAK MIT GEWÜRZEN UND TROCKENFRÜCHTEN

FÜR 4 PERSONEN
ZUBEREITUNGSZEIT: 40 MINUTEN
KOCHZEIT: 35 MINUTEN

ZUTATEN

Für den Thunfisch und das Püree

- 4 Thunfischsteaks (je 120 g)
- 800 g Topinambur
- 20 cl flüssige Sahne
- 300 g getrocknete Aprikosen
- 200 g Lebkuchen
- 1 Prise Cumin
- 1 Prise Zimt
- 1 Prise Vanille
- 1 EL Olivenöl
- Salz, Pfeffer

Für die Sauce

- 4 EL Honig
- 2 Zitronen
- 25 cl Sojasauce

ZUBEREITUNG

Die Sauce: Sojasauce, Honig und den Saft der beiden Zitronen mischen, ca. 10 Minuten zu Sirup einkochen. Die Topinamburknollen 20 Minuten in Salzwasser kochen (wenn die Knollen klein sind, verkürzt sich die Kochzeit etwas), abtropfen lassen, schälen und durch eine Kartoffelpresse drücken. Sahne, Salz und Pfeffer zugeben und auf sehr kleiner Flamme warm halten.

Die Fruchtpaste: Die Aprikosen 15 Minuten in kochendem Wasser einweichen, abtropfen lassen und mit dem Lebkuchen und den Gewürzen zu einer Paste vermischen. Salzen und pfeffern. Aus der Paste 4 Kugeln formen, flach drücken und den gesalzenen und gepfefferten Thunfisch darauf legen. 1 EL Olivenöl in einer Pfanne erhitzen, auf der Thunfischseite 2 Minuten anbraten, wenden und auf der Seite der Fruchtpaste bräunen. Die Steaks mit 2 EL Püree auf Teller geben und mit der Sauce anrichten.

Für das Auge füge ich auf jedem Teller geröstete Mandelblättchen, einen Dillstängel sowie einen Rote-Bete-Chip hinzu (eine dünne Scheibe in Öl wie ein Kartoffelchip frittiert).

FATÉMA HAL

PARIS

FATEMA HALS GROSSARTIGE MAROKKANISCHE KÜCHE IST NICHT NUR EIN KULINARISCHES MEISTERWERK, SONDERN AUCH AUSDRUCK VON LIEBE UND VERBUNDENHEIT ZU IHREM HEIMATLAND.

Die 1952 in Oujda in Marokko geborene Fatema Hal ist eine außergewöhnliche Persönlichkeit. Die Spitzenköchin und Ethnologin ist das Aushängeschild der modernen marokkanischen Küche. Mit ihrem in Frankreich erschienenen Buch *Les faits et les gestes* hat sie den »Dadas«, den Köchinnen ihrer Heimat, ein Denkmal gesetzt. Ihr Leben schien den vorbestimmten Verlauf zu nehmen: Sechzehnjährig wurde Fatema mit einem ihr fremden Mann verheiratet und bekam drei Kinder. Doch im Gegensatz zu ihrer Mutter Mansouria lernte sie lesen und schreiben und begann schließlich zu studieren. Nach dem Abschluss als Literaturwissenschaftlerin an der Pariser Universität VIII belegte sie Ethnologie an der École Pratique des Hautes études. Später veröffentlichte sie Studien für die UNESCO und arbeitete als Fachberaterin für das Ministerium für Frauenfragen. Und das Abenteuer Mansouria? Eine verrückte Idee, die zehn Jahre lang in ihr reifte.

Um dieses Projekt finanzieren zu können, verkaufte sie ihre Gerichte als »Aktien« an Freunde und Förderer. Mit einem Startkapital von 100 000 Francs (etwas mehr als 15 000 Euro) eröffnete sie schließlich ein bescheidenes Restaurant nahe dem Krankenhaus Saint-Antoine. Dort wurde sie von Pierre Desproges vom Radiosender Europe 1 entdeckt, der sie einem breiten Publikum bekannt machte. Danach strömten Gäste aus allen Ecken Frankreichs in ihr Restaurant, um die wunderbar gewürzten Gerichte zu genießen und mit ihr zu plaudern.

Ihr Restaurant gleicht einer zweiten marokkanischen Botschaft. Immer wieder spricht Fatema von den Frauen, die sie zu ihrem gastronomischen Abenteuer inspiriert haben, von ihrer Mutter Jdaïni Mansouria zum Beispiel, der das Restaurant seinen Namen verdankt, oder von ihrer Ziehgroßmutter Lalla Kheira, Köchin und Hebamme ihres Heimatviertels in Oujda. Oder von Yamina Rabhi, ihrem Vorbild in Stilfragen, und schießlich von Dada Rabha, der Köchin mit den »magischen« Händen.

Der engagierten Verfechterin der marokkanischen Küche stehen Köchinnen aus den verschiedensten Gegenden ihrer Heimat zur Seite. Sie kommen aus Oujda, aus Casa-

Die traditionelle marokkanische Kochkunst der »Dadas«, der Köchinnen aus Fez, wieder aufleben zu lassen und zu erhalten, das ist das Ziel der Soziologin Fatéma Hal, die zum Kochen »berufen« wurde, hier mit ihrer Tochter Soraya in einem Freunden vorbehaltenen Salon des Restaurants (Seite 78). Beispiele ihrer Kochkunst sind die Tauben-»Pastilla« (oben), das Couscous mit sieben Gemüsen (ganz oben), die »Tajine« mit getrockneten Aprikosen und Mandeln (gegenüber rechts) oder mit Huhn, Pflaumen und Sesamkörnern (vorhergehende Seite). Der Service und das Ambiente sind ebenfalls ein ästhetisches Erlebnis (gegenüber, unten links).

blanca, der modernen Großstadt am Mittelmeer, aus Fez, dem Zentrum guter marokkanischer Küche, und schließlich aus Marrakesch, der Hauptstadt der Berber im Süden des Landes. Jede von ihnen kocht so, wie sie es in der Heimat gelernt hat, und Fatema Hal schreibt die Rezepte auf, um die traditionellen Gerichte nicht in Vergessenheit geraten zu lassen.

Die Speisen werden originalgetreu und unverfälscht auf den Tisch gebracht. Es gibt die *Finger der Braut*, eine Art marokkanische Frühlingsrolle aus papierdünnen Teigblättern, gefüllt mit Krevetten, Koriander und Ingwer, außerdem *Pastilla*, eine Blätterteigpastete mit einer Füllung aus Täubchenfleisch, Salate mit gegrillten Paprikaschoten, *Zaalouk*, ein Auberginen-Karottensalat mit Orangensauce, und schließlich Safrancouscous *à la Fassie* (nach Fezer Art) mit karamellisierten Zwiebeln, Rosinen und Mandeln. Das gleiche Gericht wird auch *à la Oujda* angeboten (mit Bulgur).

Manche Fleischgerichte werden in einem Tongefäß, der *Tajine*, zubereitet, wie das Lamm mit Pflaumen oder das Hühnchen mit Rosinen und Mandeln. Auf der Karte stehen auch *Briouates*, Crêpes, die entweder mit Zwiebeln und gebratenem Fleisch oder mit Ziegenkäse gefüllt sind, Milch-*Pastilla* oder auch *Beghrir*, eine Art Honigcrêpe mit Waffelmuster – allesamt liebevoll zubereitete kleine Kunstwerke.

»Die Küche ist alles, was uns bleibt, wenn wir im Ausland leben«, sagt Fatema und fügt hinzu, dass sie es als ihre Pflicht ansieht, die traditionellen Gerichte zu erhalten. Die *Mourouzia* beispielsweise hat ihre Wurzeln im 12. Jahrhundert. Das Lammfleisch wird nur leicht angebraten, mit nicht weniger als 27 verschiedenen marokkanischen Gewürzen verfeinert, langsam gegart und mit einer Sauce aus Honig, Rosinen, Sesamkörnern und Mandeln serviert. Ein Rezept wie aus der Schatzkiste und ein Beweis dafür, dass die marokkanische Küche weit vielseitiger ist, als man denkt – und weit weniger fett.

Die Namen ihrer Gerichte hat Fatema Hal aus der marokkanischen Umgangssprache übernommen. Couscous heißt bei ihr *Kascsou*, die Tajine *Touagin*. Die *Briouates* heißen *Briwates*, die *Pastilla* nennt sie wie die Bewohner von Algier *Bastella* oder *Bestelle* – ihre Heimat Oujda nahe der algerischen Grenze ist ein Schmelztiegel für Menschen und Sprachen.

In Marokko beginnt ein Fest im Freundeskreis mit einem gemeinsamen Essen, das auf großen Platten serviert wird. »Bei Fatema werden noch die traditionellen einfachen Umgangsformen gepflegt. Hier werden Freundschaften geknüpft und vertieft«, sagt ihr Freund, der marokkanische Schriftsteller Tahar Ben Jelloun.

Ihre im Dampf gegarte Milchlammschulter ist besonders bekömmlich, ihr *Fisch à la Mogador* erweist sich als sanft gewürzte, gefüllte Dorade: Fatema Hal zieht alle Register ihres Könnens. Die passenden Weine kommen aus Meknès oder Oujda. Beim Tafeln in ihrem maurischen Salon taucht man in längst vergangene Zeiten ein: Bei Fatema zu essen ist ein Fest!

DAS BESONDERE REZEPT VON FATEMA HAL

TAJINE MIT GETROCKNETEN APRIKOSEN UND MANDELN

FÜR 6 PERSONEN
ZUBEREITUNGSZEIT: 35 MINUTEN
KOCHZEIT: 30 MINUTEN

ZUTATEN
· 100 g Mandeln
· 2 EL Erdnussöl
· 6 Portionen Lammschulter, je 200 g
· 1/4 TL Ingwer
· 1 Prise Safran
· 1 Zimtstange
· 2 kleine Zwiebeln
· 1 TL Salz
· 1/2 TL Pfeffer

Für die Aprikosen
· 500 g getrocknete Aprikosen
· 100 g Zucker
· 1 TL Zimt
· 100 g Butter

ZUBEREITUNG
Die Aprikosen waschen und in einem Topf mit Wasser, Zucker und Zimt aufkochen lassen. Bei niedriger Hitze weiterkochen, bis die Flüssigkeit die Konsistenz von Honig angenommen hat. In einem zweiten Topf etwas Wasser zum Kochen bringen, die Mandeln hineingeben, nach 5 Minuten herausnehmen, abtropfen lassen und die Haut entfernen. Gut abtrocknen und mit dem Erdnussöl in einer Pfanne bräunen.
Das Lammfleisch mit dem Öl in einen Schmortopf geben, Salz, Pfeffer, Safran, Zimtstange und Ingwer zugeben, danach die fein geschnittenen Zwiebeln hinzufügen und mit einem Glas Wasser ablöschen. Etwa 30 Minuten bei niedriger Hitze zugedeckt köcheln lassen. Das Fleisch ist gar, wenn es auf der Zunge zergeht. Auf einer Servierplatte oder noch besser in einer *Tajine* zusammen mit den Zwiebeln und den Aprikosen anrichten und mit Mandeln bestreuen.

Zu dieser *Tajine* passt ein Kartoffelpüree mit Muskatnuss oder ein süßes Couscous mit Zimt.

ANGELA HARTNETT

LONDON

DIESE JUNGE, VON ITALIEN FASZINIERTE WALISERIN BEWEIST IHR TALENT IN DER KÜCHE EINES DER BERÜHMTESTEN LONDONER HOTELS. LANGSAM, ABER STETIG HAT SIE DEN STIL EINER BRITISCHEN INSTITUTION REVOLUTIONIERT.

Als sie die Küche des Connaught, des kleinsten und konservativsten der großen Londoner Hotels übernahm, sagte man ihr keine große Zukunft voraus. Die Berufung in das Musterbeispiel britischer Tradition im Herzen Mayfairs verdankte sie Gordon Ramsay, dem einzigen Londoner Drei-Sterne-Koch, obendrein zuständig für die Küchen der Savoy-Hotels. Unbekümmert machte sie sich ans Werk. Wenn man früher britische Küche genießen wollte, war man im Grill Room des Connaught an der richtigen Adresse: kalte Steinbutt-Hummerpastete mit *Sauce Pudeur*, *Prince of Wales Soupe* oder ein *Sherry Trifle*.

Angelas Vorgänger Michel Bourdin hatte mit anglo-französischer Küche auf höchstem Niveau nach der Art Escoffiers Maßstäbe gesetzt. Sie warf alle Traditionen über Bord, angefangen mit der Kleiderordnung im Restaurant. Die Herren mussten keine Krawatten mehr tragen, selbst Jacketts waren nicht mehr Pflicht – *shocking* für die Stammgäste des Connaught. Doch Rockstars wollen keinen Anzug tragen müssen, wenn sie essen gehen.

Neben der Etikette hat Angela Hartnett auch den Stil der Küche verändert. Die mal feinen, mal rustikalen Gerichte sind Reverenzen an Italien und den Geschmack des Südens. Die Tomaten-Ziegenkäse-Balsamicoterrine, die Kürbistortelli mit Amaretto und Salbeibutter (nach Art ihres großen Vorbilds Nadia Santini), die schwarzen Tagliatelle mit Krabben oder das Kalbsbries mit Radicchio können ihre gastronomische Heimat nicht verleugnen.

Unter Angela Hartnetts Regie riskiert die Speisekarte des Connaught kulinarische Seitenblicke auf Parma und Mantua, Bologna und Bari. Die in London geborene Köchin mit walisischer Mutter und italienischer Großmutter ist Schritt für Schritt zu ihren Wurzeln zurückgekehrt. Ihr beruflicher Werdegang führte sie von England und Schottland, über Barbados und Dubai wieder in die Heimat zurück. Im Londoner Zafferano wagte sie erste Anleihen an die Küche ihrer Großmutter, die sie danach bei Annie Feolde in Florenz vertiefte.

Die zurückhaltende Frau, ehemals Schülerin des grossen Gordon Ramsay, führt die Küche des Connaught, des Londoner Traditionshauses in Mayfair. In den holzgetäfelten Salons (ganz unten rechts) und dem in dunklem Holz gehaltenen Speisesaal mit seinem eleganten Service (gegenüber oben) haben schon Generationen von Adligen gespeist. Hier dinierte General de Gaulle mit seinem Sohn am Vorabend der Normandie-Invasion. Einige Köstlichkeiten: knusprige Südfrüchte-»Tuiles« (vorhergehende Seite), kleine Windbeutel mit Schokoladensauce (unten) und Makrelensalat mit Gemüse »à la grecque« (gegenüber unten). Ganz unten: Angela mit einer Assistentin.

Ihre Karriere wurde besonders von dem umtriebigen schottischen Drei-Sterne-Koch Gordon Ramsay beeinflusst. Unter der Führung des ehemaligen Schülers von Guy Savoy und Joël Robuchon arbeitete sie zunächst im Aubergine in Chelsea. Nach einem Zwischenstopp im Petrus, wechselte Angela ins Amaryllis nach Glasgow, bevor Gordon Ramsay sie schließlich zur Küchenchefin des renommierten Connaught machte.

Hier verwirklicht Angela Hartnett ihre eigenen Vorstellungen von guter Küche. Sie kocht mediterran, voller Leidenschaft und Kreativität, stets sorgfältig und gepaart mit einem Hauch Raffinesse. Die ein wenig an Ochsenschwanzsuppe erinnernde Schinken-Gemüseconsommé, die Lauch-Kartoffelsuppe mit Schnittlauch, das scharf gewürzte Makrelenfilet, die geschmorte Entenkeule mit Mais, Morcheln und Portweinsauce oder Schweinebrust mit Perlgraupen stehen für eine Neuinterpretation anglo-französischer Küche.

In der großen Küche im Keller regiert Angela mit fester Hand über dreißig Beiköche, darunter sechs Frauen. Alle Gerichte, die ihre Küche verlassen, verraten ihre persönliche mediterran gefärbte Handschrift. Das Kräuterrisotto wird zwar von englischem Spargel begleitet, als Beilage gibt es aber drei Jahre alten Parmesan. Die gebratene Dorade kommt zwar aus der Nordsee oder dem Ärmelkanal, dazu wird aber ein Auberginen-Tomatengratin mit kaltgepresstem Olivenöl gereicht. Das Steinbuttfilet wird mit Artischocken, jungem Lauch, Geflügelbrühe und Trüffelöl serviert, der Petersfisch mit einer *Sauce Bouillabaisse.*

Im Connaught kann man während der Sommermonate auch auf der Terrasse am lebhaften Carlos Place essen (heute kann man sich kaum vorstellen, dass General de Gaulle das Hotel 1940 wegen seiner Abgeschiedenheit als Hauptquartier gewählt hatte). Die gediegene Eleganz mit den beiden Speiseräumen und dem Grill Room erinnert an die alte Tradition. Zeichen des Fortschritts sind hingegen der weibliche anglo-italienische Service und die verblüffend vielseitige Weinkarte, mit der es sich um die ganze Welt trinken lässt.

Natürlich stehen auch köstliche Desserts auf der Karte: ein *Semifreddo* aus Krokantschokolade, pochierte Feigen mit Muskat oder klassische Schokoladen-*Profiterolles.* Nicht zu vergessen die witzigen kleinen Sorbetkügelchen, die auf das eigentliche Dessert einstimmen sollen. Angela Hartnett, vom Guide Michelin sehr schnell mit einem Stern ausgezeichnet, wird auch weiterhin die Londoner Gastrowelt durcheinander wirbeln, mitten an einem der britischsten Orte der Welt.

DAS BESONDERE REZEPT VON ANGELA HARTNETT

MAKRELENSALAT MIT GEMÜSE *À LA GRECQUE*

FÜR 4 PERSONEN
ZUBEREITUNGSZEIT: 30 MINUTEN
KOCHZEIT: 15–20 MINUTEN

ZUTATEN

Für den Makrelensalat und das Gemüse

· 4 kleine ausgenommene Makrelen
· 2 mittelgroße Karotten
· 4 kleine Schalotten
· 2 Stängel Koriander
· 2 Stängel Basilikum
· 1 EL Olivenöl
· 10 cl Frittierfett
· Mehl
· Salz, Pfeffer

Für die Marinade

· 7,5 cl Olivenöl
· 1/2 EL Weißweinessig
· 1/2 EL Balsamicoessig
· 3 zerstoßene Korianderkörner
· 3 zerstoßene weiße Pfefferkörner
· 2 Sternanis
· 1 Nelke

ZUBEREITUNG

Die Marinade: Alle Zutaten in einen Topf geben und aufkochen, dann vom Herd nehmen und abkühlen lassen.

Das Gemüse: Karotten und Schalotten schälen und fein schneiden. Die Karotten 2 Minuten mit 1 EL Olivenöl in einer Pfanne anbraten, die Schalotten zugeben und weitere 2 Minuten braten, das Gemüse soll noch knackig sein. Salz, Pfeffer und die Marinade zufügen und abkühlen lassen.
Die Makrelen salzen und von beiden Seiten bemehlen.
3 – 4 Minuten (je nach Größe) auf beiden Seiten im heißen Fett frittieren, dann abtropfen lassen.
Das Gemüse in der Marinade sanft erhitzen, das Basilikum und den zerkleinerten Koriander hinzufügen, mit den Makrelen servieren.

Dazu passt ein Salat aus frischen Kräutern.

MARIE-CHRISTINE KLOPP

ROYE *(PICARDIE, FRANKREICH)*

SIE IST DIE GRANDE DAME DER PICARDISCHEN KÜCHE: MARIE-CHRISTINE KLOPP. SPRÜHEND VOR IDEEN, SETZT SIE AUF HEIMISCHE PRODUKTE AUS DEM MARQUENTERRE UND DEN HORTILLONNAGES DER REGION AMIENS.

Sie beherrscht die Küchenwelt Nordfrankreichs. Wie viele andere in diesem Buch porträtierte Frauen hat sich auch Marie-Christine Klopp das Kochen selbst beigebracht. Ob diese bescheidene Frau es deshalb besonders schwer hatte? Eigentlich sollte sie Chefsekretärin werden. Doch der frühe Tod des Vaters gab ihrem Leben eine andere Richtung. Dieser war ein begnadeter Konditor und betrieb ein Restaurant in Roye an der Autoroute du Nord, etwa 100 Kilometer vor Paris. Für seine hervorragende Küche war er nur kurze Zeit nach der Eröffnung mit einem Michelin-Stern ausgezeichnet worden.

Seine Tochter Marie-Christine übernahm zunächst den Service. Doch mit der Zeit war sie es leid, mit ständig wechselnden Chefköchen arbeiten zu müssen, und stellte sich selbst an den Herd. Warum sollte nicht auch eine Pariserin mit luxemburgischen Wurzeln hervorragend picardisch kochen können? Und Recht hat sie: Marie-Christine Klopp zaubert aus den Produkten der fruchtbaren Böden links und rechts der Somme mit Geschick und viel Fingerspitzengefühl exquisite Gerichte. Ihre variantenreichen Gerichte aus Aal, Fröschen und Schnecken aus dem Marquenterre begeistern immer wieder aufs Neue. Dazu reicht sie mit etwas braunem Zucker zubereiteten Lauch oder Rhabarber und frische Gemüse aus den Hortillonnages (Sumpfgebiet) von Amiens.

Hinter den etwas düster wirkenden Art-déco-Mauern des Restaurants an der Grand Place in Roye verbirgt sich ein einladendes Interieur mit holzvertäfelten Wänden und liebevoll gedeckten Tischen. Empfangen wird man von einem Oberkellner der alten Schule: Gérard Borck. Mit Grandezza präsentiert er die Weinkarte, erzählt voller Leidenschaft von seinen jüngsten önologischen Entdeckungen und erläutert kompetent die jeweilige Weinempfehlung. Wer übernachten will, den schickt er in die kleine Pension Manoir des Roses in Carrepuis. Wenn er von der Qualität der frischen Fische erzählt, die er persönlich in den Markthallen von Rungis gekauft hat, oder von den hervorragenden Grands Crus spricht, die er von seinen »Beutezügen« durch das Elsass oder das Bordelais mitgebracht hat, gerät er ins Schwärmen. Auch bei der Wahl des Menüs verlässt man sich gerne auf seine mit großer Begeisterung vorgetragenen Empfehlungen. Abhängig vom tagesaktuellen Marktangebot ist man dabei vor Überraschungen nicht sicher. Heute gibt es eine Froschpfanne mit Quetschkartoffeln, geriebenem Meerrettich, frischen Saubohnen und Sauerrahm oder Auberginencrostini mit mariniertem Aal, fein gewürfeltem Wurzelgemüse mit Koriander und jungem Marktgemüse. Die Schnecken werden mit einer sämigen Rucolasauce, *Beignet* und marinierten Pfifferlingen serviert, dazu eine Knoblauchcreme, feine Tapanade und gefülltes Gemüse. Seitenblicke auf die mediterrane Küche, wie die Verwendung von Olivenöl und Gemüse aus Südfrankreich, verleihen der Grande Cuisine des Nordens einen Hauch von Sonne und südlichem Flair. Alles ist leicht, einfach, schmackhaft und bekömmlich.

Petersfisch mit Sauerampferjus und süßem Zwiebelconfit, karamellisiertes Spanferkel, eine gelungene Auswahl auf den Punkt reifer Käse von Philippe Olivier aus Boulogne und kunstvoll arrangierte, üppige Desserts, die vom jungen, kreativen Pâtissier des Hauses zubereitet werden, wie beispielsweise das Dreieck aus Bitterschokolade mit Grieskruste und ein wahrhaft »kubistisches« Meisterwerk, das Milchreissushi mit Rhabarber und Müsli – alles Paradebeispiele dafür, dass auch in Nordfrankreich hervorragend gekocht wird.

Je nach Saison und Laune der Köchin gibt es den traditionellen picardischen Lauchkuchen, Jakobsmuscheln mit Chicorée und einem raffinierten exotischen Mango-Ingwerchutney, Wildente mit Roten Beten, Zwiebeln, Lorbeer und Pflaumen oder den köstlichen Kalbskopf in Biersauce mit einem Kartoffel-Lebkuchenpüree. Starkbier, Endiviensalat und saurer Hering, Wildbret sowie Gemüse aus heimischem Anbau verbinden sich trotz aller Gegensätze zu einem köstlichen Ganzen. Als Dessert gibt es eine Sahnepraline aus Maragogype-Kaffee, ein heißes Wacholdersoufflee oder Orangentörtchen mit pikanter Pfeffernote. Eine Reise nach Roye durch die idyllische, unverfälschte Landschaft der Picardie endet für den abenteuerlustigen Gourmet mit einigen Überraschungen. Marie-Christine Klopp zeigt die andere, die liebliche Seite des rauen Nordens!

Auf der Suche nach dem besten Obst und Gemüse ist Marie-Christine Klopp auf den Kanälen der Hortillonnages in ihrer Heimat unterwegs (unten links). Sie verwendet für ihre traditionell-picardische (wie den Lauchkuchen auf der gegenüberliegenden Seite rechts) und gleichzeitig leichte und moderne Küche (unten rechts: Milchschokoladen-Dreiecke mit Genevermousse und Äpfeln) erstklassige Zutaten aus dem Marquenterre und aus Amiens. Ein besonders gelungenes Beispiel: Tandoori-Jungschwein, dazu Knoblauch, junges Gemüse und Pfeffersauce aus der »Tajine« (vorhergehende Seite).

DAS BESONDERE REZEPT VON
MARIE-CHRISTINE KLOPP

LAUCHKUCHEN

FÜR 6 PERSONEN
ZUBEREITUNGSZEIT: 40 MINUTEN
BACKZEIT: 35 MINUTEN

ZUTATEN

- 500 g geputzter, gewaschener und abgetropfter Lauch
- 100 g gesalzene Butter
- 15 cl Crème fraîche
- 6 Blätterteigböden mit je 12 cm Durchmesser
- 6 Blätterteigböden mit je 14 cm Durchmesser
- 2 Eigelb, mit 1 EL Wasser verquirlt
- Salz, Pfeffer

ZUBEREITUNG

Den Lauch (nur das Weiße) mit einem scharfen Messer in Scheiben schneiden. In einem Schmortopf 50 g gesalzene Butter schmelzen lassen, bei den ersten Blasen den Lauch zugeben, salzen, pfeffern. Das Ganze einkochen lassen, dabei hin und wieder etwas Wasser und stückchenweise 50 g Butter zugeben. Wenn der Lauch eingekocht ist, die Crème fraîche zugeben und das Ganze mit einem Holzlöffel verrühren. Die 6 kleineren Blätterteigböden auf ein leicht angefeuchtetes Backbleck setzen, in die Mitte jedes Bodens etwas Lauchmasse geben. Die Ränder mit einem Küchenpinsel anfeuchten, die größeren Teigböden darauf legen und mit den Fingern an den Rändern gut festdrücken. Mit dem Eigelb einpinseln und mit der Messerspitze ein Muster ziehen. Etwa 10 Minuten bei 180 Grad, dann bei 150 Grad noch 20 – 25 Minuten backen. Damit der Lauch nicht braun wird, den Kuchen nach 10 Minuten Backzeit mit Alufolie abdecken.
Der Blätterteig sollte schön braun und knusprig sein. Heiß servieren.

Bei einem großen Kuchen für 6 Personen dickere Teigböden mit einem Durchmesser von 28 und 30 cm zubereiten.

LÉA LINSTER

FRISANGE *(LUXEMBURG)*

SEITDEM SIE IHRE MÄNNLICHE KONKURRENZ HINTER SICH GELASSEN UND DEN »BOCUSE D'OR« GEWONNEN HAT, IST DER NAME LEA LINSTER IN ALLER MUNDE. WIR BESUCHEN DIE STARKÖCHIN AUS DEM GROSSHERZOGTUM.

Lea Linster ist bekannt für ihre gute Laune, ihre markante Figur und ihr Mundwerk. Sie ist ohne Zweifel die Königin der luxemburgischen Küche. Seitdem sie 1989 in Lyon die Goldmedaille der Kochkunst, den »Bocuse d'Or« gewonnen hat, ist die Köchin aus Frisange zum Star avanciert. Sie ist die erste und einzige Frau, die diesen internationalen Gastronomiepreis gewonnen hat.

Doch man darf beruhigt sein: Lea Linster bleibt ihrem kleinen Restaurant treu. Sie hat das Haus, das sie mit ihrer Kochkunst berühmt gemacht hat, gerade komplett renovieren lassen. Hier auf dem Land am Ufer eines Kanals nahe der Landstraße nach Thionville, liegt das elegante Anwesen im flämischen Stil mit seiner beigen Rauputzfassade, in dem man Momente der Ruhe und des Genusses erleben kann. Auf dem Wegweiser an der Straße steht »Lea Linster Cuisinière«, ein Hinweis darauf, dass Lea Linster mit Absicht eine bodenständige »Handwerkerin« geblieben ist.

Aber natürlich ist sie keine Köchin wie jede andere. Weder die Mutter am Herd, noch der glamouröse Star wie früher Ghislaine Arabian, die belgische Spitzenköchin, die in Paris eine Aufsehen erregende Karriere machte. Lea Linster blieb ihren ländlichen Wurzeln treu. Entschlossen brach sie ihr Jurastudium ab, um das rustikale Lokal ihrer Eltern zu übernehmen und in ein Spitzenrestaurant zu verwandeln. Statt Glitzer und Glamour bietet sie Authentizität. Das Geflügel bezieht sie von einem Bauernhof im nahen Lothringen, die Sahne schmeckt noch so wie früher, und der Wein kommt aus ihrem eigenen Weingut im Moseltal.

Auch wenn ein Wechsel in der Küchenmannschaft den Stil des Hauses manchmal etwas verändern kann, ihr Credo bleibt: Es lautet »Einfach und genial«, so auch der Titel ihres in deutscher Sprache veröffentlichten Kochbuchs. Zu Lea kommt man, um ihre hoch gelobten Klassiker zu genießen, die ihr den großen Preis eingebracht haben, auch wenn sich auf der Karte durchaus auch innovative und moderne Kompositionen finden, die von der südeuropäischen Küche und von exotischen Gewürzen beeinflusst sind.

Die dynamische und schelmische Lea Linster ist so etwas wie die Adoptivtochter des großen Paul Bocuse geworden und stellt die großen Klassiker voran, so die Trüffelsuppe

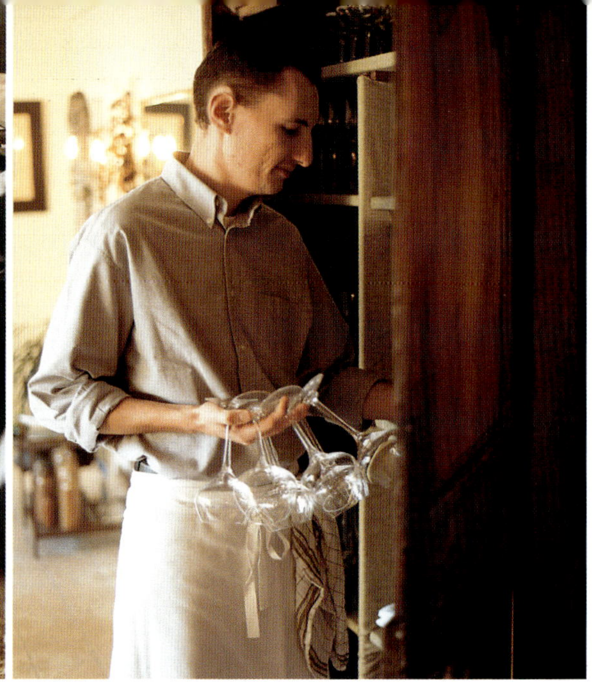

Die ehemalige Jurastudentin und Gewinnerin des »Bocuse d'Or« im Jahr 1989 ist ein Mädchen vom Lande geblieben. Lea Linster trifft man sogar im Stall ihrer Lieferanten, die oft auch Nachbarn und Freunde sind (ganz oben links). Hier in Frisange, nahe der Grenze zu Lothringen, ist sie der Massstab für klassische Küche. In ihrem eleganten Speisesaal (gegenüber oben) lässt es sich vorzüglich dinieren. Zum Geniessen: Jakobsmuscheln in der Schale (oben), Rattes-Kartoffeln mit Entenstopfleber (gegenüber, unten links) und eine Auswahl an Spirituosen (gegenüber, unten rechts).

VGE (eine Reverenz an die *Truffes Souvaroff* von Paul Haeberlin), den Barsch mit einer Kruste aus *Sauce Choron* oder das gegrillte Bressehuhn mit Makkaronigratin. Das »Bocuse-d'Or-Menü« steht bei Lea immer auf der Karte. Im Sommer gibt es dabei zuerst ein kaltes Gemüsesüppchen (zubereitet aus frischem Gemüse der Saison; bei unserem Besuch war es eine wunderbare Tomatensuppe mit Ziegenkäse), ein Foie-Grasgelee mit Geflügelbrust und Rucolasalat oder ein Hummersalat mit einer feinen Estragonsauce. Es folgen Krustentiere mit Zucchiniblüten, gefüllt mit Muschelcreme oder Langustinenschaum mit Zitronenmelisse.

Zum Menü gehören auch pochierte Taubenbrüstchen und gebratene Taubenkeule mit grünem Gemüse oder der berühmte Lammrücken im Kartoffelmantel (dieses Gericht brachte ihr in Lyon den ersten Platz ein) und danach eine Crème brûlée nach Art von Paul Bocuse sowie eine Auswahl vom Dessertwagen. Keine Exzentrik, kein Mischmasch aus aller Herren Länder, sondern ein Zusammenspiel von erstklassigen Ausgangsprodukten, exakten Zubereitungszeiten und ausgewogenen Aromen.

Die Karte bietet noch weitere Klassiker wie Rindergeschnetzeltes mit frittierten Kartoffelstäbchen und Wolfsbarsch in Salzkruste, der kunstfertig am Tisch filettiert wird, dazu eine Fenchel-Olivenölsauce, ein Beweis, dass auch bodenständige Gerichte leicht und bekömmlich sein können. Zum Abschluss stehen klassische Desserts in modernem Gewand auf der Karte: warmes Kirschkompott mit hauchdünnen Orangen- und Zitronenschalen und Joghurteis, Schokoladenkuchen mit Karamell und Erdbeeren oder ein geeistes Zitronensoufflee.

Bei diesen Gaumenfreuden vergisst man fast, den eleganten, in leicht getöntem Weiß gehaltenen Speisesaal mit Zen-Attitude zu bewundern. Auch die Terrasse, die sich in die Landschaft öffnet, ist ein Erlebnis. Spektakuläre Einblicke in das Reich von Lea Linster ermöglicht der »Panoramablick« in die Küche. Erwähnenswert ist auch der kompetente und zuvorkommende französische Service sowie die fachmännisch präsentierte Weinauswahl aus luxemburgischen Anbaugebieten (die Weine stammen vor allem aus dem eigenen Weingut oder sind Riesling- und Pinot-Noir-Gewächse von Mathis Bastian). Man kann es nicht anders sagen: Dieses Restaurant hat jeden Stern und alle sonstigen Auszeichnungen mehr als verdient!

DAS BESONDERE REZEPT VON LEA LINSTER

RATTES-KARTOFFELN MIT ENTENSTOPFLEBER

FÜR 4 PERSONEN
ZUBEREITUNGSZEIT: 25 MINUTEN
KOCHZEIT: 25 MINUTEN

ZUTATEN

- 6 cl Balsamicoessig
- 6 Rattes-Kartoffeln
- 12 kleine Scheiben Entenstopfleber
- 6 cl fertiger aromatischer Entenjus
- Guérande-Meersalz, Szechuan-Pfeffer

ZUBEREITUNG

Den Balsamico bei mittlerer Hitze auf ca. 2 cl reduzieren (ungefähr 1 EL). Die Kartoffeln mit Schale etwa 25 Minuten dämpfen, abkühlen lassen und längs teilen. Die Entenleber in etwa 1,5 cm breite Scheiben und so in Form schneiden, dass sie den Kartoffeln entsprechen. Die Kartoffeln auf ein Backblech setzen und mit Meersalz bestreuen. Die rohen Entenleberscheiben darauf legen, leicht salzen und bei 200 Grad für 6 Minuten im Ofen lassen, die Leber sollte leicht angebraten sein. Auf einem Teller anrichten und mit der erwärmten Entenjus nappieren. Den reduzierten Balsamico rund um die Kartoffeln träufeln, mit etwas Meersalz und Szechuan-Pfeffer bestreuen.

JOCELYNE LOTZ-CHOQUART

BESANÇON *(FRANCHE-COMTÉ, FRANKREICH)*

Sie ist die beste Köchin ihrer Region, die aber nicht ihre Heimat ist. Geboren in Paris, ist die mit Leidenschaft kochende Autodidaktin vor einigen Jahren dem Charme der Franche-Comté erlegen, wo sie schliesslich die verdiente Anerkennung gefunden hat.

Ihre Geschichte hat etwas Märchenhaftes. Das kleine Mädchen aus einem Armeleuteviertel in Paris, Tochter eines Klempners und Dachdeckers und einer Concierge, war oft sich selbst überlassen und besuchte eine Schule in Belleville. Nachdem ihre Eltern gestorben waren, heiratete sie sehr jung, bekam ein Kind und hielt sich mit Aushilfsjobs über Wasser. Sie arbeitete tagsüber als Sekretärin und abends als Garderobenfrau im Restaurant L'Atelier Maître Albert in Paris.

Als sie später als Aushilfe im Mercure Galant tätig war, lernte sie den dortigen Oberkellner Gérard Lotz kennen. Er sollte der Mann ihres Lebens werden. Das Paar beschloss, sein Glück in der Ferne zu suchen. Gérard war bereits früher viel auf Reisen und hatte dabei Schwarzafrika und Asien kennen gelernt. Nach einer Zeit auf Haïti, wo sie ein Restaurant in Port-au-Prince betrieben, kehrten sie nach Frankreich zurück und ließen sich in der Nähe von Belfort nieder, wo ihr Sohn Gérard geboren wurde. In Besançon, der schmucken Hauptstadt des Comté, entdeckten sie ein modernes Restaurant nahe des Doubs, dem sie den Namen Mungo Park gaben, eine Reverenz an den schottischen Reiseschriftsteller aus dem 18. Jahrhundert.

Jocelyne und Gérard kümmerten sich zunächst gemeinsam um den Service. Doch als einer der Köche krank wurde, musste Jocelyne für ihn einspringen. Was als Aushilfsjob begann, wurde bald zur Leidenschaft. Sie absolvierte ein kurzes Praktikum beim bekannten elsässischen Chefkoch Dominique le Stanc, der damals in der Nähe ein Restaurant betrieb und später an die Côte d'Azur wechselte. Danach übernahm sie kurzerhand selbst die Küche.

Von Anfang an war sie bestrebt, die Produkte des Comté in den Mittelpunkt ihrer Küche zu stellen. Sie kreierte raffinierte, manchmal verblüffend neue Gerichte, die sie ohne überflüssige Beilagen und Saucen auf den Tisch brachte. Ihr Stil ist eine gelungene Synthese aus betont einfacher, handwerklich perfekter Regionalküche und beherzter Verfeinerung. Ein gutes Beispiel ist ihr extravagantes Menü »Der Fluss der Zeit«: mit Morteau-Wurst gefüllte Kartoffelpastete in einer samtigen Morchelsauce, Karpfen in Salbei auf einem Comtétörtchen, *Lait glacé* und pochierte Birne auf Macvin (Likörwein mit

Sie hat ihr Restaurant nach einem Afrika-Reisenden benannt (oben), ist auf dem Markt eine gewiefte Einkäuferin (ganz oben links) und zaubert mit den Produkten ihrer Wahlheimat, der Franche-Comté, wahre Köstlichkeiten, wie hier Morcheln (ganz oben rechts; Rezept Seite 182). In Jocelyne Lotz-Choquarts Küche stehen die vielseitigen Gerichte der Region im Mittelpunkt, wenn auch einige ihrer Zutaten nicht aus der Franche-Comté kommen, wie die Schnecken im Spinatmantel mit Radieschen-Meerrettichcreme (vorhergehende Seite) oder der Petersfisch mit Zitronenconfit und Gnocchi (gegenüber, oben links). Ein Genuss ist auch der Lebkuchen mit Rhabarbermus und Anislikör (gegenüber rechts). Unterstützt wird sie im Service von Gérard, der auch als Erster probieren darf (gegenüber, unten links).

leicht nussigem Geschmack, gemischt aus vergorenem und unvergorenem Saft der Savagnin-Traube). Alle ihre fantasievollen Kreationen haben poetische Namen. Mit »Heitere Küche«, »Abendfreude«, »Zurück zu den Wurzeln«, »Erde« oder auch »Der Weg zum Feinschmecker« oder »Schulschwänzer« erzählt Jocelyne kulinarische Geschichten aus ihrer Wahlheimat. Schnecken mit Gemüse in einer Radieschen-Meerrettichcreme, Flusskrebsbouillon mit Kastanien und Lorbeer, Steinpilzfrikassee in Pastinakenhülle mit grünen Linsen, Lakritz und Savagninsauce sind gelungene Beispiele einer Comté-Küche der neuen Generation.

Auf der Karte stehen auch geschmorter Zander mit Ochsenschwanzjus, Morcheln und Mangoldblättern oder Challans-Huhn mit einer raffinierten Savarinsauce, dazu Foie Gras, Morcheln und ein Polentatörtchen: Immer steht der Eigengeschmack der Zutaten im Vordergrund. Jocelyne Lotz-Choquart kocht mit leichter Hand und voller Begeisterung. Außerordentlich wohlschmeckend sind die cremige Flusskrebssuppe, die feine Lauchtorte mit Bauernspeck und einer Ochsenschwanzsauce, das Seelachsfilet mit gebratener Morteauwurst und Bärlauchpüree, die glasierten Schweinebäckchen mit Kardamom, serviert mit leicht gezuckertem Kohl und fein geschnittenen hellen Champignons, oder die feinen Nudeln mit Lakritz- und Tannenknospengeschmack.

Mit klassischer Küche hat das wenig zu tun. Jocelyne Lotz-Choquarts Philosophie ist eine Mischung aus Raffinesse und ländlicher Schlichtheit, die als Ensemble verblüfft und begeistert. Wie bei Jean-Paul Jeunet, dem Meisterkoch aus Arbois, oder bei Marc Veyrat, dem »Verrückten« aus Alpages in Savoyen, wird auch Jocelynes Küche trotz aller Experimente vom Geist und den Traditionen der Region bestimmt: Unverwechselbar wird sie durch das Talent, die Energie und die Entschlossenheit der Köchin.

Die heimischen Käse wie der Morbier werden warm serviert, zum Beispiel mit einer Rübenvinaigrette und grünen Aprikosen. Und wie könnte es anders sein: Das Rhabarberkompott mit Weichselkirschen und Enzianeis, die *Sèches*, feine Butterplätzchen mit warmer Nusscreme und *Vin jaune*, das mit braunem Zucker karamellisierte Weineis oder der fettarme Vacherin mit Weichselkirschen, Zitrone und Mango-Sauerkirschsauce – jedes Dessert ist ein Meisterwerk. Schon das Studieren der Karte ist ein Genuss.

Die Weine, von Gérard Lotz kompetent empfohlen, stammen aus den großen Lagen des Comté: ein lebhafter Chardonnay aus Pupillin, ein nussiger Savagnin Jaune von Puffeney, ein pulsierender Rotwein mit einem Geruch nach Erdbeeren von Rolet oder ein großartiger *Vin jaune* aus Montigny-les-Asures machen Lust auf eine Reise an die Loue und in die kulinarische Zauberwelt der Jocelyne Lotz-Choquart.

DAS BESONDERE REZEPT VON
JOCELYNE LOTZ-CHOQUART

LEBKUCHEN MIT ANISLIKÖR UND RHABARBERMUS

FÜR 6–8 PERSONEN
ZUBEREITUNGSZEIT: 45 MINUTEN
KOCHZEIT: 75 MINUTEN

ZUTATEN

Für den Teig

- 250 g Lebkuchen
- 10 cl Milch
- 10 cl Anislikör (Vieux Pontarlier, siehe unten)
- 8 Eigelb
- 4 Eiweiß
- 100 g Zucker
- 50 g gemahlene Mandeln
- 80 g Bitterschokolade
- 175 g Butter
- ein kleines Glas Fougerolles-Weichselkirschen
- 1 EL Zucker und 20 g Butter für die Form

Für das Rhabarbermus

- 500 g Rhabarber
- 20 cl Zuckerrohrsirup
- 5 cl Tannenlikör

ZUBEREITUNG

Der Teig: Die Schokolade im Wasserbad schmelzen. Milch mit Anislikör mischen, die Lebkuchen in große Quadrate schneiden und in die Milchmischung tauchen, danach pürieren. Den Ofen auf 160 Grad vorheizen. Die gewürfelte Butter in die Rührschüssel der Küchenmaschine geben und auf niedriger Stufe verquirlen, dabei Eier, Zucker, gemahlene Mandeln, Schokolade und die Lebkuchenmasse hinzufügen. 10 Minuten mischen. Das Eiweiß steif schlagen und unterheben. Eine runde Kuchenform mit 26 cm Durchmesser einfetten, mit Zucker ausstreuen und den Teig hineingeben. 60 Minuten backen (wenn die Oberfläche zu dunkel wird, mit Alufolie abdecken). Auf ein Gitter stürzen und abkühlen lassen. Unterdessen den Rhabarber putzen und in 3 cm dicke Scheiben schneiden. Mit dem Zuckerrohrsirup und dem Likör mischen und in einem zugedeckten Topf weich kochen (ca. 15 Minuten). Den Deckel abnehmen und unter ständigem Rühren weiterkochen, bis eine kompottartige Masse entsteht. Wenn nötig, mit ein wenig Zucker abschmecken (Rhabarber kann manchmal leicht bitter schmecken). Den Alkohol, in dem die Kirschen eingelegt sind, in einen Topf geben und auf die Hälfte reduzieren, die Kirschen wieder dazugeben und durchziehen lassen.
Den fertigen Kuchen in Scheiben schneiden, dann bei 180 Grad im Ofen knusprig backen. Mit Rhabarbermus und Kirschen servieren.

Der Vieux Pontarlier ist eine Spezialität des Hauses Pontarlier. Dieser fruchtige Anislikör kann auch durch anderen Anislikör ersetzt werden. Der Tannenlikör wird aus eingelegten Tannenspitzen gewonnen und kann durch 4–5 Bonbons der gleichen Geschmacksnote ersetzt werden.

GISÈLE LOVICHI

SARTÈNE *(KORSIKA)*

SIE IST KORSIKAS BESTE KÖCHIN. DIE BESCHEIDENE EINZELGÄNGERIN LEBT ETWAS UNTERHALB DES KLEINEN GEBIRGSSTÄDTCHENS SARTÈNE, NAHE DEM REIZVOLLEN GOLF VON VALINCO. KONSEQUENT SETZT SIE AUF DIE PRODUKTE IHRER HEIMATINSEL.

Sartène ist über die Grenzen Korsikas hinaus bekannt. Das malerische Städtchen mit den hohen, schmalen Granithäusern, die sich wie an die Felsen geklebt den Berghang hinaufziehen, wurde von Prosper Mérimée als »die korsischste aller korsischen Städte« bezeichnet. Den pittoresken dreieckigen Marktplatz säumen Straßencafés, von denen man einen schönen Blick in die verwinkelte Altstadt und ins Tal genießen kann.

Hier findet man das wahre Korsika. Den Besuchern werden korsische Weine, köstliche Wurstwaren aus den Bergen, pikanter Schafskäse sowie handgemachte Oliven- und Lavendelseife angeboten. Doch der Höhepunkt eines Ausflugs in diese Gegend ist eine Einkehr in der Auberge Santa Barbara, zwei Kilometer talwärts auf der Straße nach Propriano am Golf von Valinco gelegen.

Hier ist das Reich von Gisèle Lovichi, der ungekrönten Königin der korsischen Küche. Mit einem zum Turban gewundenen weißen Tuch auf dem Kopf, einer blitzsauberen Schürze und ebenso blitzenden blauen Augen erwartet sie ihre Gäste, macht ihnen Menüvorschläge und erzählt amüsante Geschichten. Das Tagesmenü bietet traditionelle korsische Küche in neuem Gewand, wie eine pikante sämige Suppe aus weißen Soissonsbohnen, butterzartes Gebirgsrind mit Zucchini und korsischem Schafskäse, dem *Brocciu,* gefüllte Lammkeule, einen Käseteller und schließlich frischen Obstsalat. Doch das ist nur der Anfang! Gisèle Lovichi legt großen Wert auf heimische Zutaten. Ihre Karte ist ein Kaleidoskop von Geschmacksnoten und traditionellen Rezepten der Insel. Serviert und präsentiert werden ihre Kompositionen von Tochter Marie-Pierre, dunkelhaarig und schön wie die »Colomba« von Mérimée. Und wenn sie einen Teller knackiger Gemüse mit etwas Olivenöl und einem Hauch Essig, die mit Knoblauchpüree verfeinerte Bauernsuppe sowie die Kutteln nach Sartèner Art mit einer leichten Tomatenjus auftischt, begreift man, dass die Leichtigkeit, mit der Gisèle Lovichi kocht, das Ergebnis harter Arbeit ist.

Zwischen den einzelnen Gängen sollte man einen Blick auf den Kräutergarten werfen, um den sich der fast neunzig Jahre alte Großvater kümmert, und sich das beeindruckende Haus mit dem Ziegeldach näher ansehen, von dessen Terrasse aus man einen schönen Blick auf Sartène genießt. Ein Nebengebäude bietet einige Zimmer für Übernachtungsgäste.

Danach serviert Marie-Pierre mit *Brocciu* gefüllte *Cannelloni* und Täubchen mit Wacholderbeeren, die wild im Garten wachsen und aus denen auch ein wunderbarer Digestiv hergestellt wird. Reste auf den Tellern gibt es in der Auberge Santa Barbara keine, dafür aber rundum zufriedene Gäste.

Doch ein bisschen Platz sollte man schon noch lassen. Für das Lammcarrée mit Kräutern, das *Pain perdu* mit Birnen und Honig, die warme Blätterteigtarte mit Äpfeln oder das geeiste Honignougat. Dazu passt wunderbar ein Rosé de Sartène. Eine weitere angenehme Überraschung ist die kleine Rechnung, die man für dieses Festmahl zu bezahlen hat. Ein Segen, dass Gisèle Lovichi hier ihren individuellen korsischen Stil gefunden hat.

Im Winter geht sie auf Reisen und demonstriert auf Seminaren, beispielsweise in Thailand oder Südkorea, wie gut die Küche ihrer Heimat schmeckt. Außerdem hat sie in der Altstadt von Sartène genau oberhalb ihrer Auberge eine Boutique eröffnet. Und wenn das Frühjahr ins Land zieht, steht Gisèle Lovichi wieder hinter den Töpfen, bereit zu neuen Taten.

Gisèle Lovichi ist einzigartig. Leider haben die Tester des Guide Michelin versäumt, ihr wenigstens einen Stern zu verleihen. Ganz anders ihre Gäste: Sie bleiben ihr treu, denn wer bodenständig ohne Firlefanz und überflüssige Schnörkel korsisch essen möchte, der kommt an dieser Frau nicht vorbei.

Für Prosper Mérimée ist Sartène »die korsischste aller korsischen Städte«. In Gisèle Lovichis Restaurant am Fusse des Bergstädtchens wird die korsische Kochtradition gepflegt. Sie kostet den Wein der heimischen Winzer, wie hier bei Simon Andréani von der Domaine Fiumicoli (unten links) und bietet auf ihrer Karte ein Kaleidoskop der traditionellen Rezepte der Insel wie Täubchen mit Myrte (gegenüber rechts), Kutteln »à la sartenaise«, die in Wein und Gewürzen gegarten Birnen (vorhergehende Seite) und die Gemüse-»Tian« (gegenüber links). Im Garten lässt es sich im Sommer entspannt tafeln (unten rechts).

DAS BESONDERE REZEPT VON GISÈLE LOVICHI

TÄUBCHEN MIT MYRTE

FÜR 4 PERSONEN
ZUBEREITUNGSZEIT: 40 MINUTEN
KOCHZEIT: 15 MINUTEN

ZUTATEN
- 4 kleine Täubchen
- 2 EL Öl
- 1 kleine Zwiebel
- 2 Knoblauchzehen
- 1 Karotte
- 3 Lorbeerblätter
- 3 Thymianzweige
- 1 Bund Petersilie
- 50 cl Rotwein
- 5 cl Armagnac
- einige Myrtenbeeren
- ein kleines Stück kalte Butter
- 1 kg Pilze: Steinpilze oder Champignons
- 2 nussgroße Stücke Butter
Salz, Pfeffer

ZUBEREITUNG
Die Täubchen abflämmen, indem man sie kurz durch eine Flamme zieht. Flügel und Wirbelsäule entfernen, die Brust ganz lassen. Zu etwas Öl kurz anbraten, die fein geschnittene Zwiebel, Knoblauch, die gewürfelte Karotte, Lorbeerblätter, Thymian, Petersilie, Salz und Pfeffer zugeben. Wenn alles schön gebraunt ist, mit Armagnac flambieren und den Rotwein zugießen. Bei kleiner Hitze einkochen. Danach die gesalzenen und gepfefferten Täubchen im warmen Ofen 15 Minuten goldbraun backen. Aus dem Ofen nehmen, ruhen lassen, das Fett abschöpfen und den verbliebenen Bratensaft zu den anderen Zutaten in den Topf geben. Die Sauce passieren, die Myrtenbeeren hinzufügen und bei niedriger Hitze die kalte Butter zugeben. Die Täubchen mit den zuvor in Butter geschmorten Pilzen anrichten. Mit der warmen Sauce übergießen und mit Polenta servieren.

JOHANNA MAIER

FILZMOOS *(ÖSTERREICH)*

AUS SALZBURG, WIEN UND MÜNCHEN PILGERN DIE GÄSTE IN DAS KLEINE BERGDORF, UM SICH IN EINEM DER BERÜHMTESTEN RESTAURANTS ÖSTERREICHS VON DER KÜCHE JOHANNA MAIERS BEZAUBERN ZU LASSEN.

Wir sind im Salzburger Land, einer Berglandschaft voll natürlichem Charme. Dort steht die Zeit von Ende August bis Ende Oktober ganz im Zeichen des Erntedankfestes. Jedes Gasthaus bietet traditionelle ländliche Gerichte an, und die Bauern öffnen ihre Höfe: Gemüse aus biologischem Anbau, würziger Käse, vor allem der reife Ziegenweichkäse, kerniges Landbrot mit Kümmel, vollmundige, aber milde Obstbrände, wie der berühmte Vogelbeerschnaps, frisch wie eine morgendliche Brise, oder der *Holler* mit ausgeprägt beerigem Geschmack und leicht bitterem Abgang – es bleiben keine Wünsche offen.

Der Star der Region ist eine Frau: Johanna Maier. Ihre Eltern hatten unweit von Filzmoos eine Wäscherei, die später von ihrer Schwester übernommen wurde. Die junge Johanna heiratete Dietmar Maier, dessen Eltern den Hubertushof im Herzen von Filzmoos betrieben. Ihre Liebesgeschichte liest sich wie ein Roman: Johanna, die eigentlich als Aupairmädchen arbeiten sollte, heuert heimlich als Kellnerin in dem Pariser Restaurant am Montparnasse an, in dem Dietmar als Koch beschäftigt war.

Zwei Jahre lang blieben beide in der französischen Hauptstadt. Nach Österreich zurückgekehrt, heirateten sie und bekamen vier Kinder, drei Jungen und ein Mädchen. Als ihre Schwiegermutter starb, begann Johanna Maier, in der Küche des Hubertushof auszuhelfen. »Und am Ende hat sie mich rausgeworfen, und seitdem ging es ständig aufwärts!«, lacht Dietmar Maier. Der sympathische »Cary Grant« aus Salzburg, eine gepflegte Erscheinung in Tiroler Weste, kümmert sich um das Hotel und leitet als Maître den Service, während seine Frau – flankiert von sechs Beiköchen und drei Praktikanten mit weißen Hauben auf dem Kopf – in der Küche das Zepter führt.

Heute gehört der Hubertushof im Zentrum von Filzmoos zur Hotelkette Relais & Chateaux. Mit seiner kunstvoll gestalteten Fassade und den Erkerfenstern erinnert das Haus an ein Schlösschen aus dem 19. Jahrhundert, verfügt aber über den Komfort eines Hotels aus dem 21. Jahrhundert.

Der Hubertushof in Filzmoos gehört zur Hotelkette Relais & Chateaux, den Österreichern durch die wöchentliche Kochsendung Johanna Maiers wohl bekannt. Hier wurde der Charme des 19. Jahrhunderts erhalten, ohne auf modernen Komfort zu verzichten (unten: der Speisesaal, durch dessen Fenster man auf Bäume blickt; links: Detail eines Stuhls im Jagddekor). Dietmar (gegenüber rechts) ist Ehemann, rechte Hand und Verfechter ihrer Küche in einer Person. Grossen Wert legt Johanna Maier auf das sorgfältige Anrichten eines Tellers vor dem Servieren (gegenüber links).

Sie sieht einfach umwerfend aus, wenn sie in ihrem blitzsauberen Dirndl in der ebenso blitzsauberen Küche steht und Gemüse schneidet, Langustinen von den Schalen befreit, einen Teller mit einem Salatblatt garniert oder einen Schnittlauchstängel gerade rückt. Als Küchenchefin hat sie ihre Augen überall, ihr entgeht nichts, und sie weiß ihren Charme und ihre Autorität maßvoll, aber gezielt einzusetzen. Johanna Maiers einzigartige Mischung aus traditionell-einfacher und leichter Küche war dem Gault Millau Österreich seltene vier Hauben wert.

Eine klassische Kochausbildung hat sie nie gemacht, sondern ihrem Mann und ihrer Schwiegermutter über die Schulter geschaut. Auch von den berühmten Nachbarn aus Werfen, Rudi und Karl Obauer (»Erst durch sie habe ich gelernt, was ich wirklich wollte«) hat sie sich inspirieren lassen. Und sie hospitierte bei Dieter Müller, dem Drei-Sterne-Koch aus Bergisch-Gladbach, oder bei dem Tiroler Hans Haas, der im Münchner Gourmettempel Tantris Furore macht, und schließlich bei Jean-Georges Vongerichten, dem erfolgreichen Elsässer in New York.

Johanna beherzigte die Ratschläge ihrer berühmten Kollegen, entwickelte aber ihren eigenen Stil. Qualitativ hochwertige Lebensmittel, deren Eigengeschmack bei aller Experimentierfreude nie verfälscht werden darf: Das ist das Credo der Naturliebhaberin, die »Gott eher in der Natur als in der Kirche« findet, Yoga praktiziert und sich pro Woche zwei Ruhetage gönnt, da das Kochen für sie kein Selbstzweck ist.

Doch während der restlichen fünf Tage zaubert sie aus den Produkten der heimischen Berge und Gewässer kulinarische Köstlichkeiten.

In der Küche verbinden sich die besten Produkte ihrer österreichischen Heimat zu köstlichen Gerichten: eine Holunder-Erdbeermelange (Seite 103), gebackenes Berglamm mit Kartoffel-Kräutersalat (unten links) und Kalbsfilet im Zucchinimantel (gegenüber rechts). Der Hubertushof liegt an einem Bach mitten im Ort (unten rechts). Johanna achtet auch auf kleinste Details, um ihre Gäste glücklich zu machen. Hier ein Vordessert aus Kindertagen, eine Komposition aus Milchprodukten und Früchten (gegenüber links).

Sie blickt aber auch über die Region hinaus: Die Variation von Foie Gras (Mousse, Creme, Parfait, mit Cassis- oder Litchigelee), der Hummersalat mit Champignons und Zitronenthymian, der Steinbutt mit einem Basilikumrisotto haben ebenso ihren Platz auf der Karte wie der Wandersaibling mit Krebsravioli, das panierte Lammkotelett, Kalb, Rehbock oder Täubchen. »Nur das Beste…« hat sich Johanna Maier auf die Fahne geschrieben, die nicht müde wird, ihre Küchenphilosophie zu erläutern und – wenn nötig – zu verteidigen und vor allem in die Tat umzusetzen.

Auf der Karte stehen Kalb (Schnitzel, Medaillons oder Bries), Reh (Filet, Kotelett oder Keule) und Täubchen (Schenkel oder Brust). Das Fleisch wird gegrillt, geschmort, sautiert oder nach Wiener Art paniert: Im Hubertushof ist die große Feinschmeckertradition Österreich-Ungarns unter dem allseits geliebten Kaiser Franz-Joseph bis heute lebendig geblieben. Holunderbeeren und Erdbeeren, wahlweise als ganze Früchte, als Gelee oder als Eis serviert, und eine Aprikosenvariation mit Frischkäse und Passionsfruchtschokolade sind der Beweis dafür, dass Johanna Maier auch bei den Desserts mehr als nur ein Ass im Ärmel hat.

Sicherlich wird man noch viel von der »Kaiserin Johanna« hören. Vor allem, weil sie die traditionelle Küche nicht revolutionieren will, sondern althergebrachten Rezepten eine zeitgemäße, leichte Form gibt und den unverfälschten Eigengeschmack hochwertiger Zutaten in den Mittelpunkt stellt. In der Heimat von Kaiserin Sisi regiert heute die »beste Köchin der Welt«.

DAS BESONDERE REZEPT VON JOHANNA MAIER

KALBSFILET IM ZUCCHINIMANTEL MIT PFIFFERLINGEN

FÜR 4–6 PERSONEN
ZUBEREITUNGSZEIT: 35 MINUTEN
KOCHZEIT: 25 MINUTEN IM KOCHENDEN WASSER

ZUTATEN

- 1 Kalbsfilet (ohne Fett und Sehnen)
- 1 Rosmarinzweig
- 1 gelber oder grüner Zucchino
- 1 nussgroßes Stück Butter
- 120 g Pfifferlinge
- 1 EL Butter
- 1 Schalotte
- 1 Bund Petersilie
- 8 cl Geflügelfond
- Salz, frisch gemahlener Pfeffer

ZUBEREITUNG

Das Fleisch von allen Seiten pfeffern und salzen. Den Rosmarinzweig abnadeln und das Kalbsfilet damit spicken. Das Filet sehr fest und gleichmäßig in Klarsichtfolie, danach in Alufolie wickeln. In einem Topf Salzwasser zum Kochen bringen, Filet ins Wasser geben, den Topf zudecken und vom Herd nehmen.
20–25 Minuten ruhen lassen und danach das Fleisch 3–4 Minuten bei 60 Grad kurz ruhen lassen. Zucchino in dünne Scheiben schneiden, salzen, pfeffern und 4–5 Minuten mit dem nussgroßen Stück Butter in der Pfanne erwärmen. Das Lammfilet aus der Folie nehmen, aufschneiden, und mit den Zucchinischeiben ummanteln. Die Schalotte in feine Stücke schneiden und in Butter anbraten, Pfifferlinge zugeben und einige Minuten garen. Ein wenig Geflügelfond hinzufügen und einreduzieren lassen. Zum Servieren mit fein gehackter Petersilie garnieren.

FLORA MIKULA

PARIS

VON NÎMES FÜHRTE SIE IHR WEG ÜBER LONDON UND NEW YORK NACH PARIS, WO SIE SCHNELL ZUR SPITZENKÖCHIN AUFSTIEG. IHRE KÜCHE IST EINE KULINARISCHE REISE IN DIE SONNE.

Flora Mikula arbeitete erst bei Alain Passard im Arpège, machte sich dann mit dem provenzalisch ausgerichteten Olivades am linken Seine-Ufer selbstständig und ließ sich schließlich am anderen Flussufer nahe den Champs-Élysées nieder. Diese dynamische, fleißige und charakterstarke Frau aus dem Süden Frankreichs, die auch ihre polnischen Wurzeln nicht leugnet, liebt klare Strukturen und experimentiert gerne mit Olivenöl, Anchovispaste und Tapanade.

Flora Mikula will in ihren Gerichten »die Sonne einfangen«. Dieses Ziel versucht sie mit großem Engagement, technischem Können und immer neuen Ideen umzusetzen. Ihr Restaurant in einem früheren Hemdengeschäft bietet dazu den richtigen Rahmen. Der englische Kamin, die elegante Beleuchtung, die Stuckdecke und die mit weißem Stoff bespannten Wände wurden beibehalten, so dass man sich wie in einem exklusiven Club vorkommt. Nach und nach bildete sich ein Kreis von Stammgästen, die sich von Floras kulinarischen Ideen und ihren Überraschungsmenüs verzaubern lassen.

Ihre feine und handwerklich perfekte Küche wird von Produkten der Mittelmeerregion bestimmt. Flora Mikula hat in London im Meridian und in New York in der Küchenmannschaft von Jean-Michel Lorain im Comptoir gearbeitet, bevor sie in sehr pariserische Gefilde kam wie in die Manufacture d'Issy zu Jean-Pierre Vigato und ins L'Avenue, die von Joël Robuchon und Jean-Claude Vrinat eröffnete Feinschmeckerbrasserie, die später unter Leitung der Gebrüder Costes weitergeführt wurde.

An Vielseitigkeit und Erfahrung fehlt es ihr nicht, sie fühlt sich überall in ihrem Element und beherrscht alle Register ihres Metiers. Souverän und virtuos experimentiert sie mit allem, was der Markt zu bieten hat. Äußerlich erinnert die blonde Flora Mikula ein wenig an die großartige Köchin Ghislaine Arabian, die dereinst bei Ledoyen die einzige Pariser Zwei-Sterne-Köchin war. Im Olivades setzte Flora ganz auf die südfranzösische Küche. Ihre Gerichte waren eine Liebeserklärung an das Land des Olivenöls und der

Flora Mikula, hier gemeinsam mit ihrer weiblichen Küchenmannschaft (ganz oben links, in der Mitte), nimmt das Leben von der heiteren Seite. Es sieht spielerisch leicht aus, wenn sie, wie hier, einer servierfertigen Seezunge den letzten Schliff gibt (oben), aber auch konzentriert, wie beim Wenden von Calamares in der Pfanne (ganz oben rechts). Ein Hauch Thailand mit mediterranen Zutaten: Ziegenkäsehäppchen mit »Pistou« und geeister Tomatensuppe (vorhergehende Seite) und in Honig geschmorte Pfirsiche mit einer roten Granita (gegenüber, unten links). Ihr eleganter Speisesaal liegt direkt an der Avenue Georges V (gegenüber oben). Sie empfängt Stammgäste zusammen mit ihrem Mann, der für den Service zuständig ist (gegenüber, unten rechts).

Zikaden, der sonnengereiften Gemüse (Tomaten, Zucchini, Paprika, Auberginen), der fangfrischen Mittelmeerfische und an die ganze Geschmacksvielfalt des Südens. Auch nach ihrem Umzug an das andere Seine-Ufer blieb Flora Mikula ihrer Linie treu, obwohl am neuen Standort nahe der Champs-Elysées auch internationale *fusion food* Erfolg versprochen hätte. Konsequent hat sie ihren eigenen Stil weiterentwickelt und damit treue Anhänger um sich geschart, die bereit sind, auch einmal tiefer in die Tasche zu greifen.

Am Rande der berühmtesten Avenue der Welt hat sie sich ihr eigenes Reich geschaffen. Wenn es ruhiger wird, überlässt sie die Küche ihrer routinierten Mannschaft und begibt sich in den Speiseraum, um ihre Gäste persönlich zu begrüßen, die sie mit ihren kulinarischen Zaubereien auf eine imaginäre Reise in den Süden geschickt hat.

Besonders erwähnenswert sind ihre Variationen von Langustinen und Krabben in einer geeisten Consommé mit feinem Gemüse und Thaibasilikum, der kurz gebratene Thunfisch, der zusammen mit Auberginenkaviar auf provenzalischer Pizza serviert wird, oder das Thunfischtatar auf geeister Avocado. Als Fischgang bietet Flora Mikula mal Wolfsbarsch mit gegrilltem Gemüse, verschiedenen Gewürzen und gemahlenen Mandeln an, mal gegrilltes Petersfischfilet, das zusammen mit einer gefüllen Artischocke, Gnocchi und Zitronenconfit serviert wird. Eine köstliche Reverenz an die italienische Küche!

Das Pyrenäenlamm wird mit Thymian und Zitrone gebraten, dazu gibt es eingelegte rote Paprika und Quetschkartoffeln in Olivenöl. Zu Täubchen reicht sie gebratene Pfirsiche und Pfifferlinge. Bei den köstlichen Desserts lässt sich Flora Mikula von ihrem Lehrmeister Alain Passard inspirieren. Hervorzuheben sind die gebratenen Aprikosen auf einem Pistazienbiskuit mit Aprikose-Erdbeersorbet oder das Kirschtöpfchen mit Frischkäse-Verveinesorbet, zu dem ein Minibaba mit Pastisaroma gereicht wird, und die roten Früchte der Saison mit Hibiskussirup und Rotweingranité.

Diese bezaubernde und sinnliche Küche hätte mit Sicherheit auch Colette gefallen. Die als Feinschmeckerin bekannte Schriftstellerin hatte die Genüsse der guten Küche in Saint-Tropez kennen und schätzen gelernt, wo sie einige ihrer Romane schrieb. Bestimmt hätte die Autorin von *Sido* die richtigen Worte gefunden, um Flora Mikulas Küche zu beschreiben. Eine Küche, liebevoll, verführerisch und handwerklich perfekt. Dekor und Design mögen pariserisch sein, das Herz aber schlägt provenzalisch.

DAS BESONDERE REZEPT VON FLORA MIKULA

IN HONIG GESCHMORTE PFIRSICHE MIT EINER ROTEN GRANITA

FÜR 8 PERSONEN
ZUBEREITUNGSZEIT: 35 MINUTEN
KOCHZEIT: 2 STUNDEN 10 MINUTEN
(DAVON 2 STUNDEN AM VORTAG FÜR DIE PFIRSICHE)

ZUTATEN

Für die Pfirsiche
· 5 Pfirsiche
· 4 EL Honig
· Saft einer Orange
· Saft einer Zitrone

Für die Granita
· 20 cl Wasser
· 30 g Zucker
· 4 EL Pfirsichlikör (oder Cassis)

Für die Panna cotta
· 50 cl flüssige Sahne
· 1/2 Vanilleschote
· 50 g Zucker
· 2 Blatt Gelatine

ZUBEREITUNG

Am Vortag: Den Backofen auf 90 Grad vorheizen. Honig, Zitronen- und Orangensaft mischen, in eine Auflaufform gießen, die Pfirsiche dazugeben und 2 Stunden garen lassen. Schälen, halbieren und entsteinen, danach zwei Hälften in Würfel schneiden und die restlichen Pfirsichhälften in den Kühlschrank stellen.

Die Panna cotta: Sahne, Zucker und die aufgeschnittene Vanilleschote vermischen und unter ständigem Rühren aufkochen lassen. Vom Herd nehmen. Die zuvor in Wasser eingeweichten und abgetropften Gelatineblätter dazugeben und so lange rühren, bis sie sich ganz aufgelöst haben, dann die gewürfelten Pfirsiche hinzugeben. Die Panna cotta in Gläser verteilen und in den Kühlschrank stellen.

Die Granita: Drei Stunden vor dem Servieren zubereiten. Dazu 20 cl Wasser mit dem Zucker 5 Minuten lang kochen lassen, dann vom Herd nehmen und den Pfirsichlikör zugeben, gut verrühren und in eine Schale geben, im Eisfach gefrieren lassen. Je eine Pfirsichhälfte in ein Glas Panna cotta geben und die Granita darüber verteilen.

OLYMPE

PARIS

Olympe war die erste Spitzenköchin, die von Gourmets und Fachpresse gefeiert wurde. Bereits in den 1970er und 1980er Jahren machte sie von sich reden, jetzt hat sie sich mit einer originellen und kreativen Küche zurückgemeldet. Ihr Restaurant in der Rue Saint-Georges ist eine kulinarische Entdeckung.

In den 1970ern war sie die erste Pariser Starköchin. Natürlich gab es auch vor ihr schon großartige Köchinnen, wie Mère Brazier mit ihren Restaurants in Lyon und auf dem Col de la Luère, Paulette Castaing im Beau Rivage in Condrieu im Rhônetal oder auch Solange Gardillou aus dem Moulin du Roc in Champagne-de-Belair. Doch sie alle entsprachen noch dem traditionellen Bild der Köchin am heimischen Herd.

Dominique Versini alias Olympe war die erste Vertreterin der neuen Chefköchinnengeneration: jung, dynamisch und eher kumpelhaft. Schon mit dreizehn Jahren schrieb sie sich an der Schauspielschule ein, wo sie vier Jahre lang Unterricht nahm, um schließlich in der Prüfung durchzufallen. Danach arbeitete sie eine Weile in der Anwaltskanzlei ihrer Schwester, bis sie eines Tages Urlaub bei ihren Eltern machte, die ein kleines Landgasthaus in der Provence betrieben, die Auberge de la Source in Méounes in der Region Var.

»Mein Vater war früher Anwalt. Mit über fünfzig entdeckte er seine Liebe fürs Kochen. Nachdem sie zwanzig Jahre lang getrennt gearbeitet hatten, stellten sich meine Mutter und mein Vater gemeinsam hinter den Herd. Meine Mutter hatte zwar das Restaurant eröffnet, kochte aber nicht«, erinnert sich Olympe. Im März 1968 traf Olympe auf einem Spaziergang mit ihrer Schwester in der Nähe von Notre-Dame auf Albert Nahmias, der gerade sein Soziologiestudium beendet hatte und in der Galerie Iolas arbeitete. Sie verliebten sich, heirateten 1972 und eröffneten 1973 das erste Restaurant Olympe in der Rue du Montparnasse. Damals herrschte Aufbruchstimmung. Die Einrichtung des Restaurants war spartanisch, die Portionen klein, die Preise hoch. Luxus in der Küche war damals selbstverständlich.

Der Akademiker Albert repräsentierte das Haus nach außen, hielt Kontakt zu den Medien, erkannte früh die neuesten Trends, ließ hier und da einen klugen Satz fallen und gab dem Ganzen einen pseudowissenschaftlichen Rahmen. Olympe hatte in der Küche ihre großen Auftritte. Die ersten Artikel aus den Federn der französischen Gourmetpäpste waren wahre Lobeshymnen auf den neuen Star. Ihr Restaurant war ein voller Erfolg, und wer in Paris etwas auf sich hielt, musste dort gewesen sein.

Olympe alias Dominique Versini hat eine bewegte Vergangenheit. Hier sieht man sie in ihrem kleinen Speisesaal (oben). Ihr Restaurant im Herzen des Pariser Viertels Nouvelle Athènes liegt etwas versteckt, ihre Kochkunst ist nach wie vor unerreicht. Sie hat alles im Blick und im Griff: die marktfrischen Steinpilze (links), die täglich wechselnden Gerichte auf der Schiefertafel (gegenüber, unten links) und die Auswahl erlesener Weine, die von einem kompetenten Sommelier serviert werden (gegenüber oben). Ihr Schriftzug auf dem Schaufenster erinnert an die Titelbilder der berühmten »Série-Noire«-Krimis (gegenüber, unten rechts).

Bei Olympe standen weiße und rote Krebse in sieben Variationen auf der Karte, darunter der göttliche *Cardinal* mit scharf gewürzten Tomaten, noch heute einer ihrer Klassiker. Sie bekam drei Gault-Millau-Mützen und einen Michelin-Stern. Kurz vor der Geburt ihrer Tochter Sarah saß sie zusammen mit gestandenen Chefköchen wie Paul Bocuse und Paul Haeberlin in der Literatursendung *Apostrophes* von Bernard Pivot, um über ihr Kochbuch zu sprechen. Ganz Frankreich wurde auf diese junge Frau aufmerksam, die sich mutig auf das Podium gewagt hatte.

Mut und Entschlossenheit zeichnen sie bis heute aus – Olympe ist sich selbst immer treu geblieben. Sie schrieb Rezepte für den *Figaro*, arbeitete für die französische Fernsehsendung *Le regard des femmes* und gemeinsam mit Eva Ruggieri für den Radiosender France-Inter. Bekannt war sie damals für ihre Entenravioli, Kutteln mit Pfeffersauce, Thunfisch im Speckmantel und ihr hauchzartes *Millefeuille*.

Bei Olympe in der Rue du Montparnasse und ab 1979 in der Rue Nicolas Charlet feierte die Hautevolee. Ihr Restaurant war im Art-déco-Stil eingerichtet, weitläufig und etwas düster, ähnlich einem Nachtclub oder einem Speisewagen im Orientexpress. Sie wagte es sogar, Sonntagabend zu öffnen, was für ein Spitzenrestaurant damals nicht üblich war. Bei ihr trafen sich Francis Ford Coppola und Robert de Niro, Diane Dufresne und Henri Salvador, Eddie Barclay und Jean-Louis Trintignant.

Dann trennte sich Olympe von Albert und ging als Beraterin zu Virgin. Fünf Jahre lang führte sie das Restaurant in der obersten Etage im Virgin Megastore auf den Champs-Élysées. Dieses Intermezzo kratzte ein wenig an ihrem guten Ruf. Dann eröffnete sie wieder ein eigenes Restaurant in den Räumlichkeiten der Casa Miguel, wo eine ältere Dame solide Küche für fünf Francs anbot. Hinter der skurrilen Fassade, die an einen Einband der berühmten schwarzgelben Krimireihe *Série Noire* erinnert, wurde aus Olympe wieder Dominique Versini.

Die Karte ist einfach, aber vielversprechend. An den in Rot und Ocker gehaltenen Wänden hängen hübsche Bilder, die gemeinsam mit den Lüstern aus Muranoglas ein einladendes, an die Provence erinnerndes Ambiente schaffen. Ihre Stammkunden sind ihr treu geblieben, und so kann es durchaus vorkommen, dass ein berühmter Filmproduzent ihr ganzes, zugegeben enges Restaurant für eine Feier mietet.

Der Sinn für naturbelassene Produkte, der Ideenreichtum, die technische Finesse: Dominique Versini hat nichts davon eingebüßt. Hier im Quartier Nouvelle Athènes findet man eine ernsthaftere Olympe. Und selbst die Bewohner des seriösen Viertels Saint-Georges, denen man in Sachen gutes Essen nichts vormachen kann, kommen hierher, um in angenehmer Atmosphäre zu speisen.

Die eng gestellten Tische lassen zwar nur wenig Vertraulichkeit zu, doch das hervorragende Essen entschädigt. Mit der gleichen Meisterschaft und ungebrochenem Enthusiasmus kocht Olympe ehrlich und ohne Showeffekte. Marinierte Sardinen, ein Gemüseeintopf mit Speck und ein Pfannkuchen aus Kastanienmehl mit pochiertem Ei sind dafür gute Beispiele.

Genauso überzeugend sind die Entenleber, die *Poutargue*-Ravioli mit Fenchel, der berühmte Heringskaviar – ebenso köstlich wie Beluga –, der mit einem lockeren Kartoffelpfannkuchen serviert wird, oder die Blumenkohlcremesuppe. Nicht zu vergessen die Langustinenravioli, den Zander in Senf-Wacholdersauce, den Thunfisch im Speckmantel mit Zwiebeln, das kurz gebratene Rindersteak mit Koriander oder die berühmte Sisteronlammschulter aus dem Ofen mit Schmelzkartoffeln für zwei Personen.

Ja nach Saison sollte man auch die göttlichen Cardinalkrebse nicht versäumen, ebenso die Desserts: frisch gerührte Eiscreme (besonders köstliche: »echte« Pistazie!), Crème brûlée mit Früchten oder das *Paris-Brest.* Dazu einen leichten und frischen Wein aus dem Vivarais, der in seiner typischen Flasche serviert wird. Ein Hoch auf die schöne Olympe und ihr gelungenes Comeback.

Die Gäste der Casa Olympe haben einen gesunden Appetit (gegenüber unten). Sie schätzen die täglich wechselnden Gerichte (unten links), wie die knusprigen Blutwurstscheiben mit Salat (unten rechts), die Langustinenravioli (gegenüber oben) oder die Mandelmilch-»Pastilla« (Seite 113).

DAS BESONDERE REZEPT VON OLYMPE

LANGUSTINENRAVIOLI

FÜR 6 PERSONEN
ZUBEREITUNGSZEIT: 40 MINUTEN
KOCHZEIT: 2–3 MINUTEN

DIE ZUTATEN 4–5 STUNDEN VOR DEM KOCHEN VORBEREITEN. ANSTELLE DER LANGUSTINEN KÖNNEN HUMMER VERWENDET WERDEN, WENN MAN DEREN FLEISCH IN KLEINE STÜCKE SCHNEIDET.

ZUTATEN

- 28 große Langustinen
- 4 EL Erdnussöl
- 1/2 mittelgroße Zwiebel, in Scheiben geschnitten
- 1 EL doppelt konzentriertes Tomatenmark
- 2 in grobe Stücke geschnittene Tomaten
- 2 cl Cognac
- 3 Prisen gemahlener Espelette-Pfeffer
- 1,5 l süße, nicht pasteurisierte Sahne
- 1 Eigelb
- 2 Päckchen chinesischer Ravioliteig aus dem Asialaden
- 2 reife Tomaten, entkernt und in Würfel geschnitten
- 1/2 Bund Kerbel, ohne Stiele
- 3 EL vollfette Crème fraîche
- 1 kleines Stück frischer Ingwer, gehackt
- grobes Salz, feines Salz

ZUBEREITUNG

Die Langustinenschwänze vom Körper lösen und zur Seite stellen. Erdnussöl, Zwiebeln, Tomatenmark, grobe Tomatenstücke und die Langustinenköpfe in einen großen Topf geben und bei mittlerer Hitze 3–4 Minuten anbraten. Vom Herd nehmen und mit einem Stampfer die Köpfe so gut wie möglich zerkleinern. Den Topf auf den Herd zurückstellen, den Inhalt mit dem Cognac flambieren, mit grobem Salz bestreuen, Pfeffer und Sahne zugeben. Bei niedriger Hitze 30–35 Minuten köcheln lassen, bis die Sahne andickt. Nicht heftig kochen lassen! Danach im Mixer pürieren, durch ein Sieb geben und die Sauce beiseite stellen. Die Langustinenschwänze von der Schale befreien und ebenfalls beiseite stellen. Eigelb mit 1 EL Wasser verquirlen und für das Verschließen der Ravioli bereitstellen.
Ravioli zubereiten: In die Mitte jedes Ravioliquadrats 1 Langustinenschwanz, 2–3 Tomatenwürfel, eine Prise Salz, ein Kerbelblatt und eine Messerspitze Crème fraîche setzen. Die Ränder mit Eigelb bestreichen, mit einem zweiten Quadrat bedecken, die Ränder gut zusammendrücken, dabei die Luft herauspressen. Pro Person 7 Ravioli herstellen. Auf eine mit Backpapier ausgelegte Platte geben und im Kühlschrank aufbewahren.
Kurz vor dem Servieren einen großen Topf mit Salzwasser zum Kochen bringen, gleichzeitig die Sauce erhitzen und den Ingwer hinzugeben. Die Ravioli im kochenden Wasser 2–3 Minuten garen. Abtropfen lassen, auf tiefe Tellern legen und mit der Sauce übergießen.

JEUNES RESTAURATEURS D'EUROPE

AGATA PARISELLA

ROM

DIESE RUHIGE, ZURÜCKHALTENDE FRAU MIT DER MÜTTERLICHEN AUSSTRAHLUNG IST DER INBEGRIFF FÜR GUTE RÖMISCHE KÜCHE. IHRE KÄSEGERICHTE SIND EIN GEDICHT, IHRE SALTIMBOCCA IST EIN MEISTERWERK.

Wie eine Schutzheilige wacht Agata Parisella über das römische Esquilin-Viertel. Hier im Südosten der ewigen Stadt gibt es zwei markante Orientierungspunkte: Die Basilika S. Maria Maggiore und das Restaurant Agata e Romeo. Einst stand Romeos Mutter hinter dem Herd. Heute führt Agata Parisella die Tradition fort. Ohne klassische Kochausbildung, aber mit großer Begabung und Leidenschaft für die traditionelle römische Küche herrscht sie seit dreißig Jahren über Töpfe und Teller. Es scheint, als habe sie schon immer hinter dem Herd gestanden, als habe es ihre Schwiegermutter als Vorbild und Ausbilderin nie gegeben. Nicht zuletzt deshalb genießt sie bei den konservativen Römern besondere Wertschätzung.

Mit Hingabe widmet sie sich der bodenständigen Küche, die sie für ihre Kochphilosophie wiederentdeckt hat – allerdings in moderner Interpretation. Auffällig dabei ist ihre Vorliebe für süßsaure Aromen, überraschende Kombinationen und für Gerichte mit traditionellen Käsesorten.

Wo immer es geht, verwendet sie heimische Zutaten aus Latium und den umliegenden Regionen. Agata Parisella gelingt es auf unnachahmliche Weise, regionale Traditionsgerichte mit frischen Früchten und Gemüsen zu einem reizvollen neuen Geschmackserlebnis zu kombinieren, wie bei ihrem Pecorinokuchen mit einer raffinierten Sauce aus Birnen und Akazienhonig oder dem Kartoffelkuchen, der an eine mit Ziegenkäse gespickte Blätterteigpastete erinnert.

Natürlich bietet sie auch wunderbare Pasta. Besonders hervorzuheben sind die Spaghetti mit schwarzem Pfeffer und würzigem Piacentinukäse – ein intensives Geschmackserlebnis! Aber auch die *Paccheri all'amatriciana*, dicke Makkaroni mit einem großen Loch in der Mitte, die mit einer Sauce aus Speck, Tomaten und Pecorino serviert werden, sind ein ebenso deftiges wie raffiniertes Essvergnügen.

Das Meisterstück der Köchin ist die berühmte *Saltimbocca alla romana*. Hauchdünn geschnittene, fast durchscheinende Scheiben aus Kalbfleisch werden in Parmaschinken ein-

Agata führt das Zepter in der Küche, Maria-Antonietta leitet souverän und mehrsprachig den Service, und Romeo ist der Experte für den Wein: Alle drei zusammen sind das Herz des charmanten Restaurants im römischen Esquilin-Viertel (oben links). Romeo Caraccio ist der Herrscher über den Weinkeller (oben rechts). Agata Parisella wirft einen Blick auf die Reservierungen (gegenüber unten), nachdem sie ihre »Paccheri all'amatriciana« mit Speck und Tomaten zubereitet hat (oben Mitte). Agata serviert weitere Köstlichkeiten: Sie hält einen Teller mit Spaghetti mit Pfeffer in der einen Hand, einen mit würzigem Käse in der anderen (Seite 118), ferner Kuchen aus gereiftem Käse mit Feigencoulis und Honigessig (vorhergehende Seite) und Agatas Millefeuille (gegenüber, oben links).

gehüllt, dazu reichlich Butter und Salbeiblätter und wohlschmeckendes Biogemüse (die Karotten zergehen auf der Zunge!). Eine gelungene moderne Version des Klassikers, die mit den so häufig in den Trattorien angebotenen Vergewaltigungen des römischen Nationalgerichts aber auch gar nichts gemein hat.

Agata Parisella theoretisiert nicht – sie kocht. Im Mittelpunkt ihrer Küche an der Grenze zwischen Tradition und Moderne stehen hochwertige Produkte, richtig portioniert, sparsam gewürzt und nur in Fett gebraten. Auch deshalb ist ihre *Saltimbocca* ein Aushängeschild für die römische Küche.

Agata Parisellas meisterliches Können beschränkt sich nicht nur auf Fleisch- und Fischgerichte, auch ihre Desserts sind ein Gedicht. Bester Beweis ist ihr cremiges *Millefeuille*, locker und leicht wie ein Windhauch. Man ist fast erstaunt über die kunstvollen Bezeichnungen der einfachen Gerichte, als ob die betonte Schlichtheit der Küche den Gast an deren Qualität zweifeln lassen könnte. Vielleicht ist dieses Understatement ein Grund dafür, dass Agata Parisella, die seit dreißig Jahren mit leichter Hand meisterlich kocht und dabei immer ihrer Linie treu geblieben ist, mehr als zwanzig Jahre auf ihren ersten Stern warten musste.

Begleitet wird ihre feine, leichte und feminine Küche von mit großem Fingerspitzengefühl ausgewählten Spitzenweinen. Sie stammen nicht nur aus Latium, sondern auch aus der nahen Toskana, aus Umbrien, dem Piemont und aus Venetien. Doch die Weinkarte bietet nicht nur teure Tropfen. Es gibt auch preiswerte Weine von guter Qualität wie den Fontana Candida, einen leichten Weißwein, oder auch exzellente Orvieto-Weine. Die Auswahl ist riesig. Der Wein ist die Passion von Agatas Mann Romeo Caraccio, der Seele des Agata e Romeo. Den Herd überlässt er seiner Frau. Er kümmert sich um Gäste und Lieferanten, mit denen ihn oft auch eine Freundschaft verbindet. Gästen, die allein am Tisch sitzen, ist er ein höflicher Gesprächspartner.

Das etwas versteckt liegende gemütliche Kellerrestaurant mit seiner gewölbten Decke ist ein reiner Familienbetrieb. Der flinke, franko-italienische Service untersteht der ältesten Tochter, der charmanten Maria-Antonietta. Mit ihrer Herzlichkeit und Umsicht ist sie die »Geheimwaffe« des Agata e Romeo.

DAS BESONDERE REZEPT VON AGATA PARISELLA

PIKANTER KÄSEKUCHEN MIT FEIGENCOULIS UND KASTANIENHONIGESSIG

FÜR 6 PERSONEN
ZUBEREITUNGSZEIT: 30 MINUTEN
KOCHZEIT: 25 MINUTEN

Häufig heißt es, Feigen seien besonders kalorienreich. Das entspricht nicht den Tatsachen: Die Frucht enthält 80 % Wasser und nur 12 % Zucker. Eine getrocknete Feige hingegen hat wesentlich mehr Kalorien. Frische Feigen eignen sich gut als Belag für Tartes und Kuchen oder für die Herstellung von Eiscreme. Sie schmecken aber auch roh, zusammen mit Crème fraîche oder auch gezuckert in Likör eingelegt.
Der Käse »aus der Grube« ist ein Käse aus verschiedenen Milchsorten (oder auch nur aus Schafsmilch), der etwa 3 Monate in Tuffsteingruben in der Nähe des kleinen Ortes Sogliano sul Rubicone gereift ist. Die Gruben haben eine flaschenähnliche Form und sind etwa 3 Meter tief. Die Käse werden in weiße Stoffsäckchen eingehüllt und in die Gruben gelegt. Ist eine Grube gefüllt, wird sie mit Brettern und Sand luftdicht verschlossen.
Wenn die Gruben wieder geöffnet werden, verbreitet sich der intensive Käseduft im ganzen Dorf. Die Natur hat ganze Arbeit geleistet!

ZUTATEN
· 25 cl Milch
· 25 g Mehl
· 25 g Butter
· 400 g Grubenkäse
· 3 Eier
· 1 Prise Muskatnuss
· 200 g Feigen
· 10 cl Kastanienhonigessig
· 1 Prise Salz

ZUBEREITUNG
Die Béchamel-Sauce: Die Butter bei niedriger Hitze schmelzen, das Mehl zugeben und 2 Minuten rühren. Die Milch und eine Prise Salz hinzufügen. 4 – 5 Minuten köcheln lassen. Den geriebenen Grubenkäse hinzufügen und sorgfältig umrühren. Danach die Eier und Muskatnuss dazugeben und in eine Backform gießen. Im Ofen bei 180 Grad etwa 25 Minuten backen.
Den fertigen Kuchen erst auskühlen lassen, bevor man ihn aus der Form nimmt. Unterdessen die Feigen etwa 10 Minuten lang in Essig einlegen. Im Mixer zu einer Coulis pürieren und den Kuchen damit anrichten.

~PIC~
Anne-Sophie Pic

ANNE-SOPHIE PIC

VALENCE (DRÔME, FRANKREICH)

BEGONNEN HAT ALLES MIT DER URGROSSMUTTER IN DER AUBERGE IN CÔTE DU PIN IM ARDÈCHE-GEBIET. HEUTE STEHT ANNE-SOPHIE PIC HINTER DEM HERD DES TRADITIONSREICHEN HAUSES PIC IN VALENCE, AM RAND DER ROUTE NATIONALE 7. IHREM CHARME VERDANKT EIN GROSSES RESTAURANT SEINEN WIEDERAUFSTIEG.

Ein legendärer Großvater und ein nicht minder berühmter Vater – keine leichte Aufgabe für Anne-Sophie Pic, ihren eigenen Stil zu finden. Ihre unkonventionelle Erfolgsgeschichte führt zurück zu den Wurzeln. Begonnen hat alles mit Anne-Sophies Urgroßmutter. Die in Saint-Sylvestre im Vivarais geborene Sophie Sahy hatte den Grundbesitzer Eugène Pic geheiratet und damit den Grundstein für eine Dynastie berühmter Köche gelegt. Sie führte die Auberge du Pin in Saint-Péray am rechten Rhône-Ufer. Der Duft aus den gußeisernen Töpfen stieg auch ihrem 1893 geborenen Sohn André in die Nase, der später nach Valence an die berühmte N7 wechselte, um dort begeisterten Gästen die Gerichte seiner Mutter zu servieren. Für seine gratinierten Krebsschwänze wurden ihm 1934 drei Sterne verliehen. Das Renommee der Pics wuchs. Bald waren sie ebenso berühmt wie Point in Vienne und die Dumaines in Saulieu.

Später übernahm der 1932 geborene Sohn Jacques das Traditionshaus. Seine gehaltvolle Küche bot neben Foie Gras, Trüffel und Hummer auch den berühmten Wolfsbarsch auf Kaviar. Außerdem verdanken wir ihm die Erfindung des Degustationsmenüs, das er wegen der acht üppigen Gänge »Menu Rabelais« nannte. Als Jacques starb, übernahm sein Sohn Alain die Küche und setzte das *Strate de bœuf* auf die Picsche Speisekarte.

Doch jetzt verlor Pic seinen dritten Stern. Vielleicht war es dieser Abstieg, der dazu geführt hat, dass sich Alain Pic aus dem Familienunternehmen zurückgezogen hat. Heute führt er unter seinem Namen ein kleines Restaurant in Montbonnot-Saint-Martin nahe Grenoble. Seine Schwester Anne-Sophie, eine schmale, zerbrechlich wirkende Frau, trat mutig die Nachfolge an. Was brachte eine Studentin der Wirtschaftswissenschaften dazu, in die Fußstapfen ihrer berühmten Vorfahren zu treten?

»Das war Schicksal«, sagt sie und fügt hinzu: »Ich fühlte, dass sich die Dinge so entwickeln würden.« Anne-Sophie ging in der heimischen Küche in die Lehre und arbeitete

Anne-Sophie Pic und ihr Ehemann David Sinapian haben den Familienbesitz von Vater Jacques und Grossvater André komplett renoviert. Der geschmackvolle Speisesaal (unten) ist in gedeckten Rottönen gehalten. Die neugestaltete Fassade ist dagegen klassisch provenzalisch (gegenüber rechts). Anne-Sophie ist glücklich über eine Steige herrlicher Erdbeeren direkt vom Erzeuger (gegenüber links). Ihre Rezepte zeugen von grosser Küchenkunst: gedämpfter Seewolf mit Wakame-Algen, Austern und Gurkenchutney (vorhergehende Seite), Meerschnecke in gehackter Petersilie mit Schwarzwurzeln und Granatapfel (links).

auf allen Posten. Obwohl die *Maîtres Cuisiniers de France* sie nicht in ihren Kreis aufnehmen wollten, zog sie die weiße Kochjacke an und brachte die Küche auf Vordermann.

Ihr Mann David Sinapian leitete die Renovierung des Hauses – unter den wohlwollenden Blicken seiner Schwiegermutter. Das Ergebnis lässt sich sehen; das Haus erstrahlt in neuem Glanz. Die in freundlichen Pastelltönen gehaltenen Gästezimmer im provenzalischen Stil sind gemütlich und geschmackvoll. Auch die Küchenmannschaft und der Service wurden nahezu komplett ausgewechselt. Garant für Kontinuität ist Denis Bertrand, der Chefsommelier, seit über dreißig Jahren im Haus. Es gibt keinen Winzer in der Umgebung, den er nicht kennt.

Anne-Sophie Pic übernahm die Leitung der Küche und führte einige Neuerungen ein: Die Karte ist nicht mehr so üppig, und berühmte Klassiker wie Wolfsbarsch auf Kaviar, gratinierte Krebsschwänze oder *Strate de bœuf* mit Foie Gras werden in einer leichteren Variante angeboten. Als Hommage an ihren Vater behielt Anne-Sophie die Namen seiner berühmten Menüs bei. Nach wie vor gibt es ein »Menu Rabelais«, das sich in seiner Zusammensetzung an den Jahreszeiten orientiert, mal gibt es Fisch, im Herbst Wild. Anne-Sophie Pic kocht modern, vergisst aber nie, woher sie kommt.

In der langen Tradition des Hauses haben Großvater André, der Schöpfer der Blätterteigpastete mit Trüffeln, und Vater Jacques, der Erfinder des »Menu Rabelais«, entscheidende Akzente gesetzt. Ihre bodenständige Küchenphilosophie basierte auf Olivenöl, schwarzen Trüffeln, Auberginen, Foie Gras und Edelfisch. Bei der zurückhaltenden, aber zielstrebigen Anne-Sophie steht heute eine leichtere Küche im Vordergrund. Sie experimentiert gerne mit süßsauren Aromen oder überrascht mit durchscheinenden Gelees.

Kurz gebratene Langustinen mit Krebsfleisch und einer säuerlichen Kiwivinaigrette, auf der Haut gegrillte Dorade mit Muscheljus, der Zitronatscheiben ein säuerliches Aroma verleihen, mit *Pistou* oder *Puntines* (kleinen runden Nudeln) gefüllte Seezungenfilets, mit Frischkäse gefüllte Lammrippe mit Kräutercannelloni, Taubenflügel mit Nusskruste und feine Rübentörtchen, eine Creme aus Pistazien, Kastanien und Vanille, intensiv schmeckende Schokoladenbiskuits für Liebhaber dunkler Schokolade, dazu konzentrierte Fruchtjus: Das ist der neue Stil des Hauses Pic für das 21. Jahrhundert. Auf den übersichtlichen Tellern gibt es keinen überflüssigen Schnickschnack, im Mittelpunkt steht einzig und allein der Eigengeschmack des Produkts.

Der Picsche Keller ist mit allen großen Weinen aus dem nördlichen Rhônetal bestückt, von Hermitage bis Cornas, von Crozes bis Saint-Joseph. Empfohlen und serviert werden sie von einem fachkundigen Sommelier.

Hier passt alles zusammen: luxuriöse Zimmer, der pittoreske Innenhof, gemütliche Speiseräume unter weiß gestrichenen gewölbten Decken und die nahe Auberge mit dem alten Wirtshausschild als Hommage an die Urgroßmutter, wo man entspannt eine Kleinigkeit essen kann. Ein Traditionshaus feiert eine glanzvolle Auferstehung.

Anne-Sophies morgendliche Pause bei Kaffee und Zeitung unter einer riesigen Kopie eines Gemäldes von Tamara de Lempicka im Café Victor Hugo in Valence (unten links). Ein frisches und leichtes Dessert: Apfelcrumble mit Champagnercreme (unten rechts). Anne-Sophie auf der Mauer der alten Auberge du Pin in Saint-Péray, dem Stammsitz der Familie (gegenüber links). Gegrillte Rehnüsschen mit Trockenfrüchten (gegenüber rechts).

DAS BESONDERE REZEPT VON ANNE-SOPHIE PIC

REHSATTEL MIT POLENTA AUS ESSKASTANIEN UND QUITTENGELEE

FÜR 4 PERSONEN
ZUBEREITUNGSZEIT: 50 MINUTEN
KOCHZEIT: 3 STUNDEN 20 MINUTEN
(3 STUNDEN FÜR DIE QUITTEN)

ZUTATEN

Für den Rehsattel

- 2 Filets vom Rehsattel (siehe unten)
- 50 g Butter
- 5 cl *Sauce Poivrade* (siehe unten)
- 12 Rosinen in Rum
- 1 EL einer Mischung aus Haselnüssen, Pistazien, Mandeln und Schokoladendragees
- Salz, Pfeffer

Für das Quittengelee

- 4 Quitten
- 1,1 kg Zucker
- 12 Nelken
- Saft einer halben Zitrone
- 30 g Butter
- 1 Prise Safran

Für die Polenta

- 55 g feine Polenta (schnellkochend)
- 50 g Selleriepüree (tiefgefroren)
- 5 cl flüssige Sahne
- 250 g Esskastanienpüree, ungezuckert
- 20 g Butter
- Salz, Pfeffer

ZUBEREITUNG

Die Quitten: Am Vortag oder 3 Stunden vorher zubereiten: Waschen, in Viertel schneiden, Strunk und Kerne entfernen und mit Zitronensaft beträufeln. Den Zucker mit 3 l Wasser mischen, Nelken zugeben und aufkochen lassen, die Quitten hinzufügen und auf niedriger Hitze 3 Stunden köcheln lassen. Die Quitten abtropfen lassen und die Flüssigkeit beiseite stellen.
Die Polenta: Den Maisgrieß mit dem Selleriepüree, der Sahne, dem Esskastanienpüree sowie Salz und Pfeffer mischen und 10 Minuten unter ständigem Rühren im Wasserbad kochen. Die Masse auf ein Backblech geben und mit einer Spachtel glatt streichen. Zum Festwerden in den Kühlschrank stellen.
Die Quitten in der Butter bräunen, das überschüssige Fett abschöpfen, etwas Kochwasser und Safran hinzufügen.
Die Polenta in kleine Rechtecke (2 cm auf 5 cm) schneiden und in einer beschichteten Pfanne in 20 g Butter bräunen. Die Rosinen in Alkohol anwärmen und abropfen lassen. Die Nüsse, die Trockenfrüchte und die Schokolade grob hacken.
Die Rehfilets salzen und pfeffern und von beiden Seiten je 3 Minuten in geschäumter Butter stark anbraten, dann die Temperatur reduzieren und weitere 2 Minuten garen lassen. Fett abtropfen lassen, mit Alufolie bedecken und 5 Minuten ruhen lassen, danach in nussgroße Stücke schneiden.
Die *Sauce Poivrade* langsam erwärmen. Die Rehnüsschen auf warme Teller verteilen, mit den Trockenfrüchten bestreuen, dazu Polenta, Quitten, Rosinen und Sauce reichen.

Der Sattel entspricht der Rückenpartie des Rehs rechts und links der Wirbelsäule und ergibt zwei Filets. Entbeint (1,5 kg brutto) haben die kleinen Filets eine kurze Garzeit, da Rehfleisch mit seinen kurzen Fasern noch blutig serviert werden sollte.
Die *Sauce Poivrade* besteht aus Essig, Weißwein und Pfeffer und kann mit den Knochen vom Reh und ein wenig Bouillon zubereitet werden. Besser ist, sie bereits fertig zu kaufen.

VALERIA PICCINI

MONTEMERANO *(TOSKANA)*

IN DEN HÜGELN IM HINTERLAND DER MAREMMA, DIESER URSPRÜNGLICHEN LANDSCHAFT MIT ZAUBERHAFTEN ORTEN UND BIS ANS MEER REICHENDEN WEINBERGEN, KOCHT VALERIA PICCINI.

Im Südwesten der Toskana, eine Autostunde von Rom und zwei von Florenz entfernt, liegt der Naturpark der Maremma. Typisch für diese Landschaft sind Sumpfgebiete und die Macchiawälder mit Wildpferden und Wildschweinen sowie die riesigen Herden der Maremma-Rinder mit ihren langen, weit ausladenden Hörnern, bewacht von Hirten zu Pferd, deren bis zum Boden reichende Ledermäntel mit Leinöl eingefettet sind. In der idyllischen Hügellandschaft im Hinterland liegen pittoreske alte Städtchen und die Gehöfte der Weinbauern. Bekannt sind vor allem aber die etruskischen Totenstädte in Vetulonia oder in Poggio Prisca nahe Sovana sowie die Thermen von Saturnia.

Diese Landschaft ist nichts für eilige Reisende. Straßen und Wege ziehen sich in Serpentinen die Hügel hinauf zu den Städtchen, die sich wie Festungen in die Felsen aus Tuffstein schmiegen, wie beispielsweise Pitigliano, Sorano oder auch Scansano mit seinem wunderschönen Weinbaumuseum. Nahe der heißen Quellen von Gorello, wo man sich in großen Steinbecken mit 37 Grad warmem Wasser verwöhnen lassen kann, liegt die kulinarische Metropole der Region: Montemerano.

An den ins Zentrum führenden Gässchen hinauf zur Kirche San Giorgio reihen sich die Feinkostgeschäfte aneinander. Der Bäcker zieht jeden Morgen frische ungesalzene Brote aus dem Ofen, die beispielsweise mit schwarzen Oliven bestreut werden und deren Duft bis auf die Straße dringt. Doch die ungekrönte Königin des Ortes ist Valeria Piccini. Die agile Autodidaktin steht seit mehr als zwanzig Jahren mit großem Erfolg hinter den Kochtöpfen, die sie von ihrer Schwiegermutter übernommen hat.

Seinen Namen verdankt das Da Caino dem verstorbenen Schwiegervater Valerias. Ihr Ehemann Maurizio, ein leidenschaftlicher Weinsammler, empfängt die Gäste. Sein in den Felsen gehauener Weinkeller ist eine wahre Schatzkammer. Hier lagern einige der besten Weine der Welt, von Krug Clos du Mesnil bis zum spanischen Vega Sicilia Unico, von den Châteaux Margaux, Latour oder Petrus, aber auch Le Pin, sowie den Merlots aus Chile bis zu den neuen Stars aus Kalifornien – und natürlich die besten Tropfen aus der Toskana. In der Enoteca Per Bacco kann man regionale Spitzengewächse verkosten wie einen fruch-

tigen, weißen Ansonica, einen rubinroten Sangiovese oder Cabernets des Weinguts Parrina und nicht zuletzt einen roten Morellino di Scansano von Elisabetta Geppeto von der Fattoria Le Pupille. Hier gibt es auch hausgemachte Marmeladen, Saucen und Oliven, außerdem erlesene Kaffeesorten wie zum Beispiel Jamaika Mountain, der als *ristretto* serviert wird.

Übernachtungsgäste können in einem der drei Zimmer logieren, die mit alten Möbeln und schönen Stoffen eingerichtet sind. Außerdem gibt es ein Lesezimmer. In dieser anheimelnden und schlichten Atmosphäre fühlt man sich wie zu Hause. Die beiden winzigen Speiseräume bieten gerade einmal Platz für zwanzig Gäste.

In der kleinen, aber blitzsauberen Küche, die man durch eine Scheibe vom Speiseraum einsehen kann, zaubert Valeria Piccini gemeinsam mit sechs Gehilfen toskanische Köstlichkeiten, für die nur erstklassige Zutaten verwendet werden.

Valeria Piccini hat Chemielaborantin gelernt und ist aus Zufall, oder besser gesagt, aus Liebe zum Kochen gekommen. Eine Ausbildung als Köchin hat sie nicht. Doch auf den vielen gemeinsamen Reisen mit Maurizio hat sie viele Eindrücke gesammelt, die sie in ihrer Küche zu Hause umsetzt. Dabei hat sie ihren eigenen Stil entwickelt. Im Mittelpunkt steht der Eigengeschmack der verwendeten Produkte ohne modischen Schnickschnack und Effekthascherei. Dabei orientiert sie sich an den Rezepten ihrer toskanischen Heimat, lässt aber auch Elemente aus der katalanischen Küche einfließen, wie Kutteln vom Stockfisch mit Saubohnen und Speck, die sie mit besonders aromatischen geschmolzenen sizilianischen Cocktailtomaten serviert. Valerias Küche ist von erhabener Schlichtheit, künstlich aufgepeppte Saucen fehlen. Ihr Ziel ist es, den mannigfaltigen Eigenaromen der verwendeten Produkte zu einem glanzvollen Auftritt zu verhelfen.

Je nach Jahreszeit bietet sie zarte Ricottamousse mit Tomaten und *Pistou*, sautiertes Kalbsbries mit Spargelspitzen und Balsamico, mit Ziegenfleisch gefüllte *Cannoli* mit Schinken-Erbsenpüree, eine Komposition aus *Pappardelle* und hauchdünnen Scheiben vom Perlhuhn mit einer Knoblauch-Rosmarin-Parmesansauce sowie Lammkoteletts mit Hahnenkämmen im Speckmantel, dazu ein Püree aus Lauch, Artischocken und Rindermark. Oder filetiertes Täubchen in Schnittlauchhülle mit Portweinsauce, gespicktes Wildschwein mit Taggiascaoliven sowie Schafskäsetortelli mit Saubohnen und Foie Gras mit Artischocken in Hühnerbrühe.

Keine Frage: Das Essen bei Valeria Piccini ist ein Abenteuer! Dafür sorgen ihr Ideenreichtum und ihr Pioniergeist. Raffiniert sind auch ihre leichten und bekömmlichen Desserts, die gänzlich »unitalienisch« sind. So zum Beispiel ein Ingwerparfait mit Pampelmusenzesten, ein glaciertes Mandel-Nuss-Praliné mit Apfelchips und Rumrosinen oder auch wechselnde Schokoladenkreationen, mal mit Bitter-, mal mit Vollmilchschokolade, mal knackig, mal als Mousse oder als Eis, wahlweise mit Amarenakirschen, Cognaccreme, Joghurtsorbet oder mit Orangen in Grand Manier serviert.

Der Abend geht zu Ende und wehmütig nimmt man Abschied von Valeria Piccini, allerding nicht ohne die stilvolle, kompetente Präsentation der Weine durch Maurizio oder Andrea, den Sohn des Hauses, zu würdigen. Die edlen Tropfen machen das Genießerglück perfekt.

Valeria Piccini und ihr Mann Maurizio (gegenüber oben) haben aus dem Da Caino eine der besten Adressen der Toskana gemacht. Valeria mit Maremma-Rindern (ganz oben). Die Gerichte der ehemaligen Chemielaborantin sind verblüffend raffiniert, wie das Lammfilet mit Hahnenkämmen, Lauch und Artischocken (gegenüber unten) oder die Pecorino-Bohnentortelli mit Geflügel-Artischockencreme (oben während der Zubereitung; das fertige Gericht auf der vorhergehenden Seite).

DAS BESONDERE REZEPT VON VALERIA PICCINI

LAMMFILET MIT HAHNENKÄMMEN UND LAUCH

FÜR 6 PERSONEN

ZUBEREITUNGSZEIT: 60 MINUTEN

KOCHZEIT: 90 MINUTEN

ZUTATEN

- 3 zarte Lammfilets
- 2 Karotten
- 2 weiße Zwiebeln
- 2 Stangen Staudensellerie
- 1 Glas würziger Rotwein
- 3 Lauchstangen
- 100 g Gänseleber
- 6 Hahnenkämme
- 2 rote Zwiebeln
- 18 feine Scheiben gesalzene Schweinebacke
- 6 Scheiben Ochsenmark
- Olivenöl extra vergine
- Salz, schwarzer Pfeffer

ZUBEREITUNG

Die Filets aus der Lende des Lamms herauslösen. Mit den Knochen, einer Karotte, einer Zwiebel, einer Stange Staudensellerie und dem Rotwein einen traditionellen Fond zubereiten. Das Weiße des Lauchs in kleine Stücke schneiden, blanchieren und gar kochen. Salzen. Dann die Gänseleber erhitzen und mit dem Lauch zu einem cremigen Mus verrühren, warm stellen.

Die Hahnenkämme in einer Gemüsebrühe blanchieren, die man zuvor aus dem restlichen Gemüse zubereitet hat.

Danach die Kämme in feine Stücke schneiden und in der Brühe garen lassen. Die roten Zwiebeln in 18 Scheiben schneiden und in der Pfanne mit etwas Öl und Salz anbraten. Das Ochsenmark in einer Eisenpfanne anbraten und warm halten.

Die Lammfilets salzen und pfeffern, bei großer Hitze einige Minuten anbraten und im Ofen bei 200 Grad 5 Minuten lang fertig garen lassen.

Jedes Filet mit einem Stück Schweinebacke umwickeln und in 2–2,5 cm dicke Scheiben schneiden. An eine Seite des Tellers drei Zwiebelringe legen, mit Lauchpüree garnieren und eine Scheibe Ochsenmark darauf legen. Die Sauce mit den Hahnenkämmen in die Mitte des Tellers geben und die Lammfiletscheiben darauf anrichten.

CORNELIA POLETTO

HAMBURG

MIT MEDITERRANER KREATIVITÄT UND DEUTSCHER GRÜNDLICHKEIT WERDEN MARKTFRISCHE ZUTATEN IN WUNDERBARE GERICHTE VERWANDELT.

Die zierliche, blonde Frau ist Hamburgerin durch und durch. Die Geheimnisse der modernen Gourmetküche hat sie beim Südtiroler Drei-Sterne-Koch Heinz Winkler gelernt, in dessen Restaurant im oberbayerischen Aschau sie zwei Jahre lang ausgebildet wurde. In Hamburg arbeitete sie dann drei Jahre lang unter Anna Sgroi im Anna e Sebastiano, um schließlich gemeinsam mit ihrem italienischen Ehemann Remigio ein eigenes Restaurant zu eröffnen.

Der hochgewachsene Italiener aus Udine ist auch der Vater ihrer Tochter Paola. Mit seinem südländischen Temperament und ihrer deutschen Gründlichkeit ergänzen sich die beiden perfekt. Diese Symbiose prägt auch ihr im Jahr 2000 eröffnetes Restaurant Poletto. In beiden Speiseräumen dominiert die Farbe Weiß, nüchtern und konsequent wie Cornelias Küche. Die handgeschriebene Karte bietet täglich Neues, hier mischen sich deutsche, französische und italienische Stilelemente. Manches erinnert an die Kindertage (vor allem die Desserts wie die berühmten Griesnocken auf Rhabarberkompott mit cremigem Vanilleeis), prägend ist aber die Vorliebe Cornelia Polettos für beste Zutaten von diesseits und jenseits der Alpen.

Die vor 33 Jahren als Cornelia Diedrich geborene Köchin beherrscht die Kunst, den Eigengeschmack der verwendeten Produkte zu einem harmonischen Ganzen zu verbinden. Ihre Küche ist eine Synthese aus Frische, Leichtigkeit und Kreatitvität. Oft kommt sie selbst aus der Küche, um ihren Gästen etwas zu erklären, aber auch um einen Fisch zu filetieren wie beispielsweise einen prächtigen Wolfsbarsch in der Salzkruste mit einem Püree aus Blumenkohl oder Fenchel, je nach Menü und Saison.

Den Hamburgern sagt man nach, sie seien lutherisch streng, strebsam und nähmen sich keine Zeit für das Mittagessen, da sie immer in Eile (und auf Geschäfte aus) seien. Für Cornelia Poletto nehmen sie sich Zeit. Ihr Restaurant liegt im Szeneviertel Eppendorf, inmitten von Antiquitätengeschäften und Dekoläden und ist tagsüber ein Mekka der trendigen (Geschäfts-)Leute, denen sie ein täglich wechselndes Mittagsmenü anbietet: vielleicht ein kleines Seeteufelsaltimbocca mit Linsen in Balsamico, danach Filets vom Jungkalb auf Kohl und als Nachtisch Frischkäsemousse mit frischem Rhabarberkompott – immer leicht, locker und bekömmlich.

Abends kommt man gerne wegen der nur leicht angebratenen Kalbsfilets auf weißem mariniertem Spargel, der Jakobsmuschelpfanne mit Mangowürfeln, der gebratenen Foie Gras mit dünnen Kartoffelscheiben und einem Salat aus weißen Trüffeln mit einer Vinaigrette. Und die Pasta? Agnolotti oder Tortellini, beide *alla carbonara* zubereitet, mit einer feinen Sauce aus Ei und Südtiroler Speck. Köstlich auch das Spargelrisotto mit Minze und Meereskrevetten. Das Stubenküken mit Steinpilzen und Sellerie in Barolo ist ein eindrucksvoller Beweis für das harmonische Miteinander vermeintlicher Gegensätze: Typisch Deutschem verleiht Cornelia Poletto einen typisch italienischen Geschmack.

An der Seite der blonden Cornelia, der stolzen Mutter der ebenso blonden Paola, steht Remigio, ein Musterexemplar für italienischen Charme. Er spricht mehrere Sprachen und hat schon zu einer Zeit in London gearbeitet, als diese Stadt noch eine gastronomische Wüste war. Es erfüllt ihn mit Stolz und Begeisterung, dass die italienische Gourmetküche über die Grenzen Italiens hinweg auch in Mittel- und Nordeuropa ihren Siegeszug angetreten hat.

Der Guide Michelin Deutschland hat dieser charmanten Küchenchefin nur zwei Jahre nach der Eröffnung des Poletto zu Recht mit einem seiner begehrten Sterne ausgezeichnet. Wie sollte man Cornelia Poletto auch widerstehen können?

Die hübsche Dreissigerin hat zusammen mit ihrem italienischen Ehemann (unten links) ihr in hellen Farben gehaltenes Restaurant in einem Hamburger Vorort (gegenüber, links unten und rechts) zu einer ganz besonderen Adresse gemacht. Ihr Stil greift Elemente der deutschen, französischen und italienischen Küche auf, wie das weisse Spargelrisotto mit Wildgarnelen (unten rechts), die »Agnolotti carbonara« (gegenüber, oben links) oder die Tiroler Dessertvariation mit Erdbeer- und Rhabarbereis (vorhergehende Seite).

DAS BESONDERE REZEPT VON
CORNELIA POLETTO

HANDGEMACHTE TORTELLONI *ALLA CARBONARA*

FÜR 4 PERSONEN
ZUBEREITUNGSZEIT: 30 MINUTEN
RUHEZEIT: 60 MINUTEN
KOCHZEIT: 3 MINUTEN

ZUTATEN

Für den Nudelteig
- 125 g Nudelgrieß
- 75 g Mehl
- 2 Eier
- Salz

Für die Füllung
- 8 Eigelb
- 50 g geriebener Pecorino
- 2 EL geschlagene Sahne
- Salz, Pfeffer aus der Mühle, Muskatnuss

Für den Pancettasugo
- 4 Scheiben Pancetta
- 1 Schalotte
- 1 Knoblauchzehe
- 3 cl Weißwein
- 10 cl Geflügelfond
- 50 g Butter
- etwas glatte Petersilie
- etwas geriebenen Parmesan
- Salz, Pfeffer aus der Mühle

ZUBEREITUNG

Für den Nudelteig alle Zutaten zu einem glatten Teig verkneten. In Klarsichtfolie einwickeln und mindestens 1 Stunde im Kühlschrank ruhen lassen.

Für die Füllung die Eigelbe im heißen Wasserbad schaumig aufschlagen. Danach kalt schlagen. Mit etwas Pecorino, Salz und Pfeffer abschmecken. Ganz zum Schluß etwas geschlagene Sahne unterheben. Kalt stellen.

Den Nudelteig mit der Nudelmaschine dünn ausrollen. Quadrate von 8 mal 8 cm ausschneiden. Jeweils 1 TL Füllung in die Mitte setzen. Die Kanten mit Eiweiß bestreichen und zu Tortelloni formen.

Für den Sugo die Pancetta in Streifen, die Schalotten und den Knoblauch in feine Würfel schneiden.

Die Pancetta in Butter sanft anbraten, die Schalotten- und Knoblauchwürfel dazugeben. Mit Weißwein ablöschen, etwas einreduzieren lassen. Den Geflügelfond dazugeben. Alles mit etwas kalter Butter binden. Petersilie dazugeben und mit Salz und Pfeffer abschmecken.

Die Tortelloni in Salzwasser ca. 3 Minuten kochen. In den Sugo geben, auf Tellern anrichten und mit etwas Parmesan garnieren.

MARIE-FRANCE PONSARD

BELLEVILLE *(LOTHRINGEN)*

AUCH WENN IHR STIL AN LYONS GROSSE KÖCHIN MÈRE BRAZIER ERINNERT: SIE IST LOTHRINGERIN DURCH UND DURCH. DIE TROTZ ALLER AUSZEICHNUNGEN BESCHEIDEN GEBLIEBENE SPITZENKÖCHIN BIETET TRADITIONELLE REGIONALE KÜCHE.

Glamour ist Marie-France Ponsard fremd; nicht selten vergisst man sie daher beim Aufzählen der Spitzenköche Lothringens. Dabei ist sie eine Gallionsfigur für diese Region, wie es früher Mère Brazier für Lyon gewesen ist. Als Tochter eines Metzgers in Pont-à-Mousson geboren, lebt Marie-France seit mehr als 25 Jahren in Belleville und begeistert im Le Bistroquet die Einheimischen, aber auch die durchreisenden Gäste mit ihrer ideenreichen, heimatverbundenen Küche. Verwendet werden nur erstklassige Zutaten, seien es fangfrische Fische, knackiges Gemüse, beste Innereien oder Geflügel, das je nach Jahreszeit auf verschiedene Art zubereitet wird.

Wer sich für ein Menü in ihrem nahe der Mosel gelegenen Bistroquet Zeit nimmt, erfährt einiges über gutes Essen und Trinken. Marie-France Ponsards Küche ist eine gelungene Auswahl an klassischen Gerichten in modernem Gewand: Foie Gras, Täubchen, geschmorte Challans-Ente, Fisch von der Bretagneküste, wilder Rucola, heimische Mirabellen, der warme *Tripier*-Teller vom Kalb (Kopffleisch, Füßchen und Zunge in einer Kräutersauce) oder Langustinenravioli mit Kerbel.

Marie-France ist Autodidaktin. Sie lässt sich vom Produkt inspirieren und gehört damit zu den Spitzenköchen und -köchinnen, die bewusst auf kulinarische Extravaganzen verzichten. Sie liegt ganz auf der Linie von Mère Brazier oder auch Jean Ducloux, dem Nachfolger von Dumaine im Greuze in Tournus: Sie hält genau das, was ihre umfangreiche Karte verspricht. Eine Küche, um mit Bocuse zu sprechen, die man nicht erst »enträtseln muss«.

Inszeniert wird erst im Speisesaal. Dafür sorgt Jean Ponsard, der gestenreich die Tagesgerichte präsentiert. Er ist der Zeremonienmeister des Hauses, der gute Geist, stets freundlich und korrekt. Ihm ist das Interieur im Stil der Zeit um 1900 zu verdanken, das an ein gemütliches Bistro am Montmartre erinnert, er wählt kenntnisreich die Weine aus, steht dem exzellenten Service vor und versteht es meisterhaft, am Tisch den Fisch zu filetieren.

Marie-France Ponsard, die Tochter eines Metzgers aus einem Dorf nahe der Mosel, ist ihrer lothringischen Heimat treu geblieben. Hier hütet sie die Enten (gegenüber oben), die später in ihrer Küche landen (ganz oben rechts). Der Zander wird in Rotwein (oben) oder mit »Kartoffelschuppen« (gegenüber unten) serviert. Wie auch das warme Mirabellensoufflé (vorhergehende Seite) lassen beide Gerichte keinen Zweifel daran, dass man in dem an ein Bistro aus dem 19. Jahrhundert erinnernden Speisesaal hervorragend essen kann (ganz oben links).

Auch bei den Desserts hat er seine Finger im Spiel. Sie sind mal klassisch, mal modern, aber immer ein Genuss. Sie sind das süße i-Tüpfelchen in diesem behaglichen Restaurant, in dem man sich fast wie zu Hause fühlt.

Marie-France Ponsard bietet Jakobsmuscheln in einer Marinade aus Olivenöl und Ingwer, einen Fischteller mit Stockfisch und Hummer, begleitet von einer schmackhaften Sauce, Ente mit saftigen, knackigen Sauerkirschen und mit weißen Rübchen. Das ist eine finessenreiche Küche und dank der mit Essig verfeinerten Saucen leicht bekömmlich.

Mit dieser Grundlage ist man jetzt bereit, einen Blick in die reichhaltige Weinkarte zu werfen, auf der ein Spitzenwein nach dem anderen folgt: zum Beispiel ein Condrieu von Cuilleron mit an Pfirsich und Aprikosen erinnernden Aromen oder Zweitweine aus dem Médoc wie ein Alter Ego von Château Palmer, ein Carruades von Lafitte und ein Dame de Montrose.

Das große Gourmetmenü demonstriert eindrucksvoll, was die Küche Marie-France Ponsards auszeichnet. Klassische und moderne Elemente verbinden sich zu einem harmonischen Ganzen: aus der Schale gelöste Jakobsmuscheln mit Avrugakaviar, Lothringer Foie Gras mit karamellisierten Äpfeln und milden Gewürzen, Süßwasserfische in weißer Buttersauce mit frischem Marktgemüse, danach ein Ziegenkäse aus der Region mit Speck und eine Auswahl an perfekt zubereiteten Desserts.

Nicht entgehen lassen sollte man sich das luftig-leichte Soufflé aus Mirabellenlikör, eine gelungene Hommage an Lothringen. Aber auch die Tagesdesserts sind ein Genuss: eine Mangorosette mit Schokolade und Passionsfruchtcoulis oder knusprige Piemonter Haselnüsse mit karamellisierten Bananen, Javamilchschokolade und Butterkaramell.

Beim Abschied dankt man Jean für seinen zuvorkommenden Service und verabschiedet sich herzlich von Marie-France. Lyon hat für Mère Brazier keine würdige Nachfolgerin gefunden – die Feinschmecker Lothringens dagegen haben das Glück, dass es die Ponsards gibt!

DAS BESONDERE REZEPT VON MARIE-FRANCE PONSARD

ZANDER AUS DER LOIRE MIT »KARTOFFELSCHUPPEN« UND WEISSER BUTTERSAUCE

FÜR 4 PERSONEN
ZUBEREITUNGSZEIT: 35 MINUTEN
KOCHZEIT: 15 MINUTEN

ZUTATEN
· 1 großer Zander
· 40 g geklärte Butter
· 30 g weiße Buttersauce (siehe unten)

Für die »Kartoffelschuppen«
· 4 kleine Kartoffeln

Für die weiße Buttersauce
· 1 Schalotte
· Estragon
· 8 cl Weißwein
· 8 cl Weißweinessig
· 80 g Butter
· Meersalz, Pfeffer

ZUBEREITUNG
Den Zander in 4 Filets schneiden, Haut und Gräten entfernen. Salzen und pfeffern. Die Kartoffeln waschen, mit dem Gemüsehobel längs in 2 mm dünne Scheiben schneiden und 2 Minuten in kochendem Salzwasser garen. Die Filets mit den Kartoffelscheiben bedecken und mit einem Pinsel mit geklärter Butter einstreichen. Den Zander mit der Kartoffelseite nach oben in eine gebutterte Form setzen und in den sehr heißen Ofen geben, 15 Minuten garen.

In der Zwischenzeit die Sauce vorbereiten. In einem Topf die klein gehackte Schalotte, Estragon, Meersalz, Pfeffer, Weißwein und Weißweinessig bei starker Hitze 15 Minuten reduzieren. Dann nach und nach die angewärmte Butter mit dem Schneebesen unterschlagen und die Sauce über den Zander geben.

CARME RUSCALLEDA

SANT POL DE MAR *(KATALONIEN, SPANIEN)*

KAUM VIERZIG KILOMETER NÖRDLICH VON BARCELONA, DIREKT AM MEER, PRÄSENTIERT DIE BESTE KÖCHIN SPANIENS FREUNDLICH UND UNSPEKTAKULÄR EINE KÜCHE AUF HÖCHSTEM NIVEAU, DIE IHREN WURZELN TREU BLEIBT.

Kurze Haare, gertenschlank, ernsthaft und zuvorkommend: Carme Ruscalleda passt nicht so recht in das Bild der europäischen Spitzenköche. Sie ist die einzige Zwei-Sterne-Köchin Spaniens, einem Land, in dem Spitzengastronomie noch immer Männersache ist. In der Tat gibt es neben Carme Ruscalleda nur noch eine andere Köchin mit Stern, nämlich Toni Vicente aus Santiago de Compostela in Galizien, am anderen Ende des Landes. Stehen die spanischen Frauen etwa nur am heimischen Herd? Oder haben sie einfach nicht den Mut, ihre Kunstfertigkeit, ihre Originalität und ihre Kreativität einer breiten Öffentlichkeit zu präsentieren?

Carme Ruscalleda stammt aus einer Bauernfamilie und hat sich das Kochen selbst beigebracht. Ihre Eltern waren ursprünglich Gemüsehändler, heute haben sie eine Metzgerei in ihrem Heimatdorf Sant Pol de Mar. Carmes Küche hat ihren ganz eigenen Stil: leicht, fein, kreativ und handwerklich perfekt. Sie gibt alte Traditionen nicht auf, sondern interpretiert sie neu. Dabei verwendet sie das Beste, was die Region zu bieten hat, vor allem Fisch, aber auch Fleisch und Wild. Bei aller Bodenständigkeit legt sie großen Wert auf zeitgemäße Zubereitung.

Katalonien ist ein Land der Künstler. Salvador Dalí, Antoni Tapiès und Ferran Adria vom Restaurant El Bulli, ein genialer Neuerer, der im Jahr 2000 die Küchenwelt auf den Kopf gestellt hat, sind hierfür gute Beispiele. Kreativität haben die Katalanen im Blut, und Fantasie ist ihre besondere Stärke.

Carmes Vita fällt aus dem Rahmen. Sie eröffnete 1989 ein gutbürgerliches Restaurant in einem kleinen Hotel am Meer, dessen kleiner Garten an der regionalen Eisenbahnlinie liegt. In Sant Pol leben etwa 2 400 Menschen. Bis Barcelona sind es kaum 40 Kilometer. Hier hat Carme den Fischersohn Toni Balam geheiratet. Ihr Restaurant war anfangs nur abends geöffnet, der Service war bescheiden. Doch 15 Jahre und zwei Sterne später ist sie heute von ihren Berufskollegen ohne Einschränkung anerkannt. Von der spanischen

Carme Ruscalleda ist überall: am Strand mit einem frisch gefangenen Drachenkopf (Seite 140), beim Gemüse-Einkauf (ganz oben), in der Küche, wo sie einem Gehilfen beim Garnieren eines Tellers hilft (oben), und bei der geschickten Zubereitung ihrer Meereszikaden-Ravioli (gegenüber oben). Ihre elegante und leichte katalanische Küche geniesst man auf der Terrasse (gegenüber unten) mit Blick auf das Meer und staunt über die pfiffige Präsentation der Käseauswahl (vorhergehende Seite).

Gastrokritik wird sie geradezu in den Himmel gehoben. Carme Ruscalleda bleibt trotz des Lobes bescheiden und vorsichtig. 23 Personen arbeiten in der Küche, um maximal 35 Gäste bekochen zu können: Das Restaurant arbeitet an der Grenze der Rentabilität. Die Qualität ihrer Küche ist das Ergebnis harter Arbeit und über jeden Zweifel erhaben. Der gepflegt wirkende junge Kellner serviert saisonale Gerichte, die sich am jeweiligen Angebot der Region orientieren.

Der kleine Essraum mit Meerblick ist lichtdurchflutet. Im Garten leuchten marineblau gestrichene Bänke. In der großzügigen Küche im Keller des Hauses werden die fangfrischen Fische geschuppt, das Geflügel gerupft und das frische Gemüse sorgfältig geputzt und zerkleinert.

Als Entrée werden Amuses gueules in winzigen Schälchen serviert: Geflügelgeleepastete mit Mandeln und Salat, geräucherte Meerbrasse mit Linsen, Dill und Senf, Wachtelfilet mit getrockneten Aprikosen, Rosinen und Pinienkernen oder salziges Nougat mit kandierten Orangen.

Ein gelungener Auftakt, an den sich eine Taubenkraftbrühe mit Schweineschwanz, gefüllt mit Gemüsechips und frischen Trüffeln, sowie Jakobsmuscheln mit Artischocken und kleinen Kartoffeln anschließen. Danach wird ein meisterlich komponiertes Geschmacksfeuerwerk gezündet: durchsichtige Ravioli, gefüllt mit einer Mischung aus Langustinen, feinen Kräutern, Spinat, Portwein und Stiltonkäse. Es folgen Seegurken (die hier *espardenyes* genannt werden) mit feinem Kartoffelpüree, Zucchini und *Pistou*, Gambasschwänze mit Artischocken, Stockfisch mit einer Beilage aus Eigelb, Quitten und Korinthen und schließlich Hasenfilet mit Pfeffersauce und fein gewürfelten Äpfeln. Der Käse wird stilgerecht in einem bemalten Karton präsentiert, aus dem fünf Sorten Rohmilchkäse nebst passenden Beilagen zum Vorschein kommen: ein *Vache des Asturies* mit Brot, neuem Wein und Zucker, ein vollreifer Mimolette mit einem Milchshake aus Brotfrüchten und gerösteten Haselnüssen, ein Ziegenkäse mit Honig, ein Mignon aus den Ardennen mit einem Sorbet aus Winterendivien und schließlich ein irischer Schimmelkäse mit einer Gelatine aus Banyuls-Wein. Bei den von einem katalanischen Volkslied inspirierten Desserts dominieren Zutaten wie Feigen, Honig, Nüsse und Oliven. Auf die drei Sorten katalanisches Nougat folgen Zitronencreme, Blätterteig aus feinen Nudeln, knuspriges Lakritzegebäck und eine weiße Praline mit Erdbeeren oder eine dunkle Praline mit Orangen.

Ein perfekt durchkomponiertes Menü, zu dem der Wein, meist aus der Gegend zwischen Penedès und Tarragona, ein machtvolles Gegengewicht setzt. Später erscheint Carme, um sich nach dem Wohlbefinden ihrer Gäste zu erkundigen. Das Meer vor Augen und der Bahnhof ganz in der Nähe: Wer will, kann schnurstracks nach Barcelona zurückfahren. Doch die Großstadt gerät in dieser Idylle für einige genussvolle Stunden schnell in Vergessenheit.

DAS BESONDERE REZEPT VON CARME RUSCALLEDA

LANGUSTINENRAVIOLI MIT KNUSPRIGEN SPAGHETTI

FÜR 4 PERSONEN
ZUBEREITUNGSZEIT: 90 MINUTEN
KOCHZEIT: 55 MINUTEN

ZUTATEN

Für die Ravioli

- 16 Langustinen (Schwänze ohne Schale, Köpfe und Schalen für das Öl und das Kochwasser der Spaghetti beiseite stellen)
- 4 Lasagneblätter
- 100 g Schafsfrischkäse
- 2 EL Dill, Basilikum und fein gehackte Schalotten
- 150 g Tomaten aus der Dose
- 2 frische Knoblauchzehen
- 100 g frischer Spinat
- 20 g Butter
- Salz, Pfeffer

Für das Pfefferöl

- 8 Langustinenköpfe
- 4 Peperoncini
- 1 getrocknete Peperoni
- 2 EL Cognac
- 20 cl Olivenöl

Für die Spaghetti

- 150 g Spaghetti
- Köpfe und Schalen von 8 Langustinen
- 4 Tomaten
- 2 Knoblauchzehen
- 2 Petersilienstängel
- 15 cl Sherry

Für die Sauce

- 150 g Parmesan
- 35 cl flüssige Sahne

ZUBEREITUNG

Langustinen schälen, Schwänze kühl stellen, Köpfe beiseite legen.
Das Pfefferöl: 8 Langustinenköpfe zerkleinern und in reichlich Olivenöl anbraten, alle Pfefferschoten (entkernt und geschnitten), den Cognac und 20 cl Olivenöl hinzugeben, bei niedriger Hitze 10 Minuten köcheln lassen, abgießen und passieren.
Das Kochwasser der Spaghetti: Den Rest der Köpfe und die Schalen in 4 EL Olivenöl anrösten, die zerkleinerten Tomaten, die zerdrückten Knoblauchzehen, Sherry und Petersilie zugeben, 10 Minuten kochen lassen, dann 3 l Wasser dazugeben, weitere 20 Minuten kochen. Salzen und pfeffern. Durch ein Sieb geben, die Flüssigkeit auffangen. Wieder aufkochen lassen und die Spaghetti 5 Minuten länger als auf der Packung angegeben kochen, abtropfen lassen und beiseite stellen.
Die Ravioli: Frischkäse und Kräuter vermengen und die Tomaten mit 3/4 des Pfefferöls mischen. Die Lasagneblätter etwas kürzer kochen lassen als auf der Packung angegeben. Den Ofen auf 190 Grad vorheizen.
Die Sauce: Die Sahne mit dem Parmesan aufkochen lassen, den Spinat entstielen und in heißer Butter anbraten, salzen, pfeffern.
Auf jedes Lasagneblatt erst Spinat, dann die Tomaten in Pfeffersauce und zum Schluss den Frischkäse schichten. Die gesalzenen und gepfefferten Langustinen mit dem restlichen Pfefferöl übergießen und den in kleine Scheiben geschnittenen Knoblauch darüber verteilen. Jeden Raviolo wie ein Päckchen verschließen und 3 Minuten in den Ofen schieben. Unterdessen die Spaghetti in Olivenöl knusprig frittieren, die Ravioli aus dem Ofen nehmen und auf den Teller mit der warmen Parmesansauce legen. Mit den frittierten Spaghetti servieren.

REINE SAMMUT

LOURMARIN *(PROVENCE)*

REINE SAMMUT IST DIE KÖNIGIN DER KÜCHE DES LUBÉRON. DABEI IST SIE GAR KEINE PROVENZALIN! DOCH INZWISCHEN IST SIE ENG MIT IHRER NEUEN HEIMAT VERBUNDEN UND GILT ALS KULINARISCHE BOTSCHAFTERIN DER REGION. EINE FAMILIENGESCHICHTE.

Der Star der provenzalischen Küche ist eine zierliche Frau aus Frizon in Lothringen. Als Tochter eines Grenzbeamten wuchs sie in den Wäldern der Vogesen auf, in der Region zwischen Mosel und Saar. Doch von dieser Vergangenheit ist heute nur noch wenig zu spüren. Das hängt vor allem mit der halb maltesisch, halb tunesischen Familie ihres Mannes zusammen. Reine Sammuts Küche ist typisch provenzalisch. Dazu gesellt sich ein italienischer Akzent, der von den inspirierenden Ausflügen zu ihrem Freund Fulvio Pierangelino herrührt, dessen Gambero Rosso im toskanischen San Vincenzo mit zwei Michelin-Sternen ausgezeichnet ist. Von dort hat sie zum Beispiel die Idee für Tomatenravioli und das Krustentierrisotto mitgebracht.

Tatsächlich gelingt es niemandem so gut wie dieser Köchin aus dem Nordosten Frankreichs, den kulinarischen Geist des Südens einzufangen. Reine Sammut ist heute der Inbegriff provenzalischer Küche und bei allem Lob einfach, bescheiden und sympathisch geblieben. Gelernt hat sie ihr Fach bei der Schwiegermutter und sich dann ständig weitergebildet. Die für den Süden typische Kochmütze auf dem Kopf, zaubert sie mit leichter Hand fantasievolle regionale Gerichte, mit denen sie die Gäste ihrer Auberge La Fernière begeistert.

Ob Edelfisch, Heuschreckenkrebs, Muscheln oder Tintenfisch, ob Fleischgerichte oder köstliche Desserts: Hier wird meisterlich provenzalisch gekocht.

Ihr Mann Guy ist das vor Ideen übersprudelnde Gegenstück. Er sieht aus wie ein in die Jahre gekommener Rocker aus den 1960er Jahren und ist voller Begeisterung für die Kreationen seiner Frau. Täglich wechseln die Gerichte, sie orientieren sich am saisonalen Angebot frischer Produkte auf den Märkten in Pertuis, Apt und Cadenet. Opulent, raffiniert, mal leicht, mal deftig spiegeln sie die Landschaft des Lubéron wieder. Frische Kalbsinnereien, Spargel aus Lauris, Trüffel aus Tricastin, Mandeln aus Cadenet sowie tagesfrische Gemüse und Kräuter vom örtlichen Markt sind im La Fenière selbstverständlich. Gönnen Sie sich den Genuss, sich in einem der sieben zwar einfachen, aber freundlichen Zimmer einzumieten, sich auf die Terrasse zu setzen und es sich gut gehen zu las-

Guy und Reine Sammut (oben rechts) haben ihren Traum verwirklicht, das La Fenière vom Zentrum Lourmarins ins Grüne an die Strasse nach Cadenet zu verlegen. Nach dem Genuss eines provenzalischen Menüs kann man es sich im Sommer mit einem Glas Wein und der Lokalzeitung im Garten bequem machen (gegenüber links). Frittierte Flügelstücke mit Knoblauchgelee (oben Mitte), Thunfischfilet mit »Poutargue« und Kräutersalat (gegenüber rechts) oder knusprige »Cannoli« mit Brousse und Honigeis (vorhergehende Seite) sind nur einige Beispiele der neuen regionalen Küche à la »Reine Sammut«, der Adoptiv-Provenzalin aus Lothringen.

sen. Jetzt ist es Zeit für das Menü: Erbsensuppe mit Morcheln und Speck, mit Schnittlauchcreme gefüllte Zucchiniblüten mit jungen Zucchini, frittierte Auberginen mit Paprika, gebackenen Tomaten und Sardinenfilets in Olivenöl. Danach der deftige, mit Kräutern panierte Pansen auf Kichererbsenpüree mit Kreuzkümmel und wahlweise ein Risotto mit Frühlingsgemüse oder ein Safranrisotto mit kleinen Tintenfischen.

Der gebratene Seewolf mit Zitronenconfit, das Zickleinragout mit feinem Weizengrieß und Innereienspieß oder auch das mit Aprikosensauce überzogene Mandelgebäck (*Calissons*) lassen erkennen, dass dieses einfache Restaurant inmitten von Lavendelfeldern, von dem man einen guten Blick auf die Berggipfel des Lubéron und auf das nahe Tal der Durance hat, etwas ganz Besonderes ist.

Abgerundet wird das gelungene Gesamtbild durch den zuvorkommenden jungen Service. Diese südliche Küche bringt harmonisch die Produkte der Region zusammen. Die Aromen der Provence, die Anleihen beim benachbarten Italien, die mediterranen Elemente, die wiederbelebten und verjüngten Traditionsgerichte: Auf der sonnenüberfluteten Terrasse mit Blick auf die weite Landschaft oder im hellen und modernen Speisesaal genießt man hohe Kochkunst.

Die Bouillabaisse, Tortellini mit Ricotta und Heuschreckenkrebsen, Dinkelgnocchi mit Seewolf und Spargeln, Lammcarré, Kalbsnierenbraten, geschmortes Kalbsbries, Trüffelroulade und Frischkäse mit Trüffeln und Rucola-Endiviensalat sind wunderbare Geschmackserlebnisse. Ergänzt werden sie durch köstliche Desserts wie das ursprünglich aus Lothringen stammende *Omelette norvégienne*, das hier mit Trüffeln serviert und mit einem Marc aus der Provence flambiert wird. Anmutig und leicht schmecken die Blätterteigbrezeln mit Früchten und Orangenblüten oder das raffinierte Apfel-Birnenkompott mit Zimt.

Die einzelnen Gänge werden harmonisch von Weinen aus der Provence und dem Rhônetal, dem nahen Ventoux und dem Var sowie von jungen Weißen, Roten und Rosés aus dem Lubéron begleitet, aber auch von erlesenen Weinen aus der Region (beispielsweise einem Spitzenjahrgang des dunkelroten Château de la Verrerie, der einem Côte Rôtie ähnelt). Reine Sammuts Küche ist ehrlich und ungezwungen, bei ihr isst man wie bei guten Freunden. Sie ist die Königin der provenzalischen Sonnenküche!

DAS BESONDERE REZEPT VON REINE SAMMUT

THUNFISCHFILET
MIT *POUTARGUE* UND KRÄUTERSALAT

FÜR 4 PERSONEN
ZUBEREITUNGSZEIT: 25 MINUTEN
KOCHZEIT: 2–3 MINUTEN

ZUTATEN
- 600 g Thunfischfilet
- 20 cl Olivenöl
- 30 g *Poutargue* (in feine Scheiben geschnittener gepresster Fischrogen)
- 100 g kleine Tintenfische
- 10 cl guter Weinessig
- 30 g Dill, Kerbel, Schnittlauch
- Salz, Pfeffer
- Meersalz und zerstoßener weißer Pfeffer

ZUBEREITUNG
Das Thunfischfilet in der Pfanne 2–3 Minuten in etwas Olivenöl auf allen Seite anbraten und abkühlen lassen.
Unterdessen die in Streifen geschnittenen und blanchierten Tintenfische im restlichen Olivenöl anbraten, salzen und pfeffern.
Aus dem Weinessig, Salz und Pfeffer eine Vinaigrette bereiten.
Das Thunfischfilet in 1/2 cm dicke Scheiben schneiden, je 5 Scheiben auf einem Teller verteilen und jeweils eine Scheibe *Poutargue* darauf legen. An den Seiten die Tintenfische und die fein gehackten Kräuter anrichten und mit der Vinaigrette übergießen. Den Thunfisch mit Meersalz und weißem Pfeffer würzen.

NADIA SANTINI

CANNETO SULL'OGLIO *(LOMBARDEI, ITALIEN)*

FÜR EINIGE IHRER BERUFSKOLLEGEN IST DIE DREI-STERNE-KÖCHIN »DIE BESTE KÖCHIN DER WELT«. NADIA SANTINI VERWANDELT KÜRBISTORTELLI, PERLHUHNRAVIOLI UND ANDERE ITALIENISCHE SPEZIALITÄTEN IN KULINARISCHE ERLEBNISSE.

Das kleine Dorf Runate liegt inmitten grüner Wiesen und Reisfelder im Herzen der Po-Ebene. Hier, zwischen Cremona und Parma, Verona und Mantua, gibt es viele gut erhaltene Dörfchen mit Burgen, gezackten Türmen und malerischen Plätzen.

Eine Region für Feinschmecker: Nicht weit von Runate liegt Zibello, die Heimat des berühmten *Culatello*, eines der zartesten Schinken der Welt. Aus der Lombardei stammen auch der Grana Padano, ein naher Verwandter des Parmesan, und *Sbrisolona* genannte Mandelbiskuits. Der kulinarische Höhepunkt der Gegend ist ein kleines efeuberanktes Restaurant namens Dal Pescatore. Hinter den Pforten des »Fischerhauses« wartet das Paradies.

Hier tafelt man in heimeliger Atmosphäre inmitten von Bücherregalen, Nippes und alten Werkzeugen, umsorgt von einem zuvorkommenden Service. Das Restaurant mit schönem Parkettboden, blassgelben Wänden und der säulenumrahmten Terrasse im Innenhof bietet dreißig großzügig angeordnete Plätze. über das Wohl der Gäste wacht Antonio Santini, Gastgeber und guter Geist des Hauses, während seine Frau Nadia zusammen mit Schwiegermama Bruna und Sohn Giovanni in der Küche das Sagen hat.

Bereits in den 1920er Jahren betrieb Antonios Großvater hier ein Restaurant. Heute hat es im Guide Michelin Italia drei Sterne für die Küchenleistung und vier rote Bestecke für Komfort, Charme und Gesamteindruck. Mit den begehrten drei Sternen dürfen sich in Italien neben Nadia Santini nur noch drei weitere Köche schmücken: Luisa Valazza aus Soriso (siehe S. 165), Annie Feolde aus der Enoteca Pinchiorri in Florenz (siehe S. 61) und schließlich Massimiliano Alajmo aus dem Le Calandre in Rubano nahe Padua.

Antonio und Nadia Santini führen das Pescatore mit einer Mischung aus Disziplin und Heiterkeit. Die beiden Feinschmecker haben erst über einen Umweg in die Gastronomie gefunden. Sie studierten Politikwissenschaft in Mailand, Nadia hatte daneben noch ein Diplom in Ernährungswissenschaften gemacht. Nach dem Studium übernahmen sie gemeinsam das Restaurant von Antonios Mutter Bruna, die auch heute noch in der Küche steht, gewissenhaft, streng und wortkarg. Bruna ist in Sachen Pasta nach wie vor uner-

Nadia Santini ist der unbestrittene Star unter den italienischen Köchinnen, hier konzentriert bei Hochbetrieb in der Küche (unten). Verschiedene Sorten frischer Pasta sind auf Holztabletts vorbereitet (links). Auch das Brot wird selbst gebacken (gegenüber links). Ein Lehrling bringt eifrig das benötigte Gemüse aus dem Garten (gegenüber rechts).

reicht, während die schüchterne Nadia den Stil des Hauses verfeinert und die Karte um neue Gerichte erweitert hat.

In Runate war das Kochen schon immer Sache der Frauen. Bruna hat das Küchenzepter von Teresa übernommen, der Frau des Fischers Antonio. Brunas Ehemann Giovanni war immer dort, wo er gerade gebraucht wurde, mal bei den Gästen, mal in der Küche. Auch heute wird die traditionelle Rollenverteilung fortgeführt. Die Autodidaktin Nadia versteht es meisterhaft, die regionale Küche so zu interpretieren, dass sich Tradition und Kreativität ergänzen: Die Pasta ist hausgemacht, die Saucen sind perfekt, die Aromen ausgewogen.

Im Pescatore verlässt man sich gerne auf die Menüvorschläge des Hausherrn. Präzise beschreibt Antonio Santini die Tagesgerichte und stellt gekonnt die Weinkarte vor. Als Entrée empfiehlt er die auf der ganzen Welt berühmten Parmesan-*Tuiles*. Man erinnere sich an die Worte des berühmten Bocuse, der drei Tage hintereinander im Dal Pescatore zu Gast war und auf die Frage, was er so lange dort gemacht habe, antwortete: »Ich habe gegessen.« Sein Fazit lautete: »das beste Restaurant der Welt«.

Heute erwartet uns eine Hummer-Lachsterrine mit bestem Olivenöl und Kaviarkörnern, gekochter Aal mit Orangenaroma, Schnecken-Steinpilzsuppe mit Farfalle und schwarzen Norciatrüffeln. Es folgen Fettuccine mit knusprigen *Calamaretti* und Gemüsen der Saison, Artischocken-Safranrisotto oder Büffelmozzarella-Tortelli, bestreut mit Parmesan und weißem Albatrüffel.

Noch lange kann man die wunderbaren Aromen im Mund nachschmecken. Diese ursprünglich einfachen Gerichte sind Edelleuten würdig – oder umgekehrt. Antonio empfiehlt dazu einen Sauvignon aus dem Friaul, einen Pergole Torte von Montevertine aus der Toskana oder einen Barolo Sperss von Gaja aus dem Piemont. Zu den Desserts passt wunderbar ein nobler venezianischer Soave Capitel Foscarino von Anselmi. Doch vor dem Dessert warten noch ein Wolfsbarsch aus dem Backofen und Kalbshaxe mit Oreganokruste mit einer gelben Polenta und einem Hauch Kartoffelpüree.

Den gelungenen Abschluss bilden der warme Flan »Fragolino« und ein Sorbet aus frischen Früchten der Saison oder auch eine köstliche Variation von Venezuelaschokolade aus dem Hause Amadei, ein zugleich knackiger und zarter Genuss. Ein Menü bei Nadia Santini ist mehr als nur ein Essen: Sie nimmt ihre Gäste mit auf eine kulinarische Reise durch die Lombardei, mit gelegentlichen Stippvisiten in die Emilia-Romagna – serviert in einem kleinen, charmanten Restaurant in der Po-Ebene.

Mit ihrer Schwiegermutter Bruna begutachtet Nadia die täglich frisch zubereitete Pasta (unten und gegenüber unten). Beide sind Garanten für die hervorragende Qualität der Küche. Bevor man sich in einem der eleganten Speisesäle des Landhauses niederlässt, gönnt man sich ein Glässchen im Salon (gegenüber, oben links). Später werden ein gerade im Fluss hinter dem Haus gefangener Hecht (gegenüber, oben rechts), frische Früchte in Waldfrüchtetee (Seite 149) oder »Ravioli verdi« (gegenüber unten) serviert.

DAS BESONDERE REZEPT VON NADIA SANTINI

HECHT IN OLIVENÖL MIT PETERSILIE, SARDELLEN UND KAPERN

FÜR 4 PERSONEN

ZUBEREITUNG 20 MINUTEN

KOCHZEIT: 25 MINUTEN

ZUTATEN

- 1 Hecht, ergibt 4 Filets à 150 g
- Saft einer halben Zitrone
- 1 Stange Sellerie
- 1/2 halbe Fenchelknolle
- Salz

Für die Sauce

- 2 Stängel glatte Petersilie
- 1 TL Kapern
- 1 Knoblauchzehe
- 1/2 Sardelle
- 15 cl Olivenöl extra vergine vom Gardasee

ZUBEREITUNG

Den Fisch in eine Pfanne mit kaltem Wasser geben; er sollte bedeckt sein. Sellerie und Fenchel in Scheiben schneiden und zusammen mit dem Zitronensaft zum Fisch geben, salzen und aufkochen lassen. Vom Herd nehmen und abkühlen lassen.

Die gehackte Petersilie, die gehackten Kapern, Knoblauch und die zerkleinerte Sardelle in einen Topf geben, das Ganze mit Olivenöl bedecken und aufkochen lassen. Sobald die Sauce kocht, in eine Sauciere füllen, damit die Petersilie ihre Farbe behält.

Den Hecht aus dem Wasser nehmen, filetieren, in 4 Stücke teilen und mit der Sauce und gegrillter Polenta servieren.

ANNA SGROI

HAMBURG

EINE SIZILIANERIN BRINGT DEN HAMBURGERN DIE KÜCHE IHRER HEIMAT NÄHER.

Die bei Palermo geborene Anna Sgroi war die erste italienische Chefköchin in Deutschland mit Stern. Damals führte sie das Restaurant Anna e Sebastiano in einem schicken großbürgerlichen Viertel im Norden der Hansestadt. Dann trennte sie sich von Sebastiano, übernahm ein Restaurant in der Langen Reihe im ehemaligen Arbeiterviertel St. Georg im Zentrum unweit der Kunsthalle und des Hauptbahnhofs und gab ihm den Namen Sgroi.

Bevor sie nach Deutschland ging, arbeitete Anna in Mailand im Friseurhandwerk. Doch dann lernte sie den Musiker Sebastiano und mit ihm ihre wahre Passion kennen, das Kochen. Als Sebastiano nach Hamburg ging, um dort mit einem Freund als Musiker zu arbeiten, ging sie mit ihm. Gemeinsam eröffneten sie das Anna e Sebastiano, ein edles und modernes Restaurant, mit dem sie schnell Erfolg hatten.

Anna Sgroi hat sich das Kochen selbst beigebracht. Sie verlässt sich auf ihre Intuition und auf das, was sie in der heimischen Küche gelernt hat. Bei Marchesi in Mailand, dem ersten Drei-Sterne-Koch Italiens, sollte sie einmal ein zweiwöchiges Praktikum absolvieren – geblieben ist sie ganze drei Tage.

Von den Fenstern ihres neuen Domizils in der Langen Reihe blickt man auf einen kleinen quadratischen Platz. Das Ambiente des Sgroi mit gerade einmal 15 Holztischen wirkt puristisch, ohne Schnickschnack, mit Marmorfußboden und fast kahlen Wänden. Hier herrscht jeden Abend Hochbetrieb. Anna Sgroi bietet ihren erwartungsvollen Gästen italienische Küche vom Feinsten: Meeresfrüchtesalat, in Olivenöl gegrilltes Gemüse, Radicchiorisotto und Spaghetti mit Venusmuscheln.

Das Öl, das Gemüse – Anna Sgroi bezieht fast alles direkt aus Italien. »Die Kartoffeln aber nicht«, sagt sie lachend und bestätigt, dass auch die deutschen Produkte inzwischen von bester Qualität sind. So kommt ihr Kalbfleisch aus Schleswig-Holstein und das Geflügel von einem Hof an der Ostsee.

In Hamburg gibt es etwa 200 italienische Restaurants. »Wirklich italienisch kochen aber nur fünf oder sechs«, meint Anna und fügt hinzu, dass viele ihrer nach Deutschland ausgewanderten Landsleute »Nudeln mit Tomatensoße und Pizza auf die Speisekarte setzen und ihren Gästen erzählen, das sei italienische Küche«.

Die italienische Gourmetküche feiert in Deutschland auch anderswo große Erfolge. Gute Beispiele sind das Da Gianni, ein ehemaliges Zwei-Sterne-Haus in Mannheim, das Vigna in Sulzburg, früher mit einem Stern dekoriert, die Osteria Enoteca in Frankfurt und vor allem das Acquarello in München. Diese Erfolgsgeschichte zeigt, wie groß die Sehnsucht der Deutschen nach dem sonnigen Süden und nach mediterraner Lebensart ist.

Diesem Bedürfnis kommt Anna Sgroi schon bei der Auswahl ihrer Zutaten nach. Hochwertiges Gemüse, Olivenöl, Krustentiere – vieles kommt direkt aus Italien. Auch die hervorragenden Weine stammen allesamt aus ihrem Heimatland.

Gemeinsam mit ihrer kleinen Küchenmannschaft zaubert die Autodidaktin für ihre Gäste mariniertes Tintenfischcarpaccio mit Zwiebeln in Weißwein, Kaninchenravioli auf ligurische Art mit Oliven und Kartoffeln, pikanten Risotto mit Radicchio, Foie-Gras-Ravioli auf Spinat, umbrische *Strozzapreti* mit Perlhuhnragout sowie Wolfsbarschfilet mit Quetschkartoffeln und Kresse.

Weitere Beispiele aus ihrer ideenreichen Karte sind Jakobsmuscheln in Kohlhülle mit Balsamico und knusprig gebratene Ente mit Polenta. Begleitet werden die köstlichen Gerichte von einem weißen Vernaccia aus San Gimignano, einem Regaleali aus Sizilien, einem toskanischen Nobile de Montepulciano oder einem Dolcetto d'Alba aus dem Piemont. Die klassischen Desserts sind gleichermaßen verlockend: opulente sizilianische *Cannoli*, glacierte Mandeltarte, Mousse aus Erbeeren und Zitronen, Feigen in Rotwein mit Vanilleeis, Birnen-Aprikosenblätterteig mit Nusseis.

Die Hamburger Feinschmecker wissen es zu schätzen, dass ihnen Anna Sgroi die Küche ihrer Heimat an die Elbe bringt. Ihr jeden Abend gut besuchtes Restaurant in der Langen Reihe ist dafür der beste Beweis.

Anna Sgroi ist reine Autodidaktin. Am wohlsten fühlt sie sich in ihrer Küche (gegenüber, oben rechts). Das Ambiente ist klar, weiss und schnörkellos (unten links), in der charmanten Bibliothek kann man seine Zigarre geniessen (gegenüber unten). Drei typische Rezepte: Jakobsmuscheln im Salatblatt mit jungen Artischocken und Rotweinsauce (vorhergehende Seite), Blätterteiggebäck mit Birnen und Aprikosen (unten rechts) und warmes Tintenfischcarpaccio mit Salat von grünem Spargel und Austernpilzen (gegenüber, oben links).

DAS BESONDERE REZEPT VON ANNA SGROI

BIRNE UND APRIKOSEN IN BLÄTTERTEIG MIT MANDELEIS

FÜR 4 PERSONEN
ZUBEREITUNG: 30 MINUTEN
KOCHZEIT: 35 MINUTEN

ZUTATEN
- 300 g Blätterteig
- 400 g Williamsbirnen, reif, geschält, grob gewürfelt
- 400 g Aprikosen, geschält, grob gewürfelt
- Saft einer Zitrone
- 20 g Mandeln, gehobelt
- 40 g Zucker
- 10 cl Prosecco
- 100 g Konditorcreme
- 2 Eigelb
- Mehl

ZUBEREITUNG

Birnen und Aprikosen mit Zucker, Zitronensaft und Prosecco 10 Minuten lang vorsichtig kochen. Flüssigkeit abgießen. Konditorcreme und Mandeln zum Obst geben. Backofen auf 220 Grad vorheizen.

Blätterteig auf einer bemehlten Arbeitsplatte zu einem Rechteck ausrollen und die ganze Fläche mit Eigelb bestreichen und auf ein beschichtetes oder gebuttertes Backblech legen. Auf einer Hälfte einen breiten Streifen mit dem Obst belegen und den Teig einrollen. Die Enden zusammendrücken. Obere Fläche mit Eigelb bestreichen.

Für ca. 25 Minuten in den Backofen geben. Mit Puderzucker bestäuben und mit Mandeleis servieren.

SUZEL

RINGENDORF *(ELSASS)*

EIN VERWUNSCHENES HAUS MIT EINER GUTEN FEE HINTER DEN TÖPFEN:
IM HERZEN DES HANAUER LANDES NAHE STRASSBURG,
MITTEN IM SCHÖNEN NORDELSASS, HAT SICH SUZEL IHR EIGENES REICH GESCHAFFEN.
EINE ENTDECKUNG!

Eine märchenhafte Landschaft mit Weinbergen, grünen Hügeln und kleinen Wegen am Fuß der nördlichen Vogesen, eine Postkartenidylle dreißig Kilometer nordwestlich von Straßburg: Hier liegt das Ferme de Suzel. Der kleine Ort Ringendorf mit seinen hübsch bemalten Fachwerkhäusern ist leicht mit dem Städtchen Ringeldorf ganz in der Nähe zu verwechseln – aber nur dem Namen nach. Nicht weit entfernt liegt auch Kirrwiller mit seiner berühmten Music Hall Adam Meyer, einer Art Moulin Rouge in der Provinz.

Hier in Ringendorf mit seinen ringformig angeordneten Straßen findet sich an jeder Ecke ein Schild, das auf das Ferme de Suzel hinweist, verfahren kann man sich nicht. Und dann taucht es auf, das Hauptgebäude mit seinen altmodischen Speiseräumen mit holzvertäfelten Wänden und Parkettfußboden, dem Balkon und der kleinen Veranda. Nebenan befindet sich ein kleines Gästehaus. Man wähnt sich im nahen Elsass-Museum in Straßburg, in dem sieben Kilometer entfernt liegenden Bousewiller oder in Haguenau, so typisch elsässisch sieht es hier aus.

Ein rot lackierter alter Vorratsschrank mit Blumenmotiven, Vitrinen voller Hüte, mit historischen Kleidungsstücken, Schleiern, Spitzenhäubchen, altem Spielzeug, Steinguttellern, kostbarem Kristall aus Hartzwiller oder Portieux sowie für das Elsass typische blau oder rot gestreifte Stoffe – das Ganze ähnelt eher einer Theaterkulisse als einem Restaurant.

Regie führt eine Lokalpatriotin. Als Tochter russischer Eltern wurde sie in Sarreguemines in der Provinz Moselle geboren. Schon früh begeisterte sie sich für die Schönheit ihrer Heimat zwischen Vogesen und Rhein, für die Geschichten von Erckmann-Chatrian und die Bilder von Hansi. Lange Zeit führte sie im malerischen Viertel Petite France in Straßburg einen kleinen Teesalon namens Suzel, der so erfolgreich war, dass man sie irgendwann nicht mehr mit ihrem richtigen Namen Odette Jung ansprach, sondern mit Suzel. Bekannt gemacht haben sie damals ihre Obst-, Schokoladen- und Streuselkuchen sowie die herrlich zarten Baisers mit einer luftigen Sahnefüllung. Nach und nach nahm

Odette Jung, genannt Suzel, ist in der Küche und im Service präsent. Sie serviert ein Küken im Schmortopf (unten), hat die Qualität der Desserts und das Wohlergehen der Gäste in ihrem hübsch renovierten Gasthaus im Herzen des elsässischen Ringendorf (gegenüber) im Auge. Zwei Gerichte: Wachtel mit Steinpilzen (vorhergehende Seite) und ein kulinarischer Gruss mit Karottensaat, Munster-Käse und Rettich (links).

sie auch salzige Gerichte auf die Karte: warmer Räucherlachs, dazu Kartoffelsalat mit Dill und Frischkäse mit Kräutern oder einen Geflügeleintopf. Schließlich verließ sie Straßburg und zog in ihr Traumhaus ins Hanauer Land.

Umgesetzt wurde Suzels Idee vom Traumhaus von dem Holzkünstler Bernard Demay, dessen Werke in seinem Atelier in Zutzendorf (das er gemeinsam mit seiner Frau Christine betreibt) und in seiner Galerie La Cour Renaissance in Straßburg zu bewundern sind. Er gestaltete die Inneneinrichtung mit den Holzvertäfelungen und dem Parkett. Für die passende Inneneinrichtung sorgte Suzel selbst. Alles, was sie in vielen Jahren gesammelt hatte – Steinguttöpfe, Backtröge, Geschirr, Bilder und Skulpturen – fand hier seinen Platz.

In dieser märchenhaften Umgebung ist die Küche das Tüpfelchen auf dem i, eine Hommage an die Küche aus Großmutters Zeiten. In ihrer Jugend hat sich die Autodidaktin Odette Jung wahre »Kochduelle« mit ihrer Großmutter geliefert, deren Können sie unbedingt übertreffen wollte. Das Ergebnis kann sich sehen lassen: eine nur leicht angebratene Foie-Gras-Terrine mit *Sauce Cumberland*, eine Pfanne frischer Pilze mit Sauerrahm und pochiertem Ei sowie Perlhuhnbrust auf Sauerkraut; im Winter gibt es Wild, im Sommer Salat mit gegrillten Muscheln.

Außerdem locken lauwarm servierte Schweinsfüße mit kleinen Gurken und kleinen Zwiebeln, in der Folie gegarter Zander mit Sauerampfer, dazu ein Auflauf aus frischen Marktgemüsen und Wildreis, in Kräutersud gedünstete Forelle mit Butter und Mandeln

Im Gasthaus ihrer Träume hat Suzel (gegenüber links) ein kleines Museum des Kunsthandwerks und elsässischer Traditionen eingerichtet, mit Trachten (oben links), Kaffeeschalen (oben rechts), elsässischen Stoffen, Bildern und Holzobjekten. Vorher führte sie im Strassburger Viertel Petite France einen Teesalon. Daher rührt ihre Vorliebe für traditionelles Backwerk wie die Biskuittorte nach Grossmutterart (gegenüber rechts).

und schließlich Wolfsbarschauflauf mit Gewürztraminersauce. Außer am Wochenende ist das Restaurant nur abends geöffnet, an schönen Tagen wird im Freien serviert.

Das Ferme de Suzel ist noch ein Geheimtipp (im Guide Michelin ist das Restaurant nicht erwähnt). Hier speist man in gemütlicher Atmosphäre an schön eingedeckten Einzeltischen und genießt in Knoblauchbutter gegarte Schnecken, die in einer Muschelschale auf Salzkruste serviert werden, Geflügelleberterrine und sautierte Champignons mit pochiertem Ei, in der Folie gekochte Blutwurst mit Äpfeln, in Folie gegarten Lachs im Sauerampfermantel, Hühncheneintopf mit Nudeln, Kalbsragout und fangfrische Forelle aus dem Ofen. Zeitlose Gerichte, die aus vergilbten Kochbüchern zu stammen scheinen und von einer Spitzenköchin wieder zum Leben erweckt werden.

Suzel kocht mit einer kleinen ausschließlich weiblichen Küchenmannschaft. Dem elsässischen Nationalgericht *Choucroute* verleiht sie mit einem Hauch Erdbeeressig eine durchaus passende süßsaure Geschmacksnote. Die kunstvoll zubereiteten Desserts sind eine Zeitreise zurück in die Kindheit: Erdbeer-, Himbeer- oder Heidelbeertarte, zarte Baisers mit Früchten und Sahne, ein Vacherin mit Vanille und Mango. Die Weine zum Menü kommen aus dem Elsass, spritzige Silvaner, rassige Rieslinge, opulente Gewürztraminer, schwere Tokaier, frische Muskatweine oder ein besonders fruchtiger Pinot Noir.

Bei Suzel gehen die Uhren anders. In ihrem gastlichen Haus mitten im Elsass vergisst man gerne die Zeit.

DAS BESONDERE REZEPT VON SUZEL

BISKUITTORTE NACH GROSSMUTTERART

FÜR 6 PERSONEN
ZUBEREITUNGSZEIT: 45 MINUTEN
BACKZEIT: 1 STUNDE
KÜHLZEIT FÜR DIE CREME:
4 STUNDEN

ZUTATEN

Für den Biskuit
· 6 Eier
· 250 g Zucker
· 2 Päckchen Vanillezucker
· 1 Päckchen Backpulver
· 150 g Mehl
· 50 g Stärke
· 20 g Butter

Für den Belag
· 500 g gemischte rote Früchte (Erdbeeren, Himbeeren, rote und schwarze Johannisbeeren)
· 3 Stängel Minze

Für die Vanillecreme
· 50 cl kalte Milch
· 5 frische Eigelb
· 100 g Zucker
· 1 Vanilleschote

ZUBEREITUNG

Den Backofen auf 150 Grad vorheizen. Die Eier trennen, das Mehl und die Stärke sieben und beiseite stellen. Eigelb und Zucker so lange kräftig mit dem Schneebesen schlagen, bis eine klare und schaumige Masse entsteht. Vanillezucker und Backpulver zugeben. Das Eiweiß zu festem Schnee schlagen. Die Ei-Zuckermasse mit dem Mehl vermischen und den Eischnee unterheben, damit die Masse locker bleibt. Eine Biskuitform einfetten, den Teig einfüllen und 1 Stunde backen. Aus der Form nehmen und auf einem Gitter abkühlen lassen.

Während der Backzeit die Vanillecreme zubereiten: Die Vanilleschote längs einschneiden, in die Milch geben und aufkochen lassen, vom Herd nehmen, zudecken und 10 Minuten ziehen lassen. Eigelb mit dem Zucker verquirlen, bis die Masse weiß wird, nach und nach die Milch zugeben. Auf den Herd stellen und erwärmen. Dabei ständig mit einem Holzlöffel umrühren, die Creme darf nicht kochen. Sobald sie am Löffel hängen bleibt, in eine Schüssel geben und abkühlen lassen. Danach mindestens 4 Stunden in den Kühlschrank stellen.

Für den Belag die Früchte sortieren, waschen und abtropfen, Stiele entfernen. Den Biskuit quer in der Mitte teilen, mit Früchten und Vanillecreme belegen. Den Deckel aufsetzen und mit Minze dekorieren.

Schmeckt auch mit Vanilleeis. Die Vanillecreme schmeckt besonders gut, wenn sie am Vortag zubereitet wird. Vor dem Kühlen passieren, um kleine Eigelbklümpchen zu beseitigen; die Vanilleschote erst vor dem Servieren entfernen.

LUISA VALAZZA

SORISO *(PIEMONT)*

IN EINEM ABGELEGENEN WINKEL DES NÖRDLICHEN PIEMONT, NAHE DEM ORTA-SEE, EINEM DER KLEINSTEN, ABER SCHÖNSTEN SEEN ITALIENS, VERSTECKT SICH EIN CHARMANTES RESTAURANT. HIER KOCHT EINE FRAU, DIE ES OHNE AUSBILDUNG BIS IN DEN GOURMETHIMMEL GESCHAFFT HAT.

Nach unserem Start in Mailand Richtung Nordosten haben wir uns drei Mal verfahren, obwohl wir an der Ausfahrt Borgomanero den Straßenschildern in Richtung Lago d'Orta genau gefolgt sind. Zunächst wähnt man sich in einer Sackgasse, dann schlängelt sich das Sträßchen zunächst durch die Ebene bis zu einer Anhöhe, um sich schließlich in einem Waldstück zu verlieren. Doch am höchsten Punkt der Straße kommt tatsächlich noch das kleine Bergdorf mit den blumengeschmückten Balkonen in Sicht. Der Ortsname Soriso (das italienische Wort für »Lächeln«) erscheint uns in diesem Fall wirklich passend zu sein.

Im Sorriso (im Gegensatz zum Ortsnamen mit Doppel-R) erwartet den Gast das einladende Lächeln Angelo Valazzas. Er ist das Musterbeispiel eines italienischen Oberkellners. Sein Weg führte ihn vom Kulm im schweizerischen Sankt Moritz nach Deutschland in den Frankfurter Hof (Frankfurt) und den Breidenbacher Hof (Düsseldorf) sowie nach Yorkshire in England.

Es ist ein Vergnügen, Angelo bei der Arbeit zuzusehen, er ist die Seele des kleinen Speiseraums mit nur dreißig Plätzen. Mehrsprachig und mit einer der Commedia dell' Arte würdigen Mimik trägt er die Gerichte auf. Auch die Kunst des Tranchierens am Tisch beherrscht er meisterhaft und steht darin einem Absolventen der Hotelfachschule Lausanne in nichts nach. Seine Tochter Paola kümmert sich um die Weinkarte, die zum Beispiel einen Chardonnay Del Bosco von Maurizio Zanella aus Franciacorta in der Lombardei, einen Soave Capitel Foscarino von Anselmi, gleichermaßen edel wie kernig, oder auch einen gehaltvollen Barolo von herausragender Güte bietet.

Die Küche ist das Reich von Luisa, einer jugendlichen italienischen »Mamma«. Mit handwerklicher Perfektion und großer Sorgfalt zaubert sie grüne *Raviolini* mit Ziegenkäse und Bergbauernbutter oder *Gnocchetti* mit Spinat und Parmesan auf die Teller. Wäre sie Komponistin, klänge das nach Mozart, inspiriert von italienischer Renaissancemusik. Sie ist einfach etwas ganz Besonderes.

Luisa Valazza kocht mit leichter Hand kleine Ravioli (oben rechts und links), Eierfettuccine mit Zucchini und Champignons (gegenüber rechts) oder Rebhuhnrisotto (gegenüber unten). Luisa und ihr Mann Angelo sind Trüffelexperten (gegenüber, oben links). Angelo führt geschickt den Service des Sorriso (oben Mitte), ihres hübschen Restaurants. Vorhergehende Seite: Feigen-»Beignets« mit Heidelbeercoulis.

Eine Übertreibung? Bei Luisa ist Kochen ein wahres Fest der Sinne: Es duftet nach Bergblumen, weißen Trüffeln und nach Salbei. Die Arrangements auf dem Teller sehen aus wie Gemälde, und die Speisen, mal knusprig und deftig, mal hauchzart und dezent, entfachen im Mund ein wahres Feuerwerk der Aromen. Hier genießt man Tomaten-Basilikummousse mit rohen Steinpilzen, warme Foie Gras aus der Lombardei mit einer süßsauren Komposition aus Erbsenpüree und *Sauce Grenadine*, kleine Gambas mit einer Creme aus weißen Bohnen, gegrilltem Speck und einem Hauch *Pistou* und eine kunstvoll ausgehöhlte Kartoffel, die mit Kartoffelbrei und Eigelb gefüllt und mit Albatrüffeln bestreut ist (auf diese Weise kommt das betörende Aroma der Trüffel besonders gut zur Geltung). Den bekömmlichen Abschluss bildet eine Steinpilzconsommé.

Einfach wunderbar ist auch der *Fassone*, der berühmte lombardische Rinderbraten in Barolo, für den man das magere, zarte und aromatische Fleisch der gleichnamigen Rasse verwendet. Ein kleines Minzsorbet mit einem Schokoladentäfelchen schließt den Magen und stimmt auf ein neues kulinarisches Abenteuer ein.

Der Orta-See und der kleine Hafen sind nur einen Steinwurf entfernt. Man blickt auf die romantische Insel San Giulio, die schemenhaft aus dem Wasser auftaucht, auf die Kirche, die Gärten und die Cafes, von deren Terrasse man die frische Luft genießen und die Boote beobachten kann. Fremde kommen meist nur für einen Kurzurlaub hierher, für einen Tag oder für ein Wochenende.

Die Küche des Sorriso lässt keine Wünsche offen. Alle Zutaten, das Fleisch vom Fassone-Rind, die Trüffel, das Gemüse und der Fisch kommen aus der Umgebung. Am Abend locken Blätterteighäppchen mit Kartoffeln und Auberginen zu einem Tintenfischgratin mit weißen Albatrüffeln, Perlhuhn im Tontöpfchen mit Rhododendronhonig und Pfirsichmarinade und zum Abschluss Schokoladenkuchen mit piemontesischen Mandeln oder Muskattraubenzabaione. Die Weinkarte ist klein, aber fein.

Luisa Valazza hat italienische Literatur studiert und vor zwanzig Jahren ihrem Mann zuliebe mit dem Kochen begonnen. Als sie später in Luisas Heimatdorf zurückkehrten und das Sorriso übernahmen, konnten sie sich keinen Chefkoch leisten. Das war der Beginn einer großen Karriere. Heute erfreuen sich Gourmets von nah und fern an ihrer meisterhaften Kochkunst.

DAS BESONDERE REZEPT VON LUISA VALAZZA

FRISCHE FETTUCCINE MIT ZUCCHINI UND PFIFFERLINGEN

FÜR 4 PERSONEN
ZUBEREITUNGSZEIT: 25 MINUTEN
KOCHZEIT: 5 MINUTEN

ZUTATEN
· 1 Schalotte
· 1 kleine Knoblauchzehe
· 2 EL Olivenöl
· 100 g Pfifferlinge
· 2 Zucchini
· 10 cl Tomatensauce
· 20 cl Fleischbrühe
· 20 g geröstete Pinienkerne
· 5 Basilikumblätter
· Salz, Pfeffer
Für die Eiernudeln
· 500 g Hartweizenmehl
· 6 Eigelb
· 2 Eier
· 1 EL Öl
· feines Salz

ZUBEREITUNG
Für die Eiernudeln aus allen Zutaten einen Teig machen. Dazu die Eier aufschlagen und in die Mehlmulde geben, Öl und Salz hinzugeben. Vorsichtig mischen. Ist der Teig zu trocken, noch etwas Olivenöl zufügen.
Den Teig ausrollen und mit der Nudelmaschine 30 cm lange und 1 cm breite Bandnudeln schneiden. 1 Stunde ruhen lassen.
Die Schalotte und den Knoblauch fein hacken, in Öl anbraten. Die Pfifferlinge, die in Scheiben geschnittenen Zucchini und die Tomatensauce dazugeben, 5 Minuten köcheln lassen. Ist die Mischung zu fest, ein wenig Fleischbrühe zugeben.
Die gerösteten Pinienkerne und die klein geschnittenen Basilikumblätter darüber streuen.
Die Nudeln in kochendem Wasser 5 Minuten garen, dann abgießen, mit der Sauce vermischen und mit frischem Basilikum garnieren.

REZEPTE

ELENA ARZAK

BONITO MIT PANIERTER HAUT UND ZWIEBEL-MELONENGEMÜSE

FÜR 4 PERSONEN
VORBEREITUNGSZEIT: 45 MINUTEN
KOCHZEIT: 20 MINUTEN

ZUTATEN
Für den Bonito
· 600 g Bonito-Filet mit Haut
· Salz, Ingwer
Für die Panade
· 1 Tomate
· 60 g Bonito-Haut (vom Filet)
· 70 g geröstete Mandeln
· 1 EL Balsamicoessig
· 20 cl Olivenöl
· 30 g Brot
· 1 Prise Zucker
· Salz
Für das Zwiebel-Melonengemüse
· 2 junge Zwiebeln
· 1 kleine Melone
· Olivenöl
Für die Gurkenvinaigrette
· 70 g Essiggurken
· 1 EL Petersilie
· 4 EL Olivenöl
· 2 EL Semmelbrösel
· 10 cl Wasser

ZUBEREITUNG
Für die Panade Tomate in Stücke schneiden und mit ein wenig Öl im Mixer pürieren. Die Haut des Bonito vom Filet abziehen und in der Hälfte des Olivenöls knusprig braten. Abtropfen lassen. Mandeln grob hacken, mit den restlichen Zutaten und dem Olivenöl mischen, zerkleinern und durch ein Sieb pressen. Salzen und zuckern.
Die Bonito-Filets in 8 rechteckige Stücke schneiden (2 pro Person), mit Salz und Ingwer wurzen und in der Panade wälzen. 4 – 5 Minuten in den Pfanne braten, sie sollten saftig bleiben. Die Zwiebeln der Länge nach teilen und in etwas Öl glasig braten.
Die Melone aufschneiden, mit einem Melonenlöffel kleine Kugeln herauslösen und zu den Zwiebeln geben. Gut mischen, so dass sie leicht karamellisieren.
Für die Gurkenvinaigrette alle Zutaten gut mischen.
Die Bonito-Filets in die Mitte der Teller legen, die restliche warme Panade und das Zwiebel-Melonengemüse darauf geben und mit der Vinaigrette übergießen.
(Foto Seite 13)

FRUCHTSPIESS MIT ERDBEERMILCH

FÜR 4 PERSONEN
ZUBEREITUNGSZEIT: 20 MINUTEN
KOCHZEIT: 6 MINUTEN

ZUTATEN
Für den Gewürzzucker
· 100 g Zucker
· 10 g getrocknetes Basilikum
· 1 TL frische Minze
· 2 Prisen schwarzer Pfeffer
Für den Fruchtspieß
· 1 Birne
· 1 Kiwi
· 1 Apfel
· 1 Mango
Für die Erdbeermilch
· 30 cl Vollmilch
· 100 g pürierte Erdbeeren
· 30 g Zucker
· 1 Tasse Eiswürfel

ZUBEREITUNG
Der Gewürzzucker: Alle Zutaten mischen und beiseite stellen.
Der Spieß: Die Früchte schälen und in 4 cm große Würfel schneiden. Im Gewürzzucker wälzen und auf Spieße stecken. Im Grill 5 – 6 Minuten bei großer Hitze garen lassen, bis sie von allen Seiten karamellisiert sind.
Alle Zutaten für die Erdbeermilch mixen und zu den Fruchtspießen servieren.
Die Fruchtspieße können je nach Jahreszeit auch mit anderen Früchten zubereitet werden.
(Foto Seite 15)

ISABELLE AUGUY

SPARGEL MIT FROSCHSCHENKEL UND OLIVENÖLSAUCE

FÜR 4 PERSONEN
ZUBEREITUNGSZEIT: 40 MINUTEN
KOCHZEIT: 50 MINUTEN

ZUTATEN
· 16 Stangen grüner Spargel
· 350 g Froschschenkel (frisch oder tiefgekühlt)
· 3 Schalotten
· 2 Stangen Staudensellerie
· 4 Knoblauchzehen
· 1 Thymianstängel
· je 4 Stängel Kerbel, Estragon und Petersilie
· 20 cl trockener Weißwein
· 30 cl Geflügelbrühe
· 100 g Butter
· 10 cl Sahne
· 2 EL Öl
· 5 cl Olivenöl *verdale* (siehe unten)
· 50 g Mehl
· Salz, Pfeffer

ZUBEREITUNG
Froschschenkel werden meist paarweise angeboten, zusammen mit dem unteren Ende der Wirbelsäule. Die Knochen abtrennen und beiseite stellen, ebenso die Fußspitzen. Für die Sauce Schalotten und Stangensellerie klein schneiden. Auf niedriger Hitze 20 g Butter schmelzen, Gemüse, Knoblauch und Thymian zugeben. 15 Minuten kochen lassen.
Die Knöchelchen hinzugeben, Topf zudecken und 5 Minuten köcheln lassen. Mit Weißwein aufgießen und aufkochen lassen, bis die Flüssigkeit fast verkocht ist, dann die Geflügelbrühe hinzufügen.
Aufkochen lassen, den Schaum abschöpfen, dann die Temperatur reduzieren und 15 Minuten köcheln lassen. Danach 10 Minuten ruhen lassen, durchpassieren und abkühlen lassen. Unterdessen die Spargel waschen, auf 7 cm kürzen und die Spitzen in kochendem Salzwasser 4 – 5 Minuten (je nach Dicke) bissfest kochen.
Mehl in einen Teller geben, die Froschschenkel salzen und pfeffern, im Mehl wälzen und das überschüssige Mehl abklopfen. 40 g Butter zusammen mit 2 EL Öl erhitzen, die Froschschenkel hineingeben, regelmäßig wenden, damit sie gleichmäßig goldbraun werden (3 – 4 Minuten). Auf Küchenpapier abtropfen lassen.
Danach die Sahne in die Sauce rühren, aufkochen lassen und unter ständigem Schlagen das Olivenöl dazugeben, damit die Flüssigkeit bindet. Die Spargelspitzen in der erwärmten restlichen Butter schwenken, abtropfen lassen und zusammen mit den Froschschenkeln, den Kräutern und der Sauce auf einem Teller anrichten.
Zum Anbraten der Froschschenkel benutze ich geklärte Butter. Damit die Butter beim Braten nicht braun wird, gebe ich etwas Öl hinzu – keine Ideallösung, aber praktisch. Kurz bevor ich die Froschschenkel aus der Pfanne nehme, füge ich noch etwas frische Butter hinzu.

Aus der provenzalischen Aglandeau-Olive, in der Vaucluse auch *verdale* genannt, gewinnt man ein mildes, fruchtiges Öl mit Mandelaroma. Alternativ wählen Sie ein anderes hochwertiges Markenöl. Wie man Butter klärt, erfahren Sie auf Seite 178 in Catherine Guerraz' Rezept für Kalbsbries.

GEGENÜBER: SOMMERFRÜCHTE MIT JASMIN UND CRÊME-BRÛLÉE-HAUBE VON SOPHIE BISE.

STEAK VOM AUBRAC-RIND MIT MARCILLAC-SAUCE

FÜR 4 PERSONEN
VORBEREITUNGSZEIT: 30 MINUTEN
KOCHZEIT: 50 MINUTEN

ZUTATEN
Für das Fleisch
· 4 Rinderfilets, je 200 g
· 1 EL Öl
· 30 g Butter
· grobes Salz
Für die Marcillac-Sauce
· 100 g Karotten
· 100 g Sellerie
· 100 g Zwiebeln
· 70 g Butter
· 2 EL Cognac
· 35 cl Marcillac (AOC-Rotwein)
· 35 cl Kalbsfond (oder Geflügelfond)
· 10 cl Rotweinessig
· 1 EL zerstoßener weißer Pfeffer
· feines und grobes Salz

ZUBEREITUNG
Die Sauce: Das Gemüse in Würfel schneiden, in 20 g Butter anbraten, Cognac zugeben und flambieren. Den Essig zugeben, bei hoher Temperatur weich kochen, bis die Flüssigkeit verdampft ist. Pfeffern, Rotwein und Kalbsfond zugeben und 30 Minuten ohne Deckel garen lassen, bis die Flüssigkeit auf 30 cl eingekocht ist. Passieren, salzen und warm halten.
Die Filets: Öl und 30 g Butter in einer großen Pfanne erhitzen, bis sie leicht gebräunt sind. Die Filets dann bei großer Hitze 1 Minute pro Seite anbraten, danach mit dem groben Salz bestreuen. Die Temperatur reduzieren und nach Gusto weiterbraten, medium oder durchgebraten.
Die Filets auf einer warmen Platte anrichten, mit Alufolie abdecken und 10 Minuten ruhen lassen. Die Marcillacsauce in die Pfanne mit dem Bratensaft geben, aufkochen lassen und unter Rühren 40 g Butter zugeben, in einer Sauciere mit den Filets servieren.
(Foto Seite 19)

Aubrac-Rinder wachsen in der Berglandschaft des Aubrac auf. Deshalb ist ihr Fleisch fest und mager. Und der Geschmack! Nicht leicht zu bekommen, aber köstlich!

JUDITH BAUMANN

»GEGEN DEN WIND«

FÜR 6 PERSONEN
ZUBEREITUNGSZEIT: 45 MINUTEN
KOCHZEIT: 60 MINUTEN

ZUTATEN
Für das Tomatenconfit
· 6 große sizilianische Tomaten
· 5 cl Olivenöl
· 6 Prisen Zucker
· 6 Prisen gemahlener Kardamom
· 2 Knoblauchzehen
· 3 Stängel Thymian
· Salz, Pfeffer
· Vinaigrette, Balsamicoessig
Für den Auberginenkaviar
· 1 weiße Aubergine (300 g)
· 5 cl Olivenöl
· 1 TL Schalotte, fein geschnitten
· 1 TL Butter
· Salz, Pfeffer
Für die Auberginen-*Tuiles*
· 1 kleine schwarze Aubergine
· etwas Olivenöl
Für die Bärenklaubutter
· 100 g Bärenklau oder eine Mischung aus Petersilie und Kerbel
· 60 g weiche Butter
Für die Dekoration
· 6 Bärenklaudolden oder ein Bund Petersilie
· 6 Spitzwegerichblätter
· Espelette-Pfeffer

ZUBEREITUNG
Das Tomatenconfit: Die Tomaten schälen, mit Olivenöl beträufeln, mit Zucker und Kardamom bestreuen, Thymian hinzufügen. Im Ofen bei 100 Grad 60 Minuten kandieren lassen, dabei immer wieder mit der Flüssigkeit übergießen.
Der Auberginenkaviar: Die weiße Aubergine teilen. Alufolie-Streifen einölen und die Auberginenhälften darin einwickeln, bei 180 Grad 60 Minuten im Ofen garen. Danach das Fleisch aus der Schale lösen und mit der Küchenmaschine zerkleinern, dabei das restliche Olivenöl zufügen. Die Schalotte in Butter anbraten und zur Auberginenmasse geben, abschmecken. 12 Kugeln formen und kühl stellen.
Die Auberginen-*Tuiles*: Die schwarze Aubergine in 12 Scheiben (etwa 1,5 mm stark) schneiden. Mit Öl einpinseln und auf eine Silpatmatte setzen, mit der zweiten Matte bedecken. Im Ofen bei 130 Grad 15 Minuten garen lassen, dann die obere Matte entfernen und bei 140 Grad weitere 5 Minuten garen. Abkühlen lassen. Vor Zugluft geschützt aufbewahren.
Die Bärenklaubutter: Bärenklau blanchieren, dann sehr fein hacken. Die weiche Butter hinzufügen und gut vermischen, salzen und pfeffern. 12 Kugeln formen und kühl stellen.
Vor dem Servieren die kandierten Tomaten unter dem Grill 3 – 4 Minuten wärmen, mit Vinaigrette und Balsamicoessig übergießen.

ANRICHTEN:
Auf die linke Seite eines Tellers eine kandierte Tomate, auf die rechte Seite zwei Kugeln Auberginenkaviar platzieren. Dazwischen zwei Auberginen-*Tuiles* so anrichten, dass sie wie ein Windschutz aussehen. Auf die kandierte Tomate eine Bärenklaudolde und ein Spitzwegerichblatt legen, das Ganze mit Espelette-Pfeffer bestreuen.
(Foto Seite 22)

»SALZ DES SOMMERS«

FÜR 6 PERSONEN
ZUBEREITUNGSZEIT: 60 MINUTEN
KOCHZEIT: EINIGE MINUTEN

ZUTATEN
Für die Holunderblütensuppe
· 15 cl Wasser
· 1 kleine Hand voll Holunderblüten
· 1 Blatt Gelatine
· 15 cl Monbazillac (südfranzösischer Dessertwein)
· 7 cl Holunderblütensirup
Für das Melonensorbet
· 200 g Melonenfleisch
· 25 g Zucker
· 15 g Traubenzucker
· Saft einer halben Zitrone
· 1/2 TL Cognac
Für die Mandel-*Financiers*
· 25 g Mehl
· 50 g Puderzucker
· 25 g gemahlene Mandeln
· 50 g Eiweiß
· 50 g zerlassene Butter
Für die Holunderblüten-*Beignets*
· 1 Holunderdolde
· 12 g Mehl
· 12 g Speisestärke
· 2 g Backpulver
· 5 g Eigelb
· 3 cl Bier
Zum Anrichten
· Erdnussöl
· Puderzucker
Für den Holunderblütensirup
· 10 cl Portwein
· 10 g Zucker
· 30 g schwarze Holunderbeeren
Zur Dekoration
· 42 kleine Melonenkugeln
· 6 kleine Spitzen Pfefferminze

ZUBEREITUNG
Die Holunderblütensuppe: Die Holunderblüten 15 Minuten lang in kochendem Wasser ziehen lassen, durchpassieren. Die Gelatine, den Monbazillac und den Holunderblütensirup hinzufügen. Kühl stellen.
Das Melonensorbet: Das Melonenfleisch in Stücke schneiden, mit dem Zucker, dem Traubenzucker, dem Zitronensaft und dem Cognac mischen. Mit einer Klarsichtfolie abdecken und 4 Stunden an einem kühlen Platz durchziehen lassen. In die Eismaschine geben.
Die *Financiers:* Das Mehl mit dem Puderzucker und den gemahlenen Mandeln mischen. Eiweiß zu Schnee schlagen, vorsichtig unter die Mehlmasse heben. Die zerlassene Butter hinzufügen.
6 Babaformen einfetten und mit Hilfe einer Spritztüte füllen. Im 230 Grad heißen Ofen etwa 8 Minuten backen, aus der Form nehmen.
Die *Beignets*: Die Holunderdolde in 6 Portionen teilen. Mehl, Speisestärke und Backpulver mit dem Eigelb und dem Bier mischen. Diesen Teig 60 Minuten ruhen lassen.
Aus Zucker und Portwein einen Sirup zubereiten und die Holunderbeeren darin 5 Minuten kochen. Das Erdnussöl auf 170 Grad erhitzen, die einzelnen Teile der Holunderdolde in den Teig tauchen und in heißem Öl goldbraun frittieren. Auf Küchenpapier abtropfen lassen und mit Puderzucker bestreuen.

ANRICHTEN:
In die Mitte eines tiefen Tellers ein Mandel-*Financier* setzen und mit einer Kugel Melonensorbet krönen. Rundherum eine Krone aus Holunderbeerensirup träufeln. Die Suppe in den Teller gießen und die Melonenkugeln hineingeben. Mit einer frittierten Holunderdolde und einer Spitze Pfefferminze anrichten.
(Foto Seite 21)

NATHALIE BEAUVAIS

ROQUEFORT MIT VERSCHIEDENEN SALATEN UND NÜSSEN

FÜR 6 PERSONEN

ZUBEREITUNGSZEIT: 10 MINUTEN

ZUTATEN

- 1 Hand voll Feldsalat
- 1 Hand voll Frisée
- 1 Hand voll Rucola
- 6 gehackte Walnusskerne
- 6 geschälte, gehackte Mandeln
- 6 geschälte, gehackte Haselnüsse
- 20 Pinienkerne
- 150 g Roquefort
- eine große Tafeltraube (Italia)

Für die Vinaigrette

- 1 EL Weinessig
- 1 TL scharfer Senf
- 1 EL Haselnussöl
- 1 EL Traubenkernöl
- 1 EL Olivenöl
- Salz

ZUBEREITUNG

Nach oben genannter Reihenfolge eine Vinaigrette zubereiten. Den Salat mit den Nüssen und der Vinaigrette vorsichtig mischen, ohne die Blätter zu beschädigen. Den Roquefort in Scheiben schneiden, die Trauben waschen und in 6 Portionen teilen. Salat, Käse und Trauben auf Tellern portionieren und servieren.

(Foto Seite 28)

GESCHMORTER SEETEUFEL MIT GEDÜNSTETEM LAUCH UND GERÖSTETEM BUCHWEIZEN

FÜR 6 PERSONEN

ZUBEREITUNGSZEIT: 40 MINUTEN

KOCHZEIT: 20 MINUTEN

ZUTATEN

- 2 kg Seeteufel
- 1 EL Curry
- 150 g Butter
- 1,2 kg Lauch
- 200 g Kartoffeln
- 100 g gerösteter Buchweizen (Kasha)
- 100 g Crème fraîche
- 1 Zitrone
- Salz, Pfeffer

ZUBEREITUNG

Der Fisch: Bitten Sie den Fischhändler, die Haut des Fischs zu entfernen. Den Seeteufel in 6 Portionen à 200 g teilen. Jedes Stück leicht am Rückgrat einritzen, damit der Fisch besser gar wird. In eine feuerfeste Form geben, salzen, pfeffern und mit Curry bestreuen. 100 g Butter in kleine Würfel schneiden und über dem Fisch verteilen. Kalt stellen.

Das Gemüse und der Buchweizen: Den Lauch putzen, in Scheiben schneiden und mit 50 g Butter in einem geschlossenen Topf 30 Minuten dünsten. Warm stellen.

Die Kartoffeln mit der Schale in Salzwasser kochen und abtropfen lassen. Schälen und in kleine Würfel schneiden. Die Kasha in der doppelten Menge köchelndem Salzwasser im geschlossenen Topf quellen lassen und warm stellen.

Der Fisch: Die Kartoffeln und 2 EL Lauch zum Fisch geben und so mit Wasser auffüllen, dass der Fisch zur Hälfte im Wasser liegt. Bei 250 Grad 20 Minuten im Ofen garen.

Die Fischstücke auf einer Servierplatte anrichten und warm halten. Kartoffeln und Lauch mit der Brühe in eine Kasserolle geben, eventuelle Fischreste entfernen, Crème fraîche und Zitronensaft zugeben, aufkochen lassen und dann mit dem Stabmixer pürieren. Wenn nötig abschmecken.

ANRICHTEN:

Die Sauce über den Fisch gießen und mit der Kasha und dem restlichen Lauchgemüse servieren.

SEEHECHTFILET MIT BUCHWEIZENCRÊPES UND *ANDOUILLE DE GUÉMENÉ*

FÜR 6 PERSONEN

ZUBEREITUNGSZEIT: 25 MINUTEN

KOCHZEIT: 25 MINUTEN, SPÄTER WEITERE 8 MINUTEN

ZUTATEN

- 1,2 kg Seehecht (bitten Sie den Fischhändler, den Fisch in Filets zu schneiden und die Haut zu entfernen, heben Sie die Gräten und den Kopf auf), etwas Olivenöl
- 10 cl Weißwein
- 300 g Tomaten
- 150 g *Andouille de Guémené* oder *de Scorff*
- 1/2 Bund Schnittlauch
- 100 g Butter
- 6 Buchweizencrêpes
- 25 cl Crème fraîche
- 1 Zitrone
- Salz, Pfeffer

ZUBEREITUNG

Die Fischbrühe: Den Kopf und die Gräten säubern, leicht in Olivenöl anbraten und mit Weißwein ablöschen. 5 Minuten köcheln lassen, mit Wasser aufgießen und weitere 20 Minuten köcheln lassen. Durch ein Haarsieb gießen und zur Seite stellen.

Die Tomaten schälen, entkernen und das Fruchtfleisch in kleine Würfel schneiden. Die *Andouille* ebenfalls würfeln. Den Schnittlauch sehr fein schneiden.

Die gefüllten Crêpes: Die Oberfläche der Crêpes mit weicher Butter bestreichen. In der Mitte jeder Crêpe gleichmäßig etwa 100 g Fisch verteilen, salzen, pfeffern und zu einem Rechteck zusammenklappen. Kühl stellen.

Die *Andouille*-Brühe: Die Crème fraîche in 20 cl Fischbrühe rühren und die Tomaten sowie die *Andouille* zugeben. Aufkochen lassen, Zitronensaft zugeben und abschmecken. Warm stellen.

Die Crêpes bei 250 Grad für 8 Minuten in den Ofen geben. Den Schnittlauch in die Sauce rühren. Ein wenig *Andouille*-Brühe auf den Boden jedes Tellers gießen, eine knusprige Crêpe in die Mitte legen und sofort servieren.

MEIN TIPP:

Je nachdem, in welchem Teil der Bretagne Sie sich befinden, können Crêpes auch »Galettes« heißen. Im Norden der Region sind Galettes dicke Crêpes aus Buchweizen. Im Süden werden Crêpes sowohl aus Buchweizen als auch aus Weizenmehl hergestellt, die Buchweizencrêpes sind hier dünner als im Norden. Doch hier wie dort, Crêpes oder Galettes: Auf die Sorgfalt und die Liebe bei der Zubereitung kommt es an.

Für mein Rezept sollten die Crêpes recht dünn sein, damit das Gericht nicht zu schwer im Magen liegt.

KNUSPRIGER LEBKUCHEN MIT ORANGENSORBET UND SÜDFRÜCHTEN

FÜR 6 PERSONEN

ZUBEREITUNGSZEIT: 20 MINUTEN

KOCHZEIT: EINIGE SEKUNDEN

ZUTATEN

- 2 Orangen
- 1 Grapefruit
- 2 Kiwis
- 6 Litchis
- 500 g Lebkuchen
- 120 g Butter
- 70 g Puderzucker
- 500 g Orangensorbet

ZUBEREITUNG

Die Früchte: Orangen und Grapefruit sorgfältig schälen, auch die weiße Haut entfernen. Vierteln und in ihrem Saft beiseite stellen.

Die Kiwis schälen und in Scheiben schneiden. Die Haut der Litchis so einschneiden, dass eine Blüte entsteht.

Die Lebkuchen: Die Lebkuchen in möglichst feine Scheiben schneiden, jede Scheibe auf einer Seite mit Butter bestreichen.

Auf ein Backblech legen und mit Puderzucker bestreuen. Das Blech bei 250 Grad für einige Sekunden in den Ofen schieben, so dass die Lebkuchen knusprig werden.

ANRICHTEN

Die Früchte auf den Tellern anrichten und den Saft zugeben. In die Mitte der Teller eine Scheibe Lebkuchen legen, eine Kugel Sorbet darauf setzen und mit einer zweiten Scheibe Lebkuchen bedecken. Sofort servieren.

(Foto Seite 27)

SOPHIE BISE

GEDÄMPFTE SEEZUNGE MIT ERBSEN-MINZEPÜREE

FÜR 4 PERSONEN

ZUBEREITUNGSZEIT: 45 MINUTEN

KOCHZEIT: 5 MINUTEN

ZUTATEN
- 400 g Erbsen ohne Hülse
- 150 g Zuckererbsen
- 4 kleine Lauchstangen
- 8 grüne Spargelspitzen
- 180 g gesalzene Butter
- 4 Karotten
- 4 kleine Artischocken
- 150 g Erbsen mit Hülse
- 25 cl Milch
- 8 Seezungenfilets
- 1 Bund Minze
- 1 Bund Basilikum
- etwas Olivenöl

ZUBEREITUNG
Die Erbsen ohne Hülsen 15 Minuten in Salzwasser kochen. Abtropfen lassen und abschrecken. Wieder abtropfen lassen, pürieren und abseihen. Die Hälfte der Zuckererbsen mit den Lauchstangen und den Spargelspitzen in Salzwasser kochen. Die Karotten und die Artischocken mit 40 g gesalzener Butter in einem Liter Wasser kochen, die Brühe beiseite stellen. Die Erbsen mit Hülse mit den restlichen Zuckererbsen in 25 cl Wasser 5 Minuten kochen, dann 25 cl Milch zugeben und weitere 5 Minuten kochen lassen. Pürieren und warm stellen. Daraus wird später die Sauce. 2 Seezungenfilets versetzt (Kopf auf Flosse) aufeinander legen und zusammen mit 40 g gesalzener Butter fest in Frischhaltefolie wickeln. Mit den anderen Filets genauso verfahren. Den Fisch 5 Minuten im Dampf garen, ruhen lassen und die Klarsichtfolie entfernen.
Das Erbsenpüree mit der restlichen gesalzenen Butter und der gehackten Minze erwärmen und in die Mitte von vier Tellern geben.
Die Fischfilets darauf legen und mit den Karotten und den Artischocken bedecken. Das Ganze mit einigen Minzeblättern, Basilikum und etwas Olivenöl krönen und einen Kreis aus Erbsensauce rundherum träufeln.
(Foto Seite 31)

GEBRATENE ENTENSTOPFLEBER MIT APRIKOSENMUS *DOLCE FORTE*

FÜR 4 PERSONEN

ZUBEREITUNGSZEIT: 40 MINUTEN

KOCHZEIT: 2 MINUTEN

ZUTATEN
- 8 Entenleberschnitzel à 50 g
- etwas Olivenöl

Für die Sauce
- 1 l Zuckersirup (500 g Zucker in 1 l Wasser aufgelöst)
- Saft je einer Zitrone und Orange
- 200 g Honig
- 20 g Koriander
- Zesten von 1 Orange
- Zesten von 1 Zitrone
- 3 Eisenkrautblätter, gehackt
- 10 Kardamomkapseln
- 2 Chilischoten
- 1 Vanilleschote
- 1,5 kg frische entkernte Aprikosen, mit 20 g Zucker 15 Minuten eingekocht

Für die Polenta
- 50 cl Milch, 50 cl Sahne
- 20 g Zucker
- 200 g Polenta
- 2 Eigelb
- 4 EL Öl

ZUBEREITUNG
Die Sauce *dolce forte*: Zuerst Zucker und Wasser 10 Minuten bei starker Hitze zu Sirup kochen. Danach Orangensaft, Zitronensaft, Honig, Gewürze, Vanille, das Eisenkraut und die Zesten zugeben. 15 Minuten im geschlossenen Topf einkochen lassen, dann durchpassieren. Mit den zuvor eingekochten Aprikosen mischen und beiseite stellen.
Die Polenta: Die Milch mit Sahne und Zucker aufkochen, die Polenta hineinrieseln und kochen lassen. Unter kräftigem Rühren das Eigelb zugeben. Die Masse auf ein Blech oder in eine niedrige Form geben, abkühlen lassen und mit einem Messer in quadratische Stücke schneiden. Kurz vor dem Servieren die Entenleberschnitzel auf jeder Seite 1 – 2 Minuten anbraten, auf ein 2 Minuten in Olivenöl angebratenes Polentaquadrat setzen und mit den Aprikosen anrichten.
(Foto Seite 32)

DESSERT IM GLAS: DESSERT IN WEISS

FÜR 12 GLÄSER

ZUBEREITUNGSZEIT: 30 MINUTEN

ZUTATEN
- 8 Eiweiß
- 2 Blätter Gelatine
- 250 g geschlagene Sahne
- 125 g Zucker, bei 120 Grad zu Karamell gekocht
- Früchte der Saison: Himbeeren, Erdbeeren etc.
- Pistazien, grob gehackt

ZUBEREITUNG
Das Eiweiß zu Schnee schlagen, unter ständigem Weiterschlagen den gekochten Zucker zugeben. Vorher die Temperatur mit einem Zuckerthermometer genau prüfen. Auf diese Weise ein italienisches Baiser herstellen. Bevor die Masse abgekühlt ist, die Gelatine unterschlagen. Die Sahne unterziehen und die Gläser zu drei Vierteln mit der Masse füllen. Mit roten Früchten dekorieren und Pistazien darüber streuen.

DESSERT IM GLAS: SOMMERFRÜCHTE MIT JASMIN UND CRÈME-BRÛLÉE-HAUBE

FÜR 4–6 PERSONEN

ZUBEREITUNGSZEIT: 30 MINUTEN

KOCHZEIT: 30 MINUTEN

ZUTATEN
- klein geschnittene Sommerfrüchte: Pfirsiche, Aprikosen, Melonen, rote Früchte

Für das Mango-Jasmincoulis
- 1 Mango
- 50 cl Jasmintee

Für die Crème brûlée
- 10 Eigelb
- 100 g Zucker
- 1/2 l süße, nicht pasteurisierte
- Sahne (35 % Fett)
- 4 Minzeblätter

ZUBEREITUNG
Die Früchte: In kleine Stücke schneiden und in Gläser geben. Das Mango-Jasmincoulis: Die klein geschnittene Mango 30 Minuten lang im Jasmintee kochen, dann pürieren und passieren.
Die Crème brûlée: Eigelb und Zucker mit dem Schneebesen verquirlen, die Sahne zugeben und im Wasserbad unter ständigem Rühren köcheln, aber nicht kochen lassen. Das Volumen der Masse sollte sich verdoppeln.

ANRICHTEN:
Das Mango-Jasmincoulis auf die Früchte in die Gläser geben, darüber eine Schicht Crème brûlée gießen. Die Gläser einige Minuten unter den Grill stellen, damit die Masse leicht karamellisiert. Mit etwas Obst und einem Minzeblatt garnieren. (Foto Seite 168)

CHANTAL CHAGNY

CERVELAS MIT LINSENSAUCE

FÜR 4–6 PERSONEN

ZUBEREITUNGSZEIT: 45 MINUTEN

KOCHZEIT: 90 MINUTEN

ZUTATEN
- 1 Kalbsfuß, 1 EL Mehl
- 1 kg Schweinebrät, grob gehackt
- 100 g Pistazien, gehackt
- 1 Zwiebel
- 2 EL Enten- oder Gänseschmalz
- 50 cl kräftiger Rotwein
- 400 g lauwarme Linsen, gekocht
- 1 Schalotte
- 1 Bund Schnittlauch, gehackt
- 4 EL Öl, 2 EL Weißweinessig
- Meersalz, Pfeffer aus der Mühle

ZUBEREITUNG
Den Kalbsfuß in einen Topf geben, mit kaltem Wasser bedecken, aufkochen und 5 Minuten köcheln, danach abtropfen lassen. Das Mehl mit dem Schneebesen in 3 l Wasser einrühren. Den Kalbsfuß dazugeben und 90 Minuten lang köcheln. Den Kalbsfuß herausnehmen und mit kaltem Wasser abspülen.
Das Fleisch vom Knochen lösen und in kleine Würfel schneiden. Das Schweinebrät hinzugeben, mit Meersalz und Pfeffer abschmecken, die Pistazien hinzufügen und alles mit der Hand verkneten. Die klein geschnittene Zwiebel mit dem Schmalz in einem Topf anbraten und den Wein zugießen. 30 Minuten bei starker Hitze reduzieren, so dass ca. 20 cl Flüssigkeit übrig bleibt. Zur Fleischmasse geben.
Das Ganze einen halben Tag an einem kühlen Ort ruhen lassen. Dann für je eine Portion mit Hilfe von Backpapier eine Wurst von ca. 180 g formen. Bis zum nächsten Tag kühl stellen. Die *Cervelas* in köchelndem Wasser 30 Minuten lang ziehen lassen. Aus den Linsen, der Schalotte, dem Schnittlauch, Meersalz, Pfeffer, Öl und Weißweinessig einen Salat zubereiten und als Beilage servieren.
(Foto Seite 35)

GEBRATENE FROSCHSCHENKEL MIT SALAT UND KRÄUTERN

FÜR 4 PERSONEN

ZUBEREITUNGSZEIT: 40 MINUTEN

KOCHZEIT: 15 MINUTEN

ZUTATEN
- 48 Froschschenkel vom Fischhändler
- 40 cl Milch
- 2 EL Mehl, 2 EL Butter

- eine Persillade, eine Mischung aus 3/4 gehackter Petersilie und 1/4 gehacktem Knoblauch
- verschiedene Salate
- 4 EL Haselnussöl
- einige geröstete Mandeln
- 4 kleine gelbe Tomaten
- 2 EL Olivenöl
- 2 Stängel Basilikum
- einige geschmolzene Tomatenstücke
- Schnittlauch, gehackt

ZUBEREITUNG

Die Froschschenkel in die Milch tunken, im Mehl wälzen und in Butter in der Pfanne anbraten. Salzen und auf einer Seite ca. 10 Minuten auf Mittelhitze goldbraun braten, dann wenden und weitere 5 Minuten bräunen. Die Persillade in die Pfanne streuen und das Ganze sofort auf die Teller geben. Einige Salatblätter in einer Vinaigrette aus Haselnussöl und Mandeln darauf anrichten. Die zuvor in Olivenöl und Basilikum marinierten gelben Tomaten hinzufügen und mit einigen geschmolzenen Tomatenstücken garnieren. Mit Schnittlauch bestreuen. (Foto Seite 36)

JOHANNISBEERSORBET MIT VANILLEEIS

FÜR 4 PERSONEN

ZUBEREITUNGSZEIT: 25 MINUTEN

KOCHZEIT: 15–20 MINUTEN

ZUTATEN

- 1 kg schwarze Johannisbeeren (frisch oder tiefgekühlt)
- 300 g Zucker
- 40 cl Wasser

ZUBEREITUNG

Johannisbeeren und Zucker mit Wasser kochen. Beginnt die Masse zu schäumen, vom Herd nehmen und durch eine Flotte Lotte (mittleres Sieb) geben, dabei darauf achten, dass die Haut der Johannisbeeren nicht zu sehr zerdrückt wird. Das Sieb nach jedem Arbeitsgang säubern. Das Johannisbeermus sollte flüssig, aber nicht zu fein sein. Das Mus in die Eismaschine füllen, ein Drittel beiseite stellen. Ist das Sorbet fertig, auf den Boden der Teller etwas vom übrig behaltenen Johannisbeermus geben, darauf je einen Löffel Vanilleeis und Johannisbeersorbet geben. Sofort servieren.

SALLY CLARKE

GESCHMORTES ESTRAGONHUHN

FÜR 6 PERSONEN

ZUBEREITUNGSZEIT: 40 MINUTEN

KOCHZEIT: 90 MINUTEN

ZUTATEN

- 1 großes Huhn von 2 – 3 kg (aus Freilandhaltung)
- Meersalz, Pfeffer
- 2 EL gehackter Thymian
- 3 EL gehackter Estragon
- 1 Zitrone
- 2 grob gehackte Zwiebeln
- 2 grob gehackte Karotten
- 4 grob gehackte Stangen Staudensellerie
- 1 grob gehackte Fenchelknolle
- 9 cl Olivenöl
- 1 grob gehackte Knoblauchknolle
- 1 Flasche kräftiger Rotwein
- 50 cl hausgemachte Geflügelbrühe
- 10 cl vollfette Crème fraîche
- 6 Stängel frischer Estragon

ZUBEREITUNG

Den Ofen auf 180 Grad vorheizen. Das Fett am Huhn entfernen. Innen salzen und pfeffern und mit Zitronenvierteln füllen. Gemüse, Olivenöl und Knoblauch in einen Bräter geben und goldbraun anbraten, dabei hin und wieder rühren. Das Huhn darauf setzen, mit Olivenöl übergießen, salzen, pfeffern und mit Estragon bestreuen. 20 Minuten im Ofen braten. Dann den Bräter aus dem Ofen nehmen, das Huhn wenden, eventuell festgebackenes Gemüse vom Bräterboden schaben und wieder in den Ofen schieben. Die Temperatur auf 160 Grad reduzieren und weitere 20 Minuten garen lassen. Das Huhn erneut wenden (die Brust ist oben) und einen Spieß in einen Schenkel stecken. So lange weiter braten, bis an dieser Stelle eine durchsichtige Flüssigkeit austritt (nach ca. 20 – 30 Minuten). Das Huhn warm stellen und ruhen lassen. Das Fett aus dem Fond entfernen, mit Rotwein aufgießen und bei mittlerer Hitze auf die Hälfte reduzieren. Die Brühe zugeben und köcheln lassen, bis die Sauce die richtige Konsistenz (und das richtige Aroma) hat. Durchsieben und in einen kleinen Topf geben, Crème fraîche und das restliche Estragon zugeben, abschmecken. Das Hähnchen zerlegen, mit Sauce servieren und mit frischem Estragon garnieren.

SABAYONTORTE MIT BLUTORANGEN UND PFLAUMENMUS

FÜR 6 PERSONEN

ZUBEREITUNGSZEIT: 30 MINUTEN

KOCHZEIT: 15 MINUTEN

ZUTATEN

- 1 Tortenbiskuit
- 4 Blutorangen
- 4 EL Pflaumenmus
- 6 entkernte Pflaumen
- Minzeblätter
- Puderzucker

Für die Sabayon

- 3 Eigelb
- 110 g Zucker
- 75 g feines Mehl
- 20 cl Marsala
- 5 cl milder Weißwein
- 35 cl vollfette Crème fraîche

ZUBEREITUNG

Eigelb mit Zucker schaumig schlagen, dann unter ständigem Rühren das Mehl einrieseln lassen. Marsala und Weißwein einrühren und die Masse in einen Topf geben. Langsam erhitzen, aber nicht kochen lassen. Die Creme in eine Schüssel geben und mit einer Frischhaltefolie abdecken, damit sich keine Haut bildet. Abkühlen lassen. Kurz vor der Weiterverarbeitung die Crème fraîche unterheben.
Den Tortenbiskuit horizontal teilen und beide Hälften mit Pflaumenmus bestreichen. Auf dem unteren Teil vorsichtig die Sabayon verteilen, die obere Hälfte darauf legen, die Pflaumenmusseite nach unten. Vorsichtig andrücken. Bis kurz vor dem Servieren kühl stellen. Unterdessen die Orangen sorgfältig schälen und die weiße Haut vollständig entfernen. In Scheiben schneiden und zusammen mit den Pflaumen die Torte damit dekorieren. Mit Minzeblättern schmücken und Puderzucker darüber streuen. (Foto Seite 40)

HÉLÈNE DARROZE

REHRAGOUTRAVIOLI MIT MANGOLD UND PARMESAN

FÜR 12 PERSONEN

ZUBEREITUNGSZEIT: 30 MINUTEN

KOCHZEIT: 3 STUNDEN

ZUTATEN

Für das Rehragout

- 600 g Ragoutfleisch vom Reh
- 2 Karotten
- 2 Zwiebeln
- 1 Stange Staudensellerie
- 2 g Wacholderbeeren
- 2 g Pfefferkörner
- 4 Knoblauchzehen
- 1,5 l kräftiger Rotwein
- 100 g Entenschmalz
- 40 g Mehl
- 1 Bund Kräuter
- 50 cl weißer Fond
- 50 cl Kalbsfond
- Espelette-Pfeffer
- Salz, Pfeffer

Für den Mangold

- 1 Mangold
- 50 g Mehl
- Salz, Pfeffer
- etwas Espelette-Pfeffer

Für die Farce

- 100 g Kalbfleisch
- 50 g Entenschmalz
- 300 g Spinat
- 1 Lammhirn
- Essig
- 150 g Mascarpone
- 100 g baskischer Schafskäse
- 2 Stängel Petersilie
- 5 Stängel Schnittlauch
- Espelette-Pfeffer
- Salz, Pfeffer

ZUBEREITUNG

Das Rehfleisch wird 24 Stunden lang in einer Beize aus Karotten, Zwiebeln, Staudensellerie, Wacholderbeeren, Pfefferkörnern, Knoblauchzehen und Rotwein eingelegt und kalt gestellt. Danach die Marinade durch ein Haarsieb streichen.
Das Rehfleisch in einer großen Kasserolle im Entenschmalz anbraten. Ist das Fleisch gut gebräunt, Gemüse und Gewürze zugeben, ebenfalls anbraten. Mehl darüber streuen und anrösten. Zur Marinade den Wein, Salz und Kräuter hinzugeben.
Bei mittlerer Hitze 45 – 60 Minuten köcheln lassen, bis die Flüssigkeit auf ein Viertel eingekocht ist. Dann die Fonds zugeben und weitere 150 Minuten garen. Den Mangold putzen, Blätter von den Stielen lösen und in breite Streifen schneiden, beiseite stellen. Die Mangoldstiele in einer Mischung aus 50 cl Wasser,

2 EL Mehl und Salz kochen.
Die Farce: Das Kalbfleisch im Entenschmalz rosa braten, klein hacken.
Den Spinat und die Mangoldblätter waschen und in etwas Entenschmalz zusammenfallen lassen, klein hacken. Das Lammhirn in Wasser und etwas Essig wässern. Die Adern entfernen, dann grob hacken. Das Rehfleisch und das Gemüse aus der Flüssigkeit nehmen. Die verbleibende Sauce bei mittlerer Hitze reduzieren.
Rehfleisch entbeinen und grob hacken. Das Kalbfleisch, das Lammhirn, den Spinat, das Rehragout, die Mascarpone und den Schafskäse zu einer homogenen Masse verrühren, abschmecken.

Für den Ravioliteig
- 400 g Mehl
- 1 Ei
- 10 cl Olivenöl
- Salz

ZUBEREITUNG
Alle Zutaten zu einem elastischen Teig verarbeiten. Mindestens 60 Minuten ruhen lassen. Dann mit der Nudelmaschine möglichst dünn ausrollen. Die Rehragoutfüllung in die Mitte jedes Ravioliquadrats geben und zu kleinen Teigtaschen formen. Auf einem bemehlten Teller ruhen lassen.

Für das Anrichten
- Olivenöl
- 1 nussgroßes Stück Butter
- 20 g Parmigiano Reggiano
- 120 g Stravecchio (24 – 36 Monate alter Parmigiano Reggiano)
- 2 Stängel Kerbel

ANRICHTEN
Wasser mit etwas Olivenöl zum Kochen bringen, die Ravioli gar kochen. Pro Person rechnet man etwa 6 Ravioli. Sie sind gar, wenn sie an die Oberfläche steigen.
4 Kellen Bratensauce in eine Kasserolle füllen, Butter zugeben und würzen, Ravioli und Mangold hinzufügen und in der Sauce wenden. Ein wenig Parmesan darüber streuen. Auf jeden Teller etwas Mangold geben, die Ravioli darauf anrichten, mit der Sauce nappieren und gehobelten Stravecchio darüber streuen.

PATRICIA DESMEDT

HUMMERWÜRFEL MIT KNUSPRIGER KARTOFFEL-ROSETTE UND KAVIAR

FÜR 4 PERSONEN
ZUBEREITUNGSZEIT: 45 MINUTEN
KOCHZEIT: 60 MINUTEN

ZUTATEN
- 4 Kartoffeln (Charlotte)
- 2 EL Olivenöl
- 10 cl flüssige Sahne
- 1 EL Knollenselleriepüree
- 2 gekochte Hummer ohne Schale à 600 g
- 3 EL Olivenöl, mit Pfeffer, Salz, Cayennepfeffer und 1 Spritzer Zitronensaft gewürzt
- 24 runde Scheiben Knollensellerie, gedämpft, 5 cm Durchmesser
- 4 Streifen gedämpftes Lauchgrün, 2 cm breit
- 10 g Lachsforelleneier
- 4 TL Kaviar
- 4 lange Zitronenzesten in Form einer Schleife
- 8 in Öl goldbraun gebratene Spaghetti
- 8 Stängel Schnittlauch
- Olivenöl
- grobes Salz

ZUBEREITUNG
Die Kartoffeln waschen, mit einem Gemüsehobel in feine Scheiben schneiden und auf ein eingefettetes Backblech in 4 Rosetten legen.
60 Minuten bei 100 Grad im Ofen garen. Die knusprigen Kartoffelrosetten vorsichtig mit einer Spachtel vom Backblech lösen und auf Küchenpapier abtropfen lassen.
Sahne schlagen, mit Salz und Pfeffer würzen, das Knollenselleriepüree zugeben und kühl stellen.
Die Hummer in 1 cm große Würfel schneiden, das gewürzte Olivenöl hinzufügen und in einer Schüssel mischen.
Die Knollenselleriescheiben in die Tellermitte geben, einen Formring mit 6,5 cm Durchmesser darauf setzen und mit Hummer füllen.
Dann den Ring entfernen und die Hummerwürfel mit einem Streifen Lauch fixieren. Die Knollenselleriesauce rund um den Hummer träufeln und mit einigen Lachsforelleneiern garnieren.
Eine Kartoffelrosette auf den Hummer legen. Mit 1 TL Kaviar, 1 Zitronenzeste und mit Schnittlauch umwickelten Spaghetti dekorieren. Zum Schluss etwas Olivenöl und auch grobes Salz darüber geben, falls der Kaviar nicht salzig genug ist.

ZITRONEN-QUARKTÖRTCHEN MIT KARAMELLCOULIS

FÜR 4 PERSONEN
ZUBEREITUNGSZEIT: 40 MINUTEN
KÜHLZEIT: 60 MINUTEN

ZUTATEN
- 2 Eigelb
- 75 g Zucker
- 40 cl Sahne
- 1 Päckchen Vanillezucker
- 250 g Quark mit mindestens 40 % Fett
- Saft von 2 Zitronen
- 5 Blatt Gelatine
- 250 g Spekulatius
- 100 g zerlassene Butter
- 4 *Tuiles* oder Kekse nach Wahl

Für das Karamellcoulis
- 150 g Zucker
- 1 EL Traubenzucker oder Zucker
- 60 g leicht gesalzene Butter
- 150 ml flüssige Sahne

ZUBEREITUNG
Die Quarktörtchen: Eigelb mit Zucker verquirlen. Die Sahne mit Vanillezucker steif schlagen. Den Quark, die eingeweichte und ausgedrückte Gelatine und Zitronensaft hinzufügen und vorsichtig unterheben. In Förmchen geben und 60 Minuten im Kühlschrank fest werden lassen.
Den Spekulatius in kleine Stücke brechen und mit der zerlassenen Butter mischen. Einen Teil dieser Masse auf den Boden einer runden Backform pressen. Den Zucker und den Traubenzucker mit etwas Wasser kochen, die Butter und die Sahne zugeben und vorsichtig rühren. Abkühlen lassen.
In die Mitte des Tellers einen Spekulatiusboden setzen, das Quarktörtchen darauf geben und mit ein wenig Karamellsauce garnieren. Mit einer *Tuile* oder einem Keks servieren.

TÖRTCHEN VON KANINCHEN UND HÄHNCHEN MIT MORCHELN

FÜR 4 PERSONEN
ZUBEREITUNGSZEIT: 45 MINUTEN
KOCHZEIT: 12 MINUTEN

ZUTATEN
- 4 Kaninchenrücken
- 1 Eiweiß
- 5 cl flüssige Sahne
- 1 Hühnerbrust, d. h. zwei Bruststücke, alternativ eine andere Geflügelbrust
- 1 Blatt Brickteig
- 4 Kaninchennieren
- 8 gedämpfte Streifen Lauch
- 25 g Butter
- 4 gedämpfte Karottenstreifen
- 1 Schuss alter Portwein
- 10 cl Geflügelfond
- 24 Morcheln
- Pfeffer, Salz

ZUBEREITUNG
Kaninchenfleisch entbeinen, die Filets herausschneiden und teilen (oder schon beim Metzger vorbereiten lassen). Für die Farce das restliche Fleisch in der Küchenmaschine zerkleinern, Eiweiß, Sahne, Salz und Pfeffer zugeben.
In eine runde Form von 6,5 cm Durchmesser ein Stück Kaninchenfilet, etwas Farce, ein Stück Hähnchen, wieder etwas Farce und schließlich wieder Kaninchenfleisch geben. Den Teig in 4 Stücke teilen. Ein wenig Farce und eine Niere darauf legen und mit einem Streifen Lauch verschließen.
Die Form entfernen und die so entstandenen Törtchen auf ein eingefettetes Backblech setzen. Salzen und pfeffern.
Im Ofen bei 220 Grad 12 Minuten garen lassen, herausnehmen und 5 Minuten mit Alufolie abgedeckt ruhen lassen.
Jedes Kaninchentörtchen mit einem Streifen Karotte garnieren und mit einem Streifen Lauch zusammenbinden.
Die Nierentäschchen frittieren und auf Küchenpapier abtropfen lassen.
Das Backblech mit Portwein und Geflügelfond ablöschen, den Bratensatz lösen und die Sauce zusammen mit einem nussgroßen Stück Butter in einen Topf geben.
Die geputzten Morcheln in Butter anbraten und mit Salz und Pfeffer abschmecken.
Die Morcheln auf einem vorgewärmten Teller verteilen, ein Kaninchentörtchen darauf setzen und mit einigen Morcheln krönen. Die Portweinsauce rundum angießen.
Das Nierentäschchen am Tellerrand anrichten.
(Foto Seite 50)

LYDIA EGLOFF

SCHNECKENTÖRTCHEN MIT *PISTOU* UND BROKKOLI-CAPPUCCINO

FÜR 4–6 PERSONEN
ZUBEREITUNGSZEIT: 50–60 MINUTEN
KOCHZEIT: 7 MINUTEN

ZUTATEN
- 4 Dutzend frische Schnecken
- 2 Bund Basilikum
- 2 Bund Rucola
- 80 g leicht gesalzene Butter
- 2 EL Olivenöl
- 3 Knoblauchzehen, blanchiert
- 2 ganze Eier
- 2 Eigelb
- 50 g geriebener Parmesan
- 30 cl Wasser
- 60 g Mehl
- 60 g Hartweizengrieß
- 1 EL Öl
- Salz, Pfeffer
- 400 g Blätterteig
- 1 Brokkoli
- 1 Eigelb
- 2 EL Milch
- 2 Bund Rucola
- 2 EL Olivenöl
- 3 EL Parmesan
- 20 cl geschlagene Sahne
- Salz, Pfeffer

ZUBEREITUNG
Das Fleisch von 2 Dutzend Schnecken und 1 Bund Basilikum sehr fein schneiden.
Für die Schneckentörtchen den Rucola waschen und putzen. Die Blätter des restlichen Basilikums abzupfen und beides in kochendes Salzwasser geben, zusammenfallen lassen und mit dem Schaumlöffel aus dem Topf nehmen. Zusammen mit Butter, Olivenöl, dem Kochwasser und den blanchierten Knoblauchzehen in die Küchenmaschine geben und zu einem Coulis verarbeiten.
4 EL davon beiseite stellen, den Rest bei sehr geringer Hitze einige Sekunden auf den Herd stellen und Mehl und Grieß einrieseln lassen. Mit dem Spatel vermischen, das Schneckenfleisch, die mit dem Eigelb verquirlten Eier, den Parmesan sowie das gehackte Basilikum hinzufügen. Die Masse in eine zuvor leicht eingefettete Schüssel geben.
Den Blätterteig ausrollen und in 4 Streifen teilen (24 cm lang und 8 cm breit). Eigelb mit Milch verquirlen und die Teigstreifen mit einem Pinsel dünn damit bestreichen. Die Schneckenmasse in eine Spritztüte geben und auf die ganze Länge und auf zwei Drittel in der Breite der Teigstreifen verteilen. Den Teig von der breiten Seite her zusammenrollen und in 16 mundgerechte kleine Stücke schneiden. Im heißen Ofen bei 220 Grad 7 Minuten backen lassen. Den Brokkoli in Röschen teilen und 3 Minuten in kochendem Salzwasser kochen. Pürieren und passieren, abschmecken.

ANRICHTEN
Die restlichen Schnecken in dem Coulis erwärmen und abschmecken. Den Rucola auf 4 Teller verteilen und mit einigen Tropfen Olivenöl beträufeln. Parmesan darüber streuen und die Törtchen sowie die erwärmten Schnecken darauf anrichten.
Die geschlagene Sahne in durchsichtige Tassen füllen und das Brokkolipüree darüber geben.

MIT ENGELWURZ GESPICKTES TÄUBCHEN MIT ROTKOHLSAUERKRAUT

FÜR 4 PERSONEN
ZUBEREITUNGSZEIT: 45 MINUTEN
KOCHZEIT: 15 MINUTEN

ZUTATEN
- 3 junge Täubchen
- 5 cl Haselnussöl
- 1 Stängel Engelwurz, leicht kandiert
- Meersalz
- Pfeffer aus der Mühle
- 1 mittelgroßer Rotkohl
- 10 Würfel Rohrzucker
- 50 cl reifer Essig
- 1 TL Wacholder, gemahlen
- 50 cl Wein aus Corbières
- 1 Orange, in Scheiben geschnitten
- 4 frische Lorbeerblätter
- Meersalz
- Pfeffer

Das Rotkohlsauerkraut muss 8 Tage zuvor zubereitet werden.

ZUBEREITUNG
Das Rotkohlsauerkraut: Die äußeren 2 bis 3 Lagen sowie den Strunk des Rotkohls entfernen, alles Übrige säubern. Mit der Maschine in 3 mm breite Streifen schneiden und in einen Steinguttopf geben. Aus dem angefeuchteten Zucker mit etwas Essig ein helles Karamell zubereiten. Sobald die Zuckermasse die Farbe von Honig angenommen hat, Wacholder, Essig, Rotwein und Pfeffer (8 Drehungen der Mühle) hinzufügen. Um die Hälfte einkochen lassen, Orangenscheiben, Lorbeerblätter und eine kleine Hand voll Meersalz zugeben. Noch heiß über den Rotkohl gießen, den Topf leicht hin und her bewegen, damit sich die Flüssigkeit überall gut verteilt. Den Kohl mit einem kleinen Teller abdecken und mit einem Gewicht beschweren. 8 Tage lang an einem kühlen Ort stehen lassen.
Die Täubchen: Die Täubchen mit Engelwurz spicken, dann in einigen Tropfen Haselnussöl von allen Seite bei starker Hitze anbraten. Mit Salz und Pfeffer abschmecken und 15 Minuten bei niedriger Temperatur im Ofen garen.
Den Saft des Rotkohls abseihen und bei mittlerer Hitze um ein Drittel einkochen lassen (etwa 10 Minuten). In einen Topf gießen, den Rotkohl zugeben und 10 Minuten bei kleiner Flamme dünsten. Ist das Fleisch rosé und saftig, die Täubchen aus dem Ofen nehmen. Zerlegen, dabei darauf achten, dass der Engelwurz unter der Haut sichtbar bleibt.
Den Bratsaft mit der Rotkohljus ablöschen, die gesamte Flüssigkeit passieren und, wenn nötig, nochmals einkochen lassen.

ANRICHTEN
Auf dem Teller einen kleinen Rotkohlhügel aufschichten und die einzelnen Täubchenstücke rundherum anrichten und mit Jus einen Kreis darum ziehen. Sofort servieren.

NICOLE FAGEGALTIER

KALBSFILET MIT MANDELCREME UND FENCHELCONFIT

FÜR 4 PERSONEN
ZUBEREITUNGSZEIT: 40 MINUTEN
KOCHZEIT: 60 MINUTEN

ZUTATEN
- 800 g entbeintes Kalbfleisch mit Knochen

Für das Gemüse
- 1 Karotte
- 1 Zwiebel
- 1 Lauchstange
- 1 Bund Kräuter
- 1 Fenchelknolle (ca. 400 g)
- etwas Olivenöl
- 20 g Butter
- Combava-Salz (eine Mischung aus Guérande-Meersalz und Combava, einer kleinen Zitrone von der Insel La Réunion)
- Pfeffer

Für die Mandelcreme
- 40 g Kartoffeln
- 12 cl Milch
- 40 cl Sahne
- 20 g gemahlene Mandeln

ZUBEREITUNG
Die Knochen und das in Scheiben geschnittene Gemüse in einen Topf geben, mit Wasser auffüllen, salzen, pfeffern und 60 Minuten kochen. Den Fond durch ein Haarsieb geben und zu einer sirupartigen Masse einkochen lassen (ca. 5 EL). Den Fenchel längs vierteln und mit Zitrone, 2 EL Olivenöl, Combava-Salz und Pfeffer in einen flachen Topf geben, mit Wasser auffüllen. Zugedeckt köcheln lassen, bis der Fenchel gar ist. Das Fleisch in 4 gleich große Stücke teilen. Öl und Butter in einem Topf erhitzen und die zuvor gesalzenen und gepfefferten Fleischstücke hineinsetzen, goldbraun braten und im Ofen einige Minuten lang fertig garen lassen. Das Fleisch herausnehmen und ruhen lassen.
Die Mandelcreme: Die Kartoffeln in kleine Würfel schneiden und mit Milch und Sahne kochen lassen. Wenn sie gar sind, die Mandeln hinzufügen, pürieren und durch ein feines Sieb streichen.

ANRICHTEN
Den Fenchel auf flache Teller setzen, 1 EL Mandelcreme darauf verteilen. Das Fleisch in dicke Scheiben schneiden und neben dem Fenchel anrichten, mit der Jus beträufeln und mit etwas Combava-Salz würzen.
(Foto Seite 58)

GEBRATENE ANANAS, KOKOSNUSSMOUSSE UND KROKANT-*TUILES* MIT ORANGENEIS

FÜR 4 PERSONEN
ZUBEREITUNGSZEIT: 80 MINUTEN
KOCHZEIT: 10 MINUTEN

ZUTATEN
- 1 Ananas
- 1 Vanilleschote
- 1 Prise Lebkuchengewürz
- 20 g Butter
- 3 EL Zucker

Für das Ananascoulis
- 20 g Zucker
- 12,5 cl Ananassaft

Für die Krokant-*Tuile*
- 100 g Zucker
- 40 g Butter
- 40 g Traubenzucker oder Zucker
- 2 EL Milch
- 100 g fertiger Mürbeteig, im Mixer zerkleinert

Für die Kokosnussmousse
- 1 Blatt Gelatine
- 7,5 cl Milch
- 40 g Zucker
- 40 g Kokosnuss
- 100 g geschlagene Sahne

Für das Orangeneis
- 2,5 cl Milch
- 4 g gemahlener Koriander
- 3 Eigelb
- 60 g Zucker
- 60 g Sahne
- 50 g Traubenzucker oder Zucker
- 1 drei Mal blanchierte Orangenzeste

ZUBEREITUNG

Die Ananas: Die Ananas längs in vier Teile schneiden, das Herz beiseite stellen. Mit Hilfe eines Teigausstechers aus jedem Teil 3 Scheiben à 40 mm Durchmesser ausstechen, insgesamt werden 12 Scheiben benötigt. Die Reste des Fruchtfleischs mit etwas Wasser, Vanilleschote und Lebkuchengewürz pürieren und durch ein Sieb streichen. Den Saft beiseite stellen. Die 12 Ananasscheiben in Butter anbraten, mit Zucker bestreuen und karamellisieren lassen, dann die Hälfte des Ananassafts zugeben. Ananas abtropfen lassen und beiseite stellen.
Das Ananascoulis: Den Zucker karamellisieren lassen. Sobald er die Farbe von Honig angenommen hat, den restlichen Ananassaft hinzufügen.
Die Krokant-*Tuiles*: Zucker, Butter, Traubenzucker und Milch zusammen aufkochen lassen, vom Herd nehmen und den zerkleinerten Mürbeteig hinzufügen. Die Masse auf einem Backpapier verteilen und im Ofen bei 160 Grad 10 Minuten backen. Dann in 4 Streifen teilen (8 cm auf 5 cm) und mit Hilfe eines Zylinders mit 4 cm Durchmesser zu 8 cm langen *Tuiles* formen.
Die Kokosnussmousse: Die Gelatine in kaltem Wasser einweichen. Die Milch mit Zucker und Kokosnuss aufkochen lassen, vom Herd nehmen und mit der ausgedrückten Gelatine und der geschlagenen Sahne vermischen, kalt stellen.
Das Orangeneis: Die Milch aufkochen lassen und den Koriander zugeben. Eigelb und Zucker schaumig schlagen. Zur Milch geben und zu einer leichten Creme rühren. Wieder auf den Herd stellen und so lange rühren, bis die Creme den Löffel überzieht, dann Traubenzucker und Orangenzeste zugeben. In die Eismaschine geben.

ANRICHTEN

Auf dem Tellerboden Streifen aus Ananascoulis ziehen und darauf eine Tuile setzen, darüber eine Ananasscheibe legen und mit etwas Kokosnussmousse bestreichen. In gleicher Reihenfolge zwei weitere Schichten darüber legen. Mit einer Kugel Orangeneis abschließen. Dazu lauwarmen Ananassaft servieren.

NOUGAT-MILLEFEUILLE MIT CARAMBAR-EIS

FÜR 4 PERSONEN
ZUBEREITUNGSZEIT: 45 MINUTEN
KOCHZEIT: 10 MINUTEN

ZUTATEN

Für das Schokoladennougat
- 100 g Zucker
- 2 EL Milch
- 40 g Butter
- 40 g Traubenzucker
- 5 g Kakao
- 70 g gehackte Mandeln

Für das Kaffeecoulis
- 30 g Zucker
- 1 EL sehr starker Espresso

Für den Biskuit
- 2 Eier
- 80 g Zucker
- 75 g Mehl
- 2 EL starker Kaffee

Für die Mascarponemousse
- 150 g Mascarpone
- 30 g Zucker
- 100 g flüssige Sahne
- 150 g geschlagene Sahne

Für das Carambar-Eis
- 1/4 l Milch
- 70 g Carambar-Bonbons
- 3 Eigelb
- 3 EL Zucker
- 60 g Sahne
- 50 g Traubenzucker oder Zucker

ZUBEREITUNG

Das Schokoladennougat: Milch, Butter, Zucker, Traubenzucker und Kakaopulver zusammen aufkochen lassen, dann die gehackten Mandeln zugeben. Die Masse auf ein Backpapier streichen und im Ofen bei 160 Grad 10 Minuten trocknen lassen. In Rechtecke (3 cm auf 13 cm) schneiden.
Das Kaffeecoulis: Zucker karamellisieren lassen und, sobald er die Farbe von Honig annimmt, den Kaffee hinzufügen. Einkochen lassen.
Der Biskuit: Die Eier trennen, Eigelb und Zucker schaumig schlagen, Mehl beigeben, dann das zu Eischnee geschlagene Eiweiß hinzufügen. 1 cm dick auf ein Backblech streichen und backen. In Rechtecke (3 cm auf 13 cm) schneiden.
Die Mascarponemousse: Mascarpone mit der flüssigen Sahne mischen, zuckern und die geschlagene Sahne unterheben.
Das Carambar-Eis: Die Bonbons in der kochenden Milch auflösen, Eigelb und Zucker schaumig schlagen, die Milch dazugeben, wieder auf den Herd stellen und wie eine Vanillecreme kochen. Traubenzucker zugeben. In die Eismaschine geben.

ANRICHTEN

Die Biskuits mit Kaffee tränken. Die Mascarponemousse in eine Spritztüte füllen und eine Schicht Mousse auf einen Biskuit spritzen, etwas Kaffeecoulis darauf träufeln, danach eine Schicht Nougat, es folgen wieder eine Schicht Mousse und etwas Coulis. Nach einer weiteren Nougat-Mousse-Coulis-schicht mit einer Nougatschicht schließen. Mit dem restlichen Nougat einen Kreis ziehen, in die Mitte das Carambar-Eis setzen und einen Streifen Kaffeecoulis darüber träufeln.
(Foto Seite 57)

ANNIE FEOLDE

SPAGHETTI *ALLA CHITARRA* MIT GETROCKNETEN TOMATEN UND ERBSENCREME

FÜR 4 PERSONEN
ZUBEREITUNGSZEIT: 30 MINUTEN
KOCHZEIT: 3 STUNDEN 40 MINUTEN
(DAVON 3 STUNDEN AM VORTAG FÜR DIE TOMATEN)

ZUTATEN

Für die Spaghetti
- 320 g frische Spaghetti *alla chitarra* (vom italienischen Feinkosthändler oder siehe unten)
- 12 hauchdünne Scheiben Bauchspeck
- 1 Bund Basilikum
- Olivenöl extra vergine
- Salz, Pfeffer

Für die getrockneten Tomaten
- 12 Flaschentomaten, vollreif
- 1 TL frischer Thymian
- Olivenöl
- grobes Salz

Für die Erbsencreme
- 200 g Erbsen
- 1 Scheibe Bauchspeck
- 1 Schalotte
- 30 cl Geflügelbrühe
- Olivenöl extra vergine
- Salz, Pfeffer

ZUBEREITUNG

Am Vortag die Tomaten 30 Sekunden überbrühen, abschrecken und enthäuten. In Viertel schneiden, entkernen und 30 Minuten in einem Sieb austropfen lassen. Auf ein Backblech legen, mit grobem Salz und Thymian würzen und mit Olivenöl übergießen. 3 Stunden bei 90 Grad im Ofen trocknen lassen.
Für die Erbsencreme die Schalotte sehr fein hacken, in etwas Olivenöl glasig werden lassen, Erbsen zugeben, mischen und sofort die Brühe dazugießen. 20 Minuten köcheln, dann pürieren und mit einem feinen Sieb etwaige Hautreste entfernen. Übrig bleiben etwa 15 cl Erbsencreme. Salzen, pfeffern und beiseite stellen. Den Ofen auf 180 Grad vorheizen. Den Bauchspeck zwischen zwei Lagen Backpapier auf ein Backblech legen und beschweren (z.B. mit einem weiteren Blech, um den Speck beim Braten flach zu halten). 10 Minuten in den Ofen schieben. Die getrockneten Tomaten in kleine Stücke schneiden. Die Spaghetti al dente kochen und abtropfen lassen. Die Spaghetti, die Tomaten und etwas Öl in einer Pfanne 1 Minute bei niedriger Hitze mischen. Die Erbsencreme erwärmen, auf die Teller geben und die

Spaghetti mit den Tomaten und dem Bauchspeck darauf verteilen. Mit Basilikumblättern bestreuen. (Foto Seite 64)

Wir bereiten unsere Nudeln mit einer »Gitarre«, einer besonderen Nudelmaschine aus Süditalien zu. Sie hat Metallsaiten, mit denen die Nudeln geschnitten werden. Falls Sie eine Nudelmaschine oder sogar eine »Chitarra« besitzen, hier das Rezept für die Zubereitung der original »Gitarren«-Nudeln:
Aus 250 g Mehl, 4 Eigelb, 1 EL Öl, 1 EL Wasser einen Teig herstellen, in ein Küchentuch wickeln und mindestens 30 Minuten im Kühlschrank ruhen lassen.
Den Teig 2 mm dick ausrollen, in die Form der »Gitarre« schneiden und durch die Saiten der Nudelmaschine pressen. Die fertigen Nudeln mit Mehl bestäuben, auf ein Tuch legen und kühl stellen.

CHRISTINE FERBER

MÜRBETEIG MIT MANDELN UND NÜSSEN

FÜR 600 G TEIG (2 BLECHE)
ZUBEREITUNGSZEIT: 20 MINUTEN
RUHEZEIT: MINDESTENS 60 MINUTEN

ZUTATEN
- 250 g Mehl
- 100 g Puderzucker
- 150 g Butter, zimmerwarm
- 1 Ei
- 50 g gemahlene Haselnüsse
- 25 g Krokant oder geröstete Mandelmasse (vom Konditor oder aus dem Supermarkt)
- 1 Prise Salz

ZUBEREITUNG
Das Mehl auf die Arbeitsfläche sieben. In eine Vertiefung in der Mitte Butter, Zucker und Mandelmasse geben. Salz und Nüsse darüber streuen. Mit den Fingerspitzen vorsichtig mischen, bis eine zusammenhängende Masse entsteht, dabei nach und nach immer mehr Mehl hineinmischen, so dass der Teig eine bröckelige Konsistenz bekommt. In diese Masse wieder in eine Vertiefung das geschlagene Ei geben. Den Teig vorsichtig durchkneten, zu einer Kugel rollen und in Klarsichtfolie wickeln. Im Kühlschrank mindestens 1 Stunde kalt stellen. Am besten den Teig schon am Vortag zubereiten.
Eine größere Menge Teig lässt sich leichter zubereiten, den Rest können Sie einfrieren. Als Variation kann man dem Mehl auch etwas Zimt oder zwei gemahlene Kardamomkapseln hinzufügen.

MANDEL-KARDAMOMCREME

FÜR ETWA 300 G CREME
ZUBEREITUNGSZEIT: 10 MINUTEN

ZUTATEN
- 75 g Butter, zimmerwarm
- 60 g Puderzucker
- 75 g gemahlene Mandeln
- 30 g Weizenmehl
- 2 kleine Eier
- 2 Kardamomkapseln, gemahlen

ZUBEREITUNG
Mit dem Mixer Butter und Zucker schaumig schlagen, Eier, Mehl, Mandeln und Kardamom zugeben und so lange weiter schlagen, bis die Masse hell und cremig wird.
Man kann die Creme auch mit etwas geriebener Orangen- oder Zitronenschale zubereiten, einige Tropfen Orangenblütenwasser, Zimt oder gemahlenen Anis hinzufügen. Verteilt man die Mandelcreme auf dem Tortenboden, nimmt sie während des Backens den Saft der Früchte auf und verhindert, dass der Boden durchweicht.

PFEFFRIGE SAUERKIRSCHEN

FÜR 5 SCHRAUBGLÄSER À 200 G
ZUBEREITUNGSZEIT: 45 MINUTEN
KOCHZEIT: 10 MINUTEN

ZUTATEN
- 800 g Sauerkirschen
- 12,5 cl weißer Essig
- 10 cl Wasser
- 100 g Kristallzucker
- 125 g Blütenhonig
- 40 schwarze Pfefferkörner

ZUBEREITUNG
Für die süßsaure Sauce Essig, Wasser, Zucker und Honig in einen kleinen Topf geben, aufkochen lassen, den Schaum abschöpfen und zur Seite stellen. Die Kirschen waschen, auf einem Tuch trocknen und entsteinen. Jede Kirsche mit einer Nadel anstechen, damit die Flüssigkeit gut einziehen kann.
Die Kirschen in Schichten in die Gläser setzen (circa 36 Früchte und 8 Pfefferkörner pro Glas). Die süßsaure Sauce zum Sieden bringen und über die Kirschen gießen. Die Früchte müssen ganz bedeckt sein. Die Gläser verschließen und bis zum nächsten Morgen auf den Kopf stellen. Vor dem Verzehr 2–3 Wochen im Kühlschrank durchziehen lassen.
Die Kirschen werden zum Aperitif als Beilage zu Trockenwürsten oder Schweine-*Rillettes* gereicht oder zu einem Raclette serviert.

HAGEBUTTENKONFITÜRE

Aus Hagebutten, den Beeren der Wildrose, lässt sich eine leckere Konfitüre zubereiten. Dazu müssen allerdings die Härchen im Inneren der Hagebutten vollständig entfernt werden. Geerntet werden die dunkelroten Früchte nach dem ersten Frost, der sie weicher werden lässt. Es gibt zwei Methoden der Zubereitung.

ERSTE METHODE
Die Hagebutten mit kaltem Wasser abbrausen, entstielen und das schwarze Häubchen abschneiden, dann längs teilen, die Kerne und die Härchen entfernen (dabei Handschuhe tragen). Die Hagebutten waschen, in einen Topf geben und mit Wasser bedecken. Aufkochen und dann 30 Minuten köcheln lassen, gelegentlich umrühren. Nach dem Abkühlen die Früchte und das restliche Kochwasser in der Flotten Lotte passieren.

ZWEITE METHODE
Die Hagebutten mit kaltem Wasser abbrausen, entstielen und das schwarze Häubchen abschneiden. Ganz in einen Topf geben und mit Wasser bedecken. Aufkochen und 30 Minuten kochen lassen, bis die Früchte aufplatzen. Abkühlen lassen. Danach die Früchte mehrmals durch eine Gemüsepresse geben, dabei ein immer feineres Sieb wählen, so dass Kerne und Haut aus der Masse entfernt werden. Zum Schluss nochmals durch ein Haarsieb geben.

HAGEBUTTENKONFITÜRE MIT VANILLE

FÜR 5–6 GLÄSER À 200 G
ZUBEREITUNGSZEIT: 120 MINUTEN
KOCHZEIT: 35 MINUTEN (DAVON 30 MINUTEN FÜR DAS PÜREE)

ZUTATEN
- 1 kg Hagebuttenpüree (Zubereitung siehe oben), dazu braucht man 2,5–3 kg Früchte
- 800 g Kristallzucker
- 1 Vanilleschote

ZUBEREITUNG
Gläser und Deckel auskochen und auf einem Küchenhandtuch trocknen lassen. Die Konfitüre nach einer der beiden genannten Methoden zubereiten, zusammen mit dem Zucker und der längs aufgeschnittenen Vanilleschote in einen Topf geben. Unter ständigem Rühren aufkochen und 5 Minuten kochen lassen. Ununterbrochen rühren.
Dann die Gelierprobe machen: einen Löffel Konfitüre auf einen kalten Teller geben. Wenn sie nicht mehr fließt, sondern eine Haut bildet, den Topf vom Herd nehmen. Die Vanilleschote entfernen, in Stücke schneiden. Die Konfitüre in Gläser füllen, dabei jedes Mal ein Stück Vanilleschote zugeben, verschließen und auf den Kopf stellen. Kühl und dunkel lagern.
Diese Konfitüre hat eine wunderbare cremige Konsistenz. Ich erinnere mich an ein Dessert, das ich als Kind sehr geliebt habe: ein kleiner Krapfen, gefüllt mit Hagebuttenkonfitüre. Versuchen Sie es und genießen Sie dazu einen guten Muscat aus dem Elsass.

ROSE GRAY & RUTH ROGERS

BÜFFELMOZZARELLA MIT SALAT AUS SAUBOHNEN UND PECORINO

FÜR 6 PERSONEN
ZUBEREITUNGSZEIT: 15 MINUTEN

ZUTATEN
- 2,5 kg frische Saubohnen in der Hülse
- 10 cl Olivenöl extra vergine
- Saft einer Zitrone
- Maldon-Salz (siehe unten), Pfeffer aus der Mühle
- 1 Bund Rucola ohne Stiele
- 1 Bund frische Minze ohne Stiele
- 150 g frischer Pecorino in feinen Scheiben
- 6 Kugeln Büffelmozzarella

ZUBEREITUNG
Die Bohnen enthülsen. In einer Salatschüssel mit Öl und Zitronensaft mischen, salzen und pfeffern. In einer anderen Schüssel Rucola und Minze mischen, die Bohnen hinzugeben und vorsichtig vermengen. Die Pecorinoscheiben darüber legen, mit Olivenöl beträufeln und mit den abgetropften Mozzarellakugeln servieren.
(Foto Seite 72)

Maldon-Salz kommt aus England. Die etwas größeren Salzkristalle lassen sich im Mund angenehm zerbeißen. Maldon-Salz wird in Feinkostläden verkauft, kann aber auch durch grobes Meersalz ersetzt werden.

GEBRATENES WILDGEMÜSE

FÜR 4 PERSONEN
ZUBEREITUNGSZEIT: 25 MINUTEN
KOCHZEIT: 15 MINUTEN

ZUTATEN
- 250 g Salatzichorie
- 200 g Rucola
- 200 g Mangold
- 200 g Rübenkraut (oder Rettichkraut)
- 4 EL Olivenöl extra vergine
- 4 Knoblauchzehen
- 2 kleine getrocknete Chilischoten
- 2 Zitronen
- grobes Salz, Maldon-Salz (siehe oben)
- schwarzer Pfeffer aus der Mühle

ZUBEREITUNG
Das Gemüse waschen. Falls Rettichkraut verwendet wird, mehrmals das Wasser wechseln, da es meist sehr sandig ist. Alle Gemüse getrennt kochen: Rucola 3 Minuten, die Rüben- oder Rettichblätter 4 Minuten, die Salatzichorie 8 Minuten und den Mangold 10 Minuten. Gut abtropfen lassen und die großen Blätter hacken. Den Knoblauch und die Chilischoten fein hacken. In einem großen Topf Knoblauch und Pfeffer in Öl anbraten, dann für einige Augenblicke das Gemüse zugeben. Mit Maldon-Salz und Pfeffer abschmecken. Mit Zitronenvierteln servieren.

STEINBUTTSTEAK MIT KAPERN

FÜR 6 PERSONEN
ZUBEREITUNGSZEIT: 20 MINUTEN
KOCHZEIT: 20–25 MINUTEN

ZUTATEN
- 6 Steinbuttsteaks à 225–300 g
- Saft von 3 Zitronen
- 1 Zitrone in Vierteln
- 6 EL zarte Sellerieblätter
- 6 EL glatte Petersilie
- 12 EL abgetropfte Kapern
- 2 EL Olivenöl
- Maldon-Salz (siehe oben)
- schwarzer Pfeffer aus der Mühle

ZUBEREITUNG
Den Ofen auf 230 Grad vorheizen. Die Steinbuttsteaks mit Olivenöl bestreichen, salzen und pfeffern. In eine Form setzen und, je nach Dicke, 15–20 Minuten braten. Aus dem Ofen nehmen und auf vorgewärmte Teller legen.
Den Zitronensaft mit den gehackten Sellerieblättern, den Kapern und der Hälfte der Petersilie in die Form geben, 1 Minute lang bei starker Hitze und ständigem Rühren anziehen lassen und über den Fisch gießen. Restliche Petersilie darüber streuen und mit Zitronenvierteln servieren.
(Foto Seite 71)

CATHERINE GUERRAZ

KALBSBRIES MIT KARAMELLISIERTEN SCHWARZWURZELN

FÜR 4 PERSONEN
ZUBEREITUNGSZEIT: 40 MINUTEN
KOCHZEIT: 30 MINUTEN
WÄSSERUNGSZEIT FÜR DAS KALBSBRIES: 3 STUNDEN

ZUTATEN
Für das Kalbsbries
- 800 g Kalbsbries
- 75 g geklärte Butter (siehe unten)
- 4 Stängel Zitronenmelisse
- 100 g Mehl
- Salz, Pfeffer

Für die Sauce
- 25 cl Geflügelbrühe
- 2 Stängel Zitronengras
- 100 g Butter
- 100 cl Crème fraîche
- Salz, Pfeffer

Für die Beilage
- 800 g Schwarzwurzeln
- 1/2 Zitrone
- 30 g Butter
- 200 g Zucker
- Salz, Pfeffer

ZUBEREITUNG
Kalbsbries in kaltem Wasser gut 3 Stunden wässern. In einen Topf mit kaltem Wasser geben, aufkochen lassen, vom Herd nehmen, abtropfen lassen und mit kaltem Wasser abschrecken. Knorpel, Adern und Fett herausschneiden, in Würfel schneiden und kühl stellen.
Die Sauce: Das Zitronengras sehr fein hacken, zur Brühe geben und 2 Minuten bei starker Hitze einkochen lassen, dann die Crème fraîche und die Butter zugeben und wieder leicht einkochen lassen. Passieren, mixen, salzen und pfeffern.
Die Beilage: Die Schwarzwurzeln schälen, in Wasser mit etwas Zitronensaft waschen und beiseite stellen. Aus Butter und Zucker Karamell herstellen, 25 cl Wasser, Salz, Pfeffer und die Schwarzwurzeln hinzufügen und das Gemüse weich kochen. Abtropfen lassen und in Stücke schneiden, beiseite stellen.
Das Kalbsbries würzen und in Mehl wälzen, die geklärte Butter in einer Pfanne erhitzen und das Bries bei starker Hitze goldbraun und knusprig braten, dann auf die Zitronenmelissestängel stecken.
Die Zitronengrassauce anwärmen und mit dem Mixer schaumig schlagen, zusammen mit den Spießchen und den karamellisierten Schwarzwurzeln servieren.
(Foto Seite 75)

Geklärte Butter enthält keine festen Bestandteile mehr, so dass man sie auch zum Braten und Frittieren bei hohen Temperaturen verwenden kann, weil sie nicht anbrennt. Dieses reine Butterschmalz kann man gut vorbereiten. Es wird wie jedes andere Fett verwendet.
125 oder 250 g Butter erhitzen und abwarten, bis sich Schaum bildet. Den Schaum abschöpfen und das klare Butterfett in ein anderes Gefäß geben. Kühl aufbewahren.

WARME SCHOKOLADENKUCHEN MIT SALZIGEM KARAMELL

FÜR 4 PERSONEN
ZUBEREITUNGSZEIT: 25 MINUTEN
KOCHZEIT: 15 MINUTEN

ZUTATEN
Für die Schokoladenkuchen
- 2 Eier
- 50 g Zucker
- 60 g Guanaja-Schokolade
- 70 g Butter, zerlassen und abgekühlt
- 20 g Butter für die Formen
- 30 g Mehl

Für den Karamell
- 125 g Streuzucker
- 40 g gesalzene Butter
- 10 cl Sahne

ZUBEREITUNG
Für den Teig die Schokolade in kleine Stücke brechen und im Wasserbad mit der Butter auflösen. 4 kleine Auflaufformen einfetten. Die Eier mit dem Zucker schaumig schlagen, bis die Masse zäh vom Löffel läuft. Das Mehl und die Schokolade dazugeben. Sobald ein geschmeidiger Teig entstanden ist, in die Formen füllen.
30 Minuten kühl stellen, den Ofen auf 200 Grad vorheizen und den Kuchen 9 Minuten backen.
Den Zucker karamellisieren lassen, mit etwas Zitrone die Karamellisierung stoppen, vom Herd nehmen, erst die Butter, dann die Sahne zugeben, aufkochen lassen. Die Sauce warm zum Kuchen servieren.
(Foto Seite 77)

FATEMA HAL

ROSENCOUSCOUS

FÜR 4 PERSONEN

ZUBEREITUNGSZEIT: 30 MINUTEN IM COUSCOUSSIER

ZUTATEN

- 250 g feiner Couscous
- 25 g Butter
- 50 g Zucker
- 1 EL Rosenwasser
- 4 TL zerstoßene Rosenblätter, davon 1 TL für die Dekoration (in Asia-Läden und gut sortierten Supermärkten erhältlich)
- 1 TL Salz

ZUBEREITUNG

Den unteren Teil des Couscoussiers zur Hälfte mit Wasser füllen, aufkochen lassen. Das Couscous in eine große Schüssel geben, mit Wasser besprühen und locker zwischen den Händen rollen. Den oberen Teil des Couscoussiers mit dem Couscous füllen, auf das Unterteil stellen und ein feuchtes Mulltuch dazwischen legen, damit der Dampf nicht entweichen kann. Wenn der Dampf durch die Körner zieht, den oberen Teil abnehmen und das Couscous auf eine Servierplatte geben, mit Wasser besprühen und die entstandenen Klumpen mit den Händen zerbröseln; sind die Körner zu heiß, eine Gabel verwenden. Die gelockerten Körner wieder in den oberen Teil des Couscoussiers füllen und erneut dampfen. Den gesamten Vorgang wiederholen. Dabei 1 TL Salz hinzufügen, umrühren und ein letztes Mal in den Couscoussier geben. Dann auf eine große Platte stürzen und mit der Butter vermischen, damit das Couscous schön locker wird.

ANRICHTEN

In eine Schüssel füllen, Zucker hinzufügen und abschmecken. Mit Rosenwasser beträufeln. Die Rosenblätter zugeben und kleine Kuppeln formen, mit Rosenblättern dekorieren.

TAJINE MIT HUHN, PFLAUMEN UND SESAMKÖRNERN

FÜR 4 PERSONEN

ZUBEREITUNGSZEIT: 30 MINUTEN

KOCHZEIT: 60 MINUTEN

ZUTATEN

- 1 Huhn aus Freilandhaltung, in 8 Stücke geteilt
- 5 EL Öl
- 1 Zimtstange
- 3 TL Safran oder etwa 10 Safranfäden
- 2 Zwiebeln, fein geschnitten
- 350 g Pflaumen
- 100 g Puderzucker
- 1 TL Zimtpulver
- 100 g Butter
- 1/2 TL schwarzer Pfeffer
- 1 Hand voll Sesamkörner
- 1 TL Salz

ZUBEREITUNG

Das Hühnerfleisch mit Öl, Zimtstange, Safran und Zwiebeln in einen Topf geben, salzen, pfeffern, mit Wasser aufgießen und 45 Minuten bei niedriger Hitze köcheln lassen. Ist das Hühnchen gar, aus dem Topf nehmen und warm stellen. Die Zimtstange entfernen. Die Pflaumen mit Zucker, Zimtpulver und Butter in den gleichen Topf geben, etwas Wasser hinzufügen und köcheln lassen, bis die Sauce eine honigartige Konsistenz angenommen hat. Das Hühnerfleisch dazugeben und weitere 15 Minuten mitkochen lassen. Auf einer Servierplatte anrichten und mit Sesamkörnern bestreuen. (Foto Seite 79)

MOUROUZIYA

FÜR 6 PERSONEN

ZUBEREITUNGSZEIT: 25 MINUTEN

KOCHZEIT: 70 MINUTEN

ZUTATEN

- 1 Prise Safranfäden
- 2 TL Ras el hanout (marokkanische Gewürzmischung aus dem Feinkostladen; siehe unten)
- 2 Glas Wasser
- 1 kg Lammfleisch, in Stücke geschnitten
- 2 EL Haselnussöl
- 2 Zwiebeln
- 1 EL gesalzene Butter
- 150 g geschälte Mandeln
- 300 g Rosinen
- 100 g Honig
- 1/2 TL Salz, Pfeffer

ZUBEREITUNG

In einer Schüssel Salz, Pfeffer, Safran, Ras el hanout und 1/2 Glas Wasser mischen. Das Fleisch mit der Hälfte der Flüssigkeit bestreichen. Das Fleisch zusammen mit dem Öl, dem restlichen Wasser, den Zwiebeln, der gesalzenen Butter und den Mandeln in einen Topf geben und 45 Minuten köcheln lassen. Unterdessen die Rosinen 15 Minuten in lauwarmem Wasser quellen, dann abtropfen lassen und zum Fleisch geben. Auch die andere Hälfte der Gewürzmischung hinzufügen. Weitere 20 Minuten köcheln lassen und dann den Honig zugießen, die Hitze reduzieren. Servieren, wenn die Mandeln und die Rosinen karamellisiert sind.

TAUBEN-*PASTILLA*

FÜR 6 PERSONEN

ZUBEREITUNGSZEIT: 45 MINUTEN

KOCHZEIT: 70 MINUTEN

ZUTATEN

Für den Teig

- 30 g Brickteig
- 150 g Butter, zerlassen
- 2 Eigelb

Für die Taubenfüllung

- 3 EL Öl
- 4 große Zwiebeln
- 2 Bund frischer Koriander
- 1 TL Zucker
- 1/2 TL Pfeffer
- 1/4 TL Muskatnuss
- 1/4 TL gemahlener Ingwer
- 1/4 TL Safran
- 1 TL Zimt
- 6 Täubchen
- 10 Eier
- 4 Bund glatte Petersilie
- 1 TL Salz
- 1 Glas Wasser

Gewürze, Salz und Zucker können durch 1 gehäuften TL Ras el hanout (siehe oben) ersetzt werden.

Für die Mandelcreme

- 400 g Mandeln
- 2 EL Öl zum Frittieren
- 100 g Zucker
- 1/2 TL Zimt
- 1 EL Orangenblütenwasser

Zum Anrichten

- 100 g Puderzucker
- 1 TL Zimt

ZUBEREITUNG

Öl, fein gehackte Zwiebeln, gehackter Koriander, Salz, Zucker und Gewürze in einen großen Topf geben, gut mischen und die ganzen Täubchen dazugeben, bei starker Hitze anbraten. Etwas Wasser hinzufügen, damit die Zwiebeln weicher werden.
Nach dem Aufkochen die Hitze reduzieren und 45 Minuten köcheln lassen. Die Täubchen herausnehmen und die Flüssigkeit weitere 20 Minuten weiterköcheln lassen. Die Täubchen entbeinen, die Flügel ganz lassen. Nacheinander die Eier aufschlagen und in die Sauce geben, dabei ständig rühren. Vom Herd nehmen. Die Mandeln goldbraun rösten und in der Küchenmaschine zerkleinern. In einer Schüssel mit Zucker, Zimt und Orangenwasser vermischen.
In die Mitte einer gut eingefetteten runden Form 3 oder 4 ebenfalls gefettete Blätter Brickteig (oder Pastillateig) so übereinander legen, dass das Gewicht der Füllung den dünnen Teig später nicht reißen lässt. Dem Teigboden eine Blütenform geben. Die Teigblätter sollten überlappen und über den Rand der Form reichen. Jedes Teigblatt gut mit Butter einstreichen. Auf den Teigboden erst eine Schicht Mandelcreme, dann eine Schicht Teig, eine Schicht Taubenfüllung, eine Schicht Teig usw. geben, bis alle Zutaten aufgebraucht sind. Die Pastilla wie eine Tarte mit den überhängenden Teigplatten verschließen. Mit Eigelb verstreichen, damit die Platten gut verkleben. Bei 180–210 Grad etwa 20 Minuten backen. Mit Puderzucker und Zimt bestreuen.
(Foto Seite 80)

ANGELA HARTNETT

KNUSPRIGE SÜDFRÜCHTE-*TUILES*

FÜR 4 PERSONEN
ZUBEREITUNGSZEIT: 45 MINUTEN
BACKZEIT: 20 MINUTEN

ZUTATEN

Für die Südfrüchte
- 1 große Grapefruit
- 1 große Orange
- 2 EL Zucker
- 2 EL Gelierzucker

Für die Orangen-*Tuiles*
- 125 g Puderzucker
- 50 g Mehl
- Saft und geriebene Schale von 1/2 Orange
- 60 g weiche Butter

Für die Zitronencreme
- Saft und geriebene Schale von 2 unbehandelten Zitronen
- 3 Eier
- 130 g Zucker
- 180 g Butter

Für den Orangenkaramell
- 125 g Puderzucker
- 15 cl Orangensaft

Zum Anrichten
- 20 cl Zitronensorbet
- 2 EL kandierte Schalen von Südfrüchten (aus der Konfiserie)

ZUBEREITUNG

Die Südfrüchte: Die Früchte sorgfältig schälen, halbieren und die inneren weißen Teile entfernen, dann in Scheiben schneiden. Den Saft auffangen und in einen Topf geben. Zusammen mit dem Gelierzucker und dem Zucker aufkochen lassen, die Früchte hinzufügen und 3–4 Minuten unter Rühren kochen. Abkühlen lassen.
Die *Tuiles*: Den Ofen auf 180 Grad vorheizen. Den Zucker mit dem Mehl mischen, den Saft und die geriebene Orangenschale dazugeben, die Butter hineinrühren und zu einem geschmeidigen Teig verkneten.
Ein Backblech mit Backpapier auslegen und kleine runde Teigplatten ausrollen, 5–6 Minuten goldbraun backen. Sobald sie aus dem Ofen kommen, mit Backpapier bedecken. Danach auf ein Nudelholz legen, damit sie eine gewölbte Form bekommen.
Die Zitronencreme: Zucker, Eier und geriebene Zitronenschale schaumig schlagen, Zitronensaft zugeben und unter ständigem Schlagen im Wasserbad kochen. Aus dem Wasserbad nehmen, etwas abkühlen lassen und dann die Butter unterschlagen. Aus dem Zucker und dem Orangensaft einen Karamell zubereiten.

ANRICHTEN

Die gekochten Früchte, die Zitronencreme und die *Tuiles* auf die Teller geben, mit Karamell, Zitronensorbet und etwas kandierter Schale garnieren.
(Foto Seite 83)

KLEINE WINDBEUTEL MIT SCHOKOLADENSAUCE

FÜR 6 PERSONEN
ZUBEREITUNGSZEIT: 40 MINUTEN
KOCHZEIT: 35 MINUTEN

ZUTATEN

Für 20 Windbeutel
- 20 cl Wasser (die Hälfte des Wassers kann auch durch Milch ersetzt werden)
- 100 g Butter
- 130 g Mehl
- 4 Eier
- 1 Prise Salz, 1 TL Zucker
- 1 Dose Sprühsahne

Für die Schokoladensauce
- 50 cl Milch
- 35 g Zucker
- 10 g ungezuckerter Kakao
- 25 g Speisestärke
- 15 g Puderzucker
- 125 g Bitterschokolade
- 1 Prise Salz

ZUBEREITUNG

Die Windbeutel: Wasser in einen Topf geben, Butter, Salz und Zucker hinzufügen und aufkochen lassen, vom Herd nehmen und das Mehl auf einmal zugeben. Wieder auf den Herd stellen und die Masse so lange schlagen, bis sie elastisch ist und sich vom Topfboden löst. Erneut vom Herd nehmen und die Eier unterziehen.
Den Ofen auf 200 Grad vorheizen. Den Teig in eine Spritztüte geben (oder zwei kleine Löffel verwenden) und nussgroße Häufchen auf ein eingefettetes Backblech setzen. 10 Minuten backen, dann Ofen auf 220 Grad schalten und weitere 15 Minuten backen, bis die Windbeutel goldbraun und knusprig sind. Abkühlen lassen. In jeden Windbeutel eine kleine Öffnung machen und mit 2 oder 3 Spritzern Sahne füllen. Kühl stellen.
Die Schokoladensauce: Die Milch mit 20 g Zucker und Kakao aufkochen lassen. Die Speisestärke in etwas kaltem Wasser auflösen und zur Milch geben. Vom Herd nehmen, Salz, restlichen Zucker und in kleine Stücke gebrochene Schokolade hinzufügen und rühren, bis eine homogene Masse entstanden ist. Die Sauce kalt oder warm zu den Windbeuteln servieren.

MARIE-CHRISTINE KLOPP

AAL AUS DER *TAJINE* MIT KARTOFFELN, BOHNEN UND ZITRONENCONFIT

FÜR 4 PERSONEN
ZUBEREITUNGSZEIT: 30 MINUTEN
KOCHZEIT: 20 MINUTEN

ZUTATEN
- 4 Zitronen
- 300 g Bohnen
- 50 g Butter
- 3 Schalotten
- 1 Knoblauchknolle
- 3 Lorbeerblätter
- 4 Tomaten
- 1,5 kg Aal (beim Fischhändler säubern lassen)
- 500 g Kartoffeln, mittelgroß (Charlotte)
- 3 EL Öl
- 30 cl Pinot blanc aus dem Elsass
- 1 EL Olivenöl
- Salz, weißer Pfeffer

ZUBEREITUNG

Die Zitronen waschen, doppelt in Alufolie einwickeln und in einer Tonform bei 100 Grad über Nacht im Ofen einkochen lassen (oder bereits fertiges Zitronenconfit verwenden). Bohnen enthülsen und zusammen mit den Zwiebeln, dem Knoblauch, einem Lorbeerblatt und den in Würfel geschnittenen Tomaten in Butter anbraten. 25 cl lauwarmes Wasser zugießen und 30 Minuten köcheln lassen.
Die Kartoffeln schälen und in 1 cm dicke Scheiben schneiden, die beiden anderen Lorbeerblätter waschen und die Aale in Stücke schneiden. Die Kartoffeln mit Olivenöl, Salz und Pfeffer würzen, zusammen mit dem ebenfalls gewürzten Aal und den fast gar gekochten Bohnen in die *Tajine* geben. Die Zitronen vierteln, die Kerne entfernen. Zusammen mit dem Weißwein und 1 EL Olivenöl zum Aal geben, 20 Minuten kochen lassen.
Durch das Kochen in der *Tajine* bleibt die zarte Konsistenz des Aals und das Aroma der Gemüse erhalten wie bei keiner anderen Garmethode.

TANDOORI-JUNGSCHWEIN, DAZU KNOBLAUCH, JUNGES GEMÜSE UND PFEFFERSAUCE AUS DER *TAJINE*

FÜR 6 PERSONEN
ZUBEREITUNGSZEIT: 35–40 MINUTEN
KOCHZEIT: 20 MINUTEN

ZUTATEN
- 1 Rippenstück vom Jungschwein (13 Rippen)
- 3–4 TL Tandoori-Gewürz
- 3 EL geklärte Butter (für das Fleisch)
- 15 cl geklärte Butter (für die Kartoffeln)
- 1 Knoblauchzehe, fein geschnitten
- 8 Schalotten, fein geschnitten
- 25 cl Gemüsebrühe
- 1 kg Kartoffeln (Charlotte)
- 8 kleine Artischocken
- 1 Schuss Zitronensaft
- 1 Schuss Olivenöl
- 1 große rote Zwiebel
- 15 cl trockener Weißwein
- Salz, Pfeffer

ZUBEREITUNG

Schweinefleisch entbeinen und kochfertig vorbereiten (oder bereits den Metzger darum bitten), salzen, pfeffern und mit Tandoori-Gewürz bestreichen.
In einen Bräter setzen, mit der geklärten Butter von beiden Seiten bräunen lassen, dann Knoblauch und Schalotten zugeben und 15–20 Minuten bei 180 Grad im Ofen garen lassen, dabei immer wieder mit Flüssigkeit übergießen. Aus dem Ofen nehmen, das Fleisch mit Alufolie abdecken und warm stellen. Den Bratensaft mit Gemüsebrühe ablöschen, durchseihen und beiseite stellen.
Die Kartoffeln schälen und in dünne Scheiben schneiden, waschen und trocknen, damit sie nicht zusammenkleben. In einem Topf mit der restlichen geklärten Butter bei sehr starker Hitze kochen lassen. Sobald die Kartoffeln halb gar sind, zum Fleisch geben. Den Stiel der Artischocken bis zum letzten Drittel abbrechen. Dann die Artischocke halbieren, das »Heu« entfernen, mit Zitronensaft beträufeln und mit etwas Olivenöl, der in Ringe geschnittenen roten Zwiebel, etwas Weißwein und Gemüsebrühe in die *Tajine* geben. 8 Minuten auf der Herdplatte garen.

ANRICHTEN

Die Kartoffeln am oberen Tellerrand anrichten, die Artischocken dazugeben. Das Schweinefleisch in Scheiben schneiden, mit Sauce beträufeln.

MILCHSCHOKOLADENDREIECKE MIT GENEVERMOUSSE UND ÄPFELN

FÜR 6 PERSONEN
ZUBEREITUNGSZEIT: 35–40 MINUTEN
KOCHZEIT: 30 MINUTEN

ZUTATEN
Für die Schokoladendreiecke
· 200 g Milchschokolade
· **Für die Genevermousse**
· 10 cl Genever
· 30 cl Milch
· 3 Eigelb
· 40 g Streuzucker
· 20 g Speisestärke
· 20 g Mehl
· 1 Blatt Gelatine
· 20 cl geschlagene Sahne
Für den Mandelteig
· 80 g weiche Butter
· 80 g Streuzucker
· 1 Ei, zimmerwarm
· 80 g gemahlene Mandeln
· 2 Äpfel (Granny Smith)

ZUBEREITUNG
Die Milchschokoladendreiecke: Die Schokolade bei mittlerer Hitze schmelzen lassen und zwischen zwei Blättern Backpapier verteilen. Kühl stellen und mit einem Messer in Dreiecke schneiden.
Die Genevermousse: Die Milch aufkochen lassen, zuvor verquirlte Eier, Zucker, Mehl und Speisestärke zur Milch geben, aufkochen lassen und eine Konditorcreme zubereiten. Abkühlen lassen und Genever einrühren. Die eingeweichte Gelatine zugeben und ebenfalls unterrühren. Kühl stellen, danach die Sahne unterheben und mit einer Frischhaltefolie abdecken. Kalt stellen.
Der Mandelteig: Zuerst die Butter mit dem Zucker, dann das Ei und die gemahlenen Mandeln vermischen. In einer beschichteten Form 25–30 Minuten bei 170 Grad hellbraun backen. Abkühlen lassen und in Dreiecke schneiden.

ANRICHTEN
Auf einem Teller Dreiecke formen, dabei ist der Boden aus Mandelteig, dann abwechselnd Schichten aus Milchschokolade und Mousse. Das Ganze mit feinen Scheiben Granny Smith umlegen.
(Foto Seite 88)

LEA LINSTER

JAKOBSMUSCHELN IN DER SCHALE

FÜR 4 PERSONEN
ZUBEREITUNGSZEIT: 40 MINUTEN
KOCHZEIT: 14–15 MINUTEN

ZUTATEN
Für die Jakobsmuscheln
· 4 kleine Steinpilze
· 100 g Totentrompeten
· 1 Schalotte
· 20 g Butter
· 8–12 Jakobsmuscheln (je nach Größe), gesäubert
· 4 schöne Jakobsmuschelschalen mit Deckel
· 100 g Blätterteig
· 1 Eigelb
· feines Meersalz
Für die Sauce
· 1 Schalotte
· 50 g Butter
· 1 Messerspitze gehackter Knoblauch
· die Reste von den Pilzen (siehe unten)
· 20 cl fertige Geflügelbrühe
· 8 cl Vollmilch
· 80 g Sahne
· 2 cl Sherry
· feines Meersalz
· Pfeffer aus der Mühle
Zum Anrichten
· grobes Meersalz

ZUBEREITUNG
Die Muscheln: Die Steinpilze säubern, aber nicht waschen, Haut abziehen und in Scheiben schneiden. Die Totentrompeten waschen und putzen, trocknen und halbieren oder vierteln. Die abgeschnittenen Teile sowie die Haut für die Sauce aufbewahren.
Die Schalotte schälen und fein ha cken. Die Pilze in einer sehr heißen Pfanne in Butter anbraten, Schalotte und Salz zugeben. Abkühlen lassen.
Die Jakobsmuscheln unter fließendem Wasser säubern, mit Küchenpapier trocknen und kühl stellen. Die Schalen außen und innen sorgfältig reinigen und abtrocknen.
Den Teig 3 mm dick ausrollen und 4 Ringe in der Größe der Muschelschalen plus 3 cm ausschneiden. Das Eigelb mit 1 EL Wasser verquirlen. Den Ofen auf 200 Grad vorheizen. Die Jakobsmuscheln salzen und jeweils 2–3 von ihnen in eine geöffnete Muschelschale setzen, einige Pilze darumlegen und die Schale schließen. Die Teigringe mit Eigelb einstreichen und die Ränder zwischen die beiden Muschelteile klemmen.
Den Teig gut an die Muschelschale pressen und wieder mit Eigelb bestreichen.
Die Muschelschalen 14–15 Minuten in den Ofen schieben, bis der Blätterteig goldbraun geworden ist.
Die Sauce: Während die Muscheln im Ofen sind, eine Schalotte schälen, in feine Scheiben schneiden und in einem kleinen Topf in 20 g Butter anbraten, den Knoblauch und die Pilzreste zugeben. Einige Minuten dünsten, dann die Geflügelbrühe zugießen. Auf die Hälfte reduzieren lassen und durch eine feines Sieb passieren. Danach Milch und Sahne einrühren, die restlichen 30 g Butter zugeben und mit Salz, Pfeffer und Sherry abschmecken.

ANRICHTEN
Kurz vor dem Servieren die Sauce nochmals abschmecken und aufschlagen, damit sie schön schaumig ist. Je eine Hand voll grobes Meersalz in die Mitte von 4 tiefen Tellern geben, die Muschelschalen darauf setzen und mit Sauce übergießen.
(Foto Seite 92)

JOCELYNE LOTZ-CHOQUART

SCHNECKEN IM SPINATMANTEL MIT RADIESCHEN-MEERRETTICHCREME

FÜR 4 PERSONEN
ZUBEREITUNGSZEIT: 30 MINUTEN
KOCHZEIT: 20 MINUTEN

ZUTATEN
· 24 Schnecken aus dem Burgund (aus dem Glas)
· 250 g Spinat
· 200 g Radieschen (120 g in Scheiben und 80 g für die Jus)
· 1 Zitrone
· 20 cl vollfette Crème fraîche
· 2 EL Meerrettich (aus dem Glas)
· 2 EL Haselnussöl
· Salz, Pfeffer aus der Mühle
· Guérande-Meersalz

ZUBEREITUNG
Von der Zitronenschale 4 hauchdünne Scheiben ablösen und, um ihnen das Bittere zu nehmen, drei Mal aufkochen und wieder abkühlen lassen. Längs in feine Streifen schneiden.
Die Spinatblätter waschen und 2 Minuten dämpfen. Beiseite stellen. Die Radieschen waschen. Den Anteil für die Jus pürieren, den Rest in feine Scheiben schneiden.
Die Schnecken in kaltem Wasser abspülen, trocknen und jede in ein eigenes Spinatblatt wickeln. Crème fraîche, Zitronensaft, Radieschenjus, Meerrettich und Radieschenscheiben in einen Topf geben, bei niedriger Hitze 10 Minuten köcheln lassen (die Radieschenscheiben sollten noch knackig sein), salzen.
Die Schnecken 5 Minuten dämpfen. Aus dem Topf nehmen und mit Haselnussöl beträufeln. Die Radieschencreme auf den Tellern anrichten, die Schnecken darauf setzen und mit den Zitronenschalen, Meersalz und Pfeffer aus der Mühle bestreuen.
(Foto Seite 95)

BRUST VOM BRESSEHUHN MIT VIN JAUNE UND VANILLEMORCHELN

FÜR 6 PERSONEN
ZUBEREITUNGSZEIT: 35 MINUTEN
KOCHZEIT: 40 MINUTEN

ZUTATEN
· 4 Bressehuhnbrüste (Filets)
· 8 Frühlingszwiebeln
· 40 cl Geflügelbrühe
· 30 cl vollfette Crème fraîche
· 2 Nelken
· 2 Lorbeerblätter

· 40 g getrocknete Morcheln
· 20 cl Vin jaune
· 2 EL Sojasauce
· 100 g Butter
· 1 Vanilleschote
· Salz, Pfeffer

ZUBEREITUNG
Die Morcheln etwa 30 Minuten in Wasser quellen lassen, ausdrücken, abtropfen lassen und halbieren.
Die Frühlingszwiebeln putzen und 3 Minuten in Salzwasser kochen lassen, abschrecken. Mit 20 g Butter und etwas kaltem Wasser in einen Topf geben.
Morcheln, Geflügelbrühe, Crème fraîche, Nelken, Lorbeerblätter, Sojasauce, die Hälfte des Weins und die aufgeschlitzte Vanilleschote in einen Topf geben, salzen und pfeffern. Die Hühnerbrüste dazugeben und 10–15 Minuten garen lassen, nicht kochen. Das Fleisch sollte noch rosa sein. Das Fleisch herausnehmen und in Alufolie wickeln, ruhen lassen.
Vanilleschote, Lorbeerblätter und Nelken aus dem Topf nehmen und die verbliebene Flüssigkeit mit den Morcheln zu einer sämigen Sauce kochen.
Den restlichen Wein und die Butter zugeben, dann die Hühnerbrüste in die Flüssigkeit legen (warm halten, aber nicht kochen).
Die Frühlingszwiebeln 2 Minuten anwärmen.
Das Fleisch mit Zwiebeln und Morcheln anrichten und mit Sauce übergießen.
(Foto Seite 96)

Hühner, Poularden und Kapaune aus der Bresse sind die »Rolls Royce« unter dem Geflügel. Ihr zartes Fleisch und ihr besonderes Aroma harmonieren perfekt zum Vin jaune aus dem Jura und zu den Morcheln.

GISÈLE LOVICHI

KUTTELN *À LA SARTENAISE*

FÜR 10 PERSONEN
ZUBEREITUNGSZEIT: 60 MINUTEN
KOCHZEIT: 5–6 STUNDEN

ZUTATEN
· 5 kg Kutteln vom Rind oder Kalb, blanchiert und in 10 cm lange und 2 cm breite Streifen geschnitten
· 15 cl Öl
· 1 kg Zwiebeln, gehackt
· 1 Knoblauchknolle
· 5 Lorbeerblätter
· 2 Bund Petersilie
· 6 Nelken
· 50 cl Weißwein (fakultativ)
· 5 EL Tomatenmark
· 1 Schweinsfuß oder ein Kalbsknie
· Salz, zerstoßener Pfeffer

ZUBEREITUNG
Die Innereien in einem großen Topf in Öl anbraten, Zwiebeln, Knoblauch, Petersilie, Lorbeerblätter, Nelken, Salz und Pfeffer zugeben. Wenn gewünscht, Wein hinzufügen und etwa 15 Minuten einkochen lassen. Das Tomatenmark zufügen und mit Wasser auffüllen. 60 Minuten lang kochen, dann die Hitze reduzieren und noch weitere 4–5 Stunden köcheln lassen. Häufig umrühren.

IN WEIN UND GEWÜRZEN GEGARTE BIRNE

FÜR 6 PERSONEN
ZUBEREITUNGSZEIT: 30 MINUTEN
KOCHZEIT: 25 MINUTEN

ZUTATEN
· 6 Birnen
· 1 l kräftiger Rotwein
· 200 g Zucker
· 4 Zimtstangen
· 1 Vanilleschote
· 5–6 Nelken
· 1 Orange
· 1 Zitrone
· 6 Scheiben Orangen
· 6 Scheiben Zitrone

ZUBEREITUNG
Die geschälten und entkernten Birnen in einen Topf geben (den Stiel nicht entfernen). Rotwein, Zucker, Gewürze, Orangen und Zitronen (geschält und klein geschnitten) zugeben, abdecken und kochen lassen. Sobald die Birnen gar sind (mit einem Messer die Garprobe machen), herausnehmen und beiseite stellen. Die Sauce einkochen lassen, bis sie dickflüssig ist. Die Birnen mit Vanilleeis sowie Orangen- und Zitronenscheiben servieren und mit Sauce beträufeln. (Foto Seite 99)

JOHANNA MAIER

CARPACCIO VOM BACHSAIBLING MIT BASILIKUMVINAIGRETTE UND FRÜHLINGSSALAT

FÜR 4 PERSONEN
ZUBEREITUNGSZEIT: 30 MINUTEN
KÜHLZEIT: 30–60 MINUTEN

ZUTATEN
Für das Carpaccio
· 4 frische Bachsaiblingfilets
· 15 cl hochwertiges Olivenöl
· 10 Basilikumblätter, in feine Streifen geschnitten
· Saft einer Zitrone
· Salz, frisch gemahlener Pfeffer
Für den Salat
· gemischte Blattsalate der Saison
· 8 cl hochwertiges Olivenöl
· Saft von 1/2 Zitrone
· 12 Kirschtomaten, enthäutet und in kleine Würfel geschnitten
· 5 cl Balsamicoessig
· Salz, frisch gemahlener Pfeffer

ZUBEREITUNG
Die Saiblingfilets enthäuten, zwischen Klarsichtfolien legen und vorsichtig mit einem Fleischklopfer flach drücken. Die Filets einrollen und im Gefrierschrank 30–60 Minuten anfrieren lassen. Danach in hauchdünne Scheiben schneiden.
Flache Teller mit Olivenöl beträufeln, salzen und pfeffern. Danach die noch leicht gekühlten Carpaccioscheiben darauf legen.
Für die Vinaigrette Olivenöl, Zitronensaft und Tomatenwürfel vermengen und mit Salz und Pfeffer abschmecken.
Die Vinaigrette über das Carpaccio gießen und 30 Minuten marinieren. Basilikumstreifen darüber streuen. Die Blattsalate mit einer Sauce aus Olivenöl, Salz, Pfeffer, Zitronensaft und Balsamicoessig servieren.

GEBACKENES BERGLAMM MIT KARTOFFEL-KRÄUTERSALAT

FÜR 4 PERSONEN
ZUBEREITUNGSZEIT: 30 MINUTEN
KOCHZEIT: 10 MINUTEN

ZUTATEN
· 8 Lammkoteletts
· Salz, frisch gemahlener Pfeffer
· 2 Eier
· 2 EL leicht geschlagene süße Sahne
· 80 g Mehl
· 200 g Kräuterbrösel (Weißbrotbrösel, mit je 1 EL fein gehacktem Thymian und Rosmarin vermengt)
· 15 cl Maiskeimöl zum Backen
· 1 kg speckige Kartoffeln (z. B. Kipfler)
· 4 Petersilienstängel
· Salz, Kümmel
· 12,5 cl Rinderbouillon
· 18 cl Weißweinessig
· Salz, frisch gemahlener Pfeffer
· 1 TL Senf
· 8 cl Maiskeimöl
· 50 g Petersilie und Basilikum,
· 2 EL Öl

ZUBEREITUNG
Die Koteletts salzen und pfeffern. Die Eier mit der Sahne verrühren. Fleisch in Mehl wenden, durch das Ei ziehen und anschließend in den Kräuterbröseln wälzen. In reichlich heißem Öl 8–10 Minuten goldbraun backen. Die Kartoffeln in der Schale mit Petersilienstängeln, Salz und Kümmel kochen. Die Kartoffeln noch warm schälen und in Scheiben schneiden.
Rinderbouillon, Weißweinessig, Salz, Pfeffer und Senf vermengen, dann das Maiskeimöl mit einem Schneebesen einrühren.
Die Kartoffelscheiben darin marinieren. Kräuter mit etwas Öl in der Küchenmaschine pürieren und kurz vor dem Anrichten mit dem lauwarmen Kartoffelsalat vermengen.
(Foto Seite 106)

HOLUNDER-ERDBEERMELANGE

FÜR 4 PERSONEN
ZUBEREITUNGSZEIT: 50 MINUTEN

ZUTATEN
Für die Champagnermelange
· 40 cl Champagner
· 3 Blatt Gelatine
· 20 Erdbeeren in Würfeln
· 2 Vanilleschoten
· Zitronensaft
· Zucker nach Geschmack
Für das Holundermus
· 200 g Joghurt
· 20 cl Holundersirup
· Saft einer Zitrone
· Puderzucker nach Geschmack
· 3 Blätter Gelatine
· 300 g cremig geschlagene Sahne
Für das Erdbeergelee
· 100 g Erdbeermark
· Zucker und Zitronensaft nach Geschmack
· 1 Blatt Gelatine
Für den Haselnussmürbeteig
· 150 g feines Mehl
· 100 g Butter
· 50 g Puderzucker
· 1 kleines Ei
· 40 g geriebene Haselnüsse
· etwas Minze

ZUBEREITUNG
Die Champagnermelange: Die Gelatine mit dem Champagner mischen. Vanille und Zitronensaft beigeben und mit etwas Zucker verfeinern. Mit den Erdbeeren in Gläser füllen und kühl stellen.
Das Holundermus: Joghurt mit Holundersirup, Zitronensaft und Puderzucker abschmecken. Gelatine zugeben und zu einer Creme verrühren. Die Sahne unterheben. Sobald das Gelee angezogen hat, mit der Hälfte des Holundermuses auffüllen, mit dem Erdbeergelee und frischen Erdbeeren abschließen.
Das Erdbeergelee: Alle Zutaten zu einer cremigen Masse verrühren.
Der Haselnussmürbeteig: Aus den Zutaten einen Mürbeteig kneten, zu einer Kugel formen und 120 Minuten kalt stellen. Danach ca. 5 mm dick ausrollen, Törtchen ausstechen und bei 160 Grad goldbraun backen.

ANRICHTEN
Förmchen mit Mürbeteigscheiben auslegen und mit dem restlichen Holundermus füllen.
(Foto Seite 103)

FLORA MIKULA

ZIEGENKÄSEHÄPPCHEN MIT *PISTOU* UND GEEISTER TOMATENSUPPE

FÜR 4 PERSONEN
ZUBEREITUNGSZEIT: 50 MINUTEN
KOCHZEIT: 2 STUNDEN 15 MINUTEN (DAVON 2 STUNDEN AM VORTAG FÜR DIE SUPPE)

ZUTATEN
Für die Häppchen
· 4 Blätter Brickteig
· 2 kleine Auberginen
· 1 kleiner Ziegenkäse
· 1 EL schwarze Oliven, fein gehackt
· 1 EL grüne Oliven, fein gehackt
· 1/2 rote Paprikaschote
· 1/2 grüne Paprikaschote
· 25 cl Olivenöl (zum Frittieren)
· Salz, Pfeffer
Für das *Pistou*
· 15 – 20 cl Olivenöl
· 1 Bund Basilikum
· 2 Knoblauchzehen
· 1 EL geriebener Parmesan
· 1 TL Pinienkerne
Für die Tomatensuppe
· 1 kg Tomaten
· 1/2 rote Paprikaschote
· 1/2 Zwiebel
· 2 Knoblauchzehen
· 1 EL Zucker
· 1/2 Bund Basilikum
· Olivenöl
· Tabasco, Salz, Pfeffer

ZUBEREITUNG
Die Suppe (am Vortag): Tomaten, Paprika, Zwiebeln und Knoblauch in kleine Stücke schneiden und in einen Bräter geben, mit Zucker bestreuen und mit etwas Olivenöl bei 150 Grad 2 Stunden im Ofen garen. Danach das Gemüse in der Küchenmaschine pürieren und durch ein feines Sieb geben, um alle Schalen zu entfernen. In den Kühlschrank stellen.
Das *Pistou*: Die Basilikumblätter von den Stängeln zupfen, fein hacken und zusammen mit dem geschälten Knoblauch, dem Parmesan und den Pinienkernen in der Küchemaschine mixen, dabei tröpfchenweise Olivenöl zugeben, um eine cremige Konsistenz zu erhalten. In den Kühlschrank stellen. Am nächsten Tag die Suppe mit Salz und 3 Tropfen Tabasco abschmecken und kalt stellen.
Die Häppchen: Die Auberginen längs in 8 Scheiben schneiden (0,5 cm dick) und 3 Minuten von beiden Seiten in 5 cl Olivenöl anbraten. Auf Küchenpapier abtropfen lassen, salzen und pfeffern. Die rote und die grüne Paprika in 0,5 cm dicke Würfel schneiden, die gehackten Oliven, den Ziegenkäse, Salz und Pfeffer hinzufügen und gut vermischen.
Die Teigblätter teilen, auf jede Hälfte eine Auberginenscheibe und etwas Ziegenkäse geben. Wie eine Frühlingsrolle zusammenrollen und an der Seite verschließen.
20 cl Olivenöl erhitzen und die Häppchen darin 2–3 Minuten goldbraun frittieren. Abtropfen lassen und mit *Pistou* würzen. Die kalte Suppe mit Basilikumblättern bestreuen und gemeinsam mit den warmen Häppchen servieren.
(Foto Seite 109)

GEGRILLTER PETERSFISCH MIT ARTISCHOCKEN UND ZITRONENCONFIT

FÜR 4 PERSONEN
ZUBEREITUNGSZEIT: 35 MINUTEN
KOCHZEIT: 35 MINUTEN

ZUTATEN
· 4 Filets vom Petersfisch (à 120 – 150 g)
· 8 frische Gnocchi
· 4 rohe Artischockenböden ohne »Heu«
· 1 Karotte
· 2 Schalotten
· 2 Knoblauchzehen
· 1 eingelegte Zitrone (aus dem Feinkostladen)
· 25 cl Weißwein
· 1/2 TL Korianderkörner
· 7 EL Olivenöl
· 3 Stängel Thymian
· 1 Lorbeerblatt
· Salz, Pfeffer

ZUBEREITUNG
Den Ofen auf 210 Grad vorheizen. Die Artischockenböden vierteln und die Karotte fein würfeln. Knoblauch und Zwiebeln schälen und fein hacken.
Die Karotte, den Knoblauch und die Schalotte mit 6 EL Olivenöl in einem Topf anbraten, dann Artischocken, Koriander, Weißwein, Thymian und Lorbeer zugeben. Salzen, pfeffern und 20 Minuten bei niedriger Hitze köcheln lassen (die Artischocken sollten noch Biss haben).
Die unter kaltem Wasser abgespülte und in Viertel geschnittene Zitrone sowie die Gnocchi hinzufügen. Die Fischfilets mit dem restlichen Olivenöl bestreichen, salzen und pfeffern und im Ofen 7 – 8 Minuten garen.
Die Filets auf dem Gemüse und den Gnocchi anrichten und servieren. Wer möchte, kann das fertige Gericht mit *Pistou* beträufeln.

OLYMPE

KNUSPRIGE BLUTWURST-SCHEIBEN MIT SALAT

FÜR 4 PERSONEN
ZUBEREITUNGSZEIT: 25 MINUTEN
KOCHZEIT: ETWA 1 – 2 MINUTEN

ZUTATEN
· 4 Hand voll gemischte Salatblätter mit viel Rucola
· 20 Scheiben Blutwurst, je 1,5 cm dick
· 5 Blätter Brickteig, geviertelt
· 20 cl Erdnuss- oder Traubenkernöl zum Frittieren
· 1 EL frischer Koriander, gehackt
· Vinaigrette aus 3 EL Öl, 1 EL Essig, 1 TL scharfer Senf, Salz und Peffer

ZUBEREITUNG
Salat waschen und putzen.
Je eine Blutwurstscheibe in ein Teigviertel wickeln.
Öl in eine Pfanne geben (1 cm hoch), die Blutwurst darin 1 Minute je Seite frittieren und auf Küchenpapier abtropfen lassen. Die Salatblätter in eine Schüssel geben und mit der Vinaigrette beträufeln. Die frittierte Blutwurst mit Koriander bestreuen.
(Foto Seite 116)

MANDELMILCH-*PASTILLA*

FÜR 4 PERSONEN
ZUBEREITUNGSZEIT: 25 MINUTEN
KOCHZEIT: 15 – 20 MINUTEN

Teig und Füllung der Pastilla lassen sich gut vorbereiten. Beides erst kurz vor dem Servieren zusammenbringen.

ZUTATEN
· 50 g geschälte Mandeln
· 50 cl Rohmilch
· 125 g Zucker
· 1 gestrichener EL Speisestärke
· 1 kleiner TL Bittermandelaroma
· 50 g Pinienkerne
· 50 g Pistazien, gehackt
· 50 g Haselnüsse, gehackt
· 6 EL Erdnussöl
· 12 Blätter Brickteig, geviertelt
· 3 – 4 EL Puderzucker

ZUBEREITUNG
Die geschälten Mandeln bei mittlerer Hitze ohne Fett kurz in einer beschichteten Pfanne anrösten. Die Milch in einem Topf zum Kochen bringen, Zucker und Speisestärke hineinrühren, dabei sollten keine Klümpchen entstehen. 2 – 3 Minuten bei starker Hitze andicken lassen. Dann vom Herd nehmen und in eine große

Schüssel gießen, das Bittermandelaroma unterrühren. Abkühlen lassen und in den Kühlschrank stellen.
6 EL Erdnussöl in eine Pfanne geben. 3 Teigstücke übereinander schichten und 30 Sekunden pro Seite im Öl frittieren.
Auf Küchenpapier abtropfen lassen und den Vorgang mit den anderen Teigstücken wiederholen, so dass insgesamt 16 fertige Teigblätter entstehen.
Auf jeden Teller 2 Teigblätter geben und erst mit Nüssen und dann mit Puderzucker bestreuen, darüber wieder 2 Teigblätter schichten, es folgt eine weitere Lage Nüsse und Puderzucker.
Mit der Milch übergießen.
(Foto Seite 113)

AGATA PARISELLA

SPAGHETTI *ALL' AMATRICIANA*

FÜR 6 PERSONEN
ZUBEREITUNGSZEIT: 35 MINUTEN
KOCHZEIT: 6 MINUTEN

ZUTATEN
- 3 EL Olivenöl
- 1 Peperoncino
- 150 g Bauchspeck oder Pancetta
- 1 Zwiebel
- 1 kleines Glas Weißwein
- 500 g geschälte Tomaten
- 600 g Spaghetti
- 200 g geriebener Pecorino romano, davon 100 g zum Anrichten
- Salz

ZUBEREITUNG
Das Öl in einem Topf erhitzen, den gehackten Peperoncino, den in Streifen geschnittenen Bauchspeck und die fein gehackte Zwiebel dazugeben. 4 – 5 Minuten anbraten, bis der Speck knusprig ist. Dann den Weißwein zugeben und einkochen lassen.
Die zerkleinerten Tomaten hinzufügen und 5 – 6 Minuten kochen lassen.
Unterdessen die Spaghetti halb gar kochen und abtropfen lassen. Zur Sauce geben und gar kochen. Käse unterrühren.
Mit Käse bestreut heiß servieren.

SPAGHETTI *A CACIO E PEPE*

FÜR 4 PERSONEN
ZUBEREITUNGSZEIT: 25 MINUTEN
KOCHZEIT: 15 MINUTEN

ZUTATEN
- 2 EL Olivenöl
- 400 g Spaghetti
- 200 g geriebener Pecorino
- 1 TL zerstoßene weiße Pfefferkörner
- 1 TL zerstoßene schwarze Pfefferkörner

ZUBEREITUNG
Beide Sorten Pfeffer im Mörser zerstoßen. Öl in einem Topf erhitzen. Die Spaghetti in reichlich Wasser al dente kochen und danach ins heiße Öl geben, gut mischen. Mit Pecorino bestreuen und heiß servieren. Weißen und schwarzen Pfeffer jeweils auf eine Seite streuen.

AGATAS MILLEFEUILLE

FÜR 6 – 8 PERSONEN
ZUBEREITUNGSZEIT:
1 STUNDE 45 MINUTEN
KOCHZEIT: 25 MINUTEN

ZUTATEN
Für den Blätterteig
- 500 g Mehl
- 500 g Pflanzenmargarine oder Butter
- 1 Prise Salz

Für die Füllung
- 5 Eigelb
- 150 g Puderzucker
- 60 g Mehl, gesiebt
- 1 l Milch
- 1 Vanilleschote
- 1 l sehr kalte Crème fraîche

Zum Anrichten
- 100 g Schokoladenfondant aus Bitterschokolade
- 50 g gehobelte Mandeln
- 2 – 3 EL Puderzucker

ZUBEREITUNG
Der Teig: Auf einer Arbeitsplatte 375 g Mehl mit einer Prise Salz und ausreichend Wasser zu einem geschmeidigen Teig verarbeiten, in ein Geschirrhandtuch wickeln und kalt stellen.
Das restliche Mehl mit der Butter mischen, einen Laib formen und ebenfalls in ein Handtuch gewickelt ruhen lassen.
Den Teig rechteckig ausrollen und den Laib aus Butter und Mehl in die Mitte setzen, den Teig von beiden Seiten darüber schlagen und ausrollen. Diesen Vorgang im Abstand von je 15 Minuten noch sechs Mal wiederholen, den Teig dazwischen immer in ein Handtuch wickeln und in den Kühlschrank stellen. Danach ist der Teig fertig und kann 1 cm dick ausgerollt werden. Im Backofen bei 180 Grad 15 – 20 Minuten backen. Den fertigen Blätterteig mit reichlich Puderzucker bestreuen und im Ofen bei 200 Grad 5 Minuten karamellisieren lassen. Dabei immer wieder in den Ofen schauen, da der Zucker schnell verbrennt.
Abkühlen lassen und in Dreiecke schneiden.
Die Füllung: Das Eigelb, den Zucker und das Mehl in einem Kupfertopf oder einem dickwandigen Topf vermischen und mit dem Schneebesen verquirlen, aber nicht schlagen. Die Milch mit der Vanilleschote aufkochen, die Mischung hinzugeben und das Ganze unter ständigem Rühren 5 – 6 Minuten kochen. Abkühlen lassen und dann mit der sehr kalten Crème fraîche verquirlen.
Die Schokolade im Wasserbad schmelzen, mit einem Kaffeelöffel Schokomasse auf Backpapier geben, daraus 10 kleine Schokoblätter formen und abkühlen lassen. Die Mandeln in einer beschichteten Pfanne ohne Fett oder bei 180 Grad im Ofen 5 Minuten goldbraun rösten.

ANRICHTEN
In die Mitte eines Tellers einen großzügigen Löffel Creme geben, einige Blätterteigdreiecke und geschälte Mandeln hinzugeben, mit Puderzucker überstreuen und Schokoblätter darauf setzen.

ANNE-SOPHIE PIC

GEDÄMPFTER SEEWOLF MIT WAKAME-ALGEN, AUSTERN UND GURKENCHUTNEY

FÜR 4 PERSONEN
ZUBEREITUNGSZEIT: 45 MINUTEN
KOCHZEIT: 25–30 MINUTEN

ZUTATEN
Für den Fisch
· 480 g Seewolffilet aus dem Mittelmeer
· eine Hand voll Wakame-Algen (siehe unten)
· Salz, Pfeffer
Für das Gurkenchutney
· 200 g Gurken
· 1 Knoblauchzehe
· 1 kleines Stück Ingwer
· 4 Limonen
· 5 cl Weißwein
· 5 cl Weißweinessig
· 40 g Honig
· 1 Prise Quatre-épices (Gewürzmischung aus Pfeffer, Muskatnuss, Nelken, Ingwer)
· Salz, Pfeffer
Für die Gurkenbutter
· 3 kleine Gurken
· 4 Gillardeau-Austern N° 3
· 150 g sehr kalte Butter
· 2 cl Wodka
· 1 Limone

ZUBEREITUNG
Das Gurkenchutney: Gurken, Knoblauch und Ingwer fein hacken. Die Limonen auspressen, den Saft (etwa 10 cl) mit Weißweinessig, Weißwein, Honig, Gewürzmischung, Ingwer und Knoblauch mischen. Aufkochen und auf die Hälfte einkochen lassen. Die gehackten Gurken hinzufügen und so lange kochen (ca. 15 Minuten), bis die gesamte Flüssigkeit verkocht ist. Salzen und pfeffern.
Die Gurkenbutter: Die drei Gurken zu flüssigem Mus pürieren. Die Austern öffnen, die Flüssigkeit auffangen und mit dem Gurkenmus mischen. Aufkochen und 5 Minuten einkochen lassen. Dann die klein geschnittene Butter unterschlagen, damit eine cremige Sauce entsteht. Etwas Limonensaft und den Wodka zugeben und abschmecken.
Der Fisch: Den Seewolf salzen und pfeffern und mit den Wakame-Algen 3 Minuten bei 100 Grad dämpfen. Die Austern mit ihrer restlichen Flüssigkeit in einen Topf geben und sanft erwärmen.

ANRICHTEN
Auf jeden vorgewärmten Teller 1 EL Chutney, eine Auster und ein Stück Seewolffilet geben und mit Limonenzesten und Gurkenbutter anrichten.
(Foto Seite 123)

Die Wakame-Alge ist knackig und jodreich. Man kauft die gekräuselte und halbdurchsichtige Alge am besten frisch beim Fischhändler. Es gibt sie aber auch getrocknet, sie wird vor dem Verarbeiten in Wasser eingeweicht.
Die Gillardeau-Austern aus der Normandie werden in Becken gezüchtet. Dadurch haben diese erst nach vier Jahren abgefischten Muscheln ein außergewöhnlich zartes und festes Fleisch.

APFELCRUMBLE MIT CHAMPAGNERCREME

FÜR 4 PERSONEN
ZUBEREITUNGSZEIT: 40 MINUTEN
KOCHZEIT: 35 MINUTEN
KÜHLZEIT: 4 STUNDEN

ZUTATEN
Für den Crumble
· 50 g weiche Butter
· 50 g Zucker
· 50 g Mehl
· 2 Eigelb
Für die Champagnercreme
· 20 cl Champagner
· 15 cl süße, nicht pasteurisierte Sahne
· 2 Blatt Gelatine
· 60 g Zucker
Für die pochierten Äpfel
· 4 Äpfel (Granny Smith)
· Saft einer Zitrone
· 15 g Zucker
· 3 g Pektinpulver (oder 20 g Gelierzucker)

ZUBEREITUNG
Der Crumble: Den Ofen auf 150 Grad vorheizen.
Die Butter mit dem Zucker vermischen, erst Eigelb und dann Mehl zugeben. Den Teig auf einem mit Backpapier ausgelegten Backblech ausrollen und 20–30 Minuten goldbraun backen. In kleine Stücke krümeln und abkühlen lassen.
Die Creme: Die Sahne fast steif schlagen, den Zucker und den Champagner unterziehen. 4 Stunden in den Kühlschrank stellen.
Die Äpfel: Schälen und mit einem Ausstecher kleine Kugeln aus dem Fruchtfleisch herauslösen. In Wasser mit etwas Zitronensaft beiseite stellen, damit sie nicht braun werden. Aus den Apfelresten und dem übrigen Zitronensaft im Entsafter Apfelsaft machen.
Zucker, Pektin (oder Gelierzucker) und Apfelsaft aufkochen und sofort vom Herd nehmen. Die Flüssigkeit auf die abgetropften Apfelbällchen gießen und 4 Stunden kalt stellen.
Die Apfelbällchen in Gelee auf die Teller geben und mit den Teigkrümeln bestreuen. Mit Champagnercreme anrichten.
(Foto Seite 126)
Wer es noch raffinierter möchte, serviert dazu Apfelchips und ein Champagnersorbet (siehe folgende Rezepte).

APFELCHIPS

FÜR CA. 20 CHIPS
ZUBEREITUNGSZEIT: 10 MINUTEN
ZEIT ZUM MARINIEREN: 24 STUNDEN
KOCHZEIT: 3 STUNDEN

ZUTATEN
· 2 Äpfel (Granny Smith)
· 100 g Zucker
· Saft einer halben Zitrone

ZUBEREITUNG
Die Äpfel in sehr feine Scheiben schneiden und in eine Schüssel geben. Wasser mit Zucker und Zitronensaft aufkochen lassen. Vom Herd nehmen und über die Äpfel gießen. 24 Stunden im Kühlschrank durchziehen lassen. Danach die Äpfel aus der Flüssigkeit nehmen und auf ein Backblech geben. Bei 60 Grad etwa 3 Stunden trocknen lassen, bis die Apfelscheiben so knusprig wie Chips geworden sind.
Dazu den Apfelcrumble (siehe oben), ein Fruchtkompott oder Eiscreme reichen.

CHAMPAGNERSORBET

FÜR CA. 35–40 CL SORBET
ZUBEREITUNGSZEIT: 10 MINUTEN
KOCHZEIT: 2 MINUTEN

ZUTATEN
· 20 cl Champagner
· 85 g Zucker
· 30 g Traubenzucker (oder Honig)
· Saft und geriebene Zesten einer halben Orange

ZUBEREITUNG
10 cl Wasser mit Zucker, Traubenzucker (oder Honig) sowie dem Saft und den geriebenen Zesten der Orange aufkochen lassen. Vom Herd nehmen, den Champagner hinzufügen, gut rühren und durch ein Sieb geben. Abkühlen lassen und in die Eismaschine geben.
Wird das Sorbet nicht gleich serviert, im Gefrierschrank aufbewahren.

VALERIA PICCINI

PECORINO-BOHNEN-TORTELLI MIT GEFLÜGEL-ARTISCHOCKENSAUCE

FÜR 4 PERSONEN
ZUBEREITUNGSZEIT: 20 MINUTEN
KOCHZEIT: 3–4 MINUTEN

ZUTATEN
· 3 Eier
· 150 g feines Weizenmehl
· 50 g Grieß
· Olivenöl
· 150 g Saubohnen
· 300 g frischer Schafsricotta
· 85 g toskanischer Pecorino
· 3 Artischocken
· 30 g Frühlingszwiebeln
· 2 Kellen Geflügelbrühe
· Olivenöl extra vergine
· 120 g Foie Gras
· Öl, Salz, Pfeffer

ZUBEREITUNG
Der Teig: 2 Eier mit 150 g Mehl und 50 g Grieß mischen, Öl, Salz und Pfeffer zugeben. Diese Masse etwa 30 Minuten ruhen lassen.
Die Füllung: In der Zwischenzeit die Bohnen in etwas Olivenöl und Salz anbraten, Ricotta, Pecorino und ein Ei zugeben. Die Masse in den Kühlschrank stellen.
Die Sauce: Die Artischocken in sehr feine Scheiben schneiden und in der Pfanne mit etwas Olivenöl und Zwiebeln anbraten, 2 Kellen Brühe zugeben. Ist das Gemüse gar, zusammen mit der Flüssigkeit passieren.
Die Foie Gras in 7–8 mm dicke Würfelchen schneiden.
Den Teig sehr fein ausrollen, etwas Füllung auf ein Tortelliquadrat geben, mit einem Foie-Gras-Würfel krönen und verschließen. In reichlich kochendem Salzwasser garen. Sauce auf einen Teller geben und die gut abgetropften Tortelli darauf verteilen.
(Foto Seite 129)

ANIS-TABAKEIS MIT SCHOKOZIGARREN UND RHABARBERCOULIS

FÜR 4 PERSONEN
ZUBEREITUNGSZEIT: 60 MINUTEN

ZUTATEN
Für das Eis
· 500 g leichte Vanillecreme
· 150 g Crème fraîche
· 8,5 cl Anislikör
· etwas Kentucky-Tabak
Für die Zigarren
· 100 g Schokolade mit 70% Kakaoanteil
· 1 Ei

- 3 EL Zucker für die Zigarrenfüllung
- 100 g Zucker für das Rhabarbercoulis
- 40 g Ricotta

Für die Gelatine
- 120 g Espresso
- 70 g Kaffeelikör
- 1 Blatt Gelatine

Für das Rhabarbercoulis
- 300 g frischer Rhabarber
- 3 cl Rhabarberlikör
- 100 g Zucker

ZUBEREITUNG

Das Eis: Vanillecreme, Crème fraîche, Likör und Tabak mischen, in die Eismaschine geben und danach in die Tiefkühltruhe stellen.
Die Zigarren: Aus ca. 6 cm breiten Alufolienstreifen Kegel ausschneiden, um eine toskanische Zigarre formen zu können. Schokolade im Wasserbad auflösen und in die Kegel füllen, um feine Schokohüllen zu formen. Kühl stellen. Das Eigelb mit dem Zucker, dem Ricotta, dem Tabak und dem zu Schnee geschlagenen Eiweiß mischen. Mit dieser Masse die Zigarrenhüllen füllen und in den Kühlschrank stellen.
Die Gelatine: Den Kaffee mit dem Likör erhitzen, die zuvor eingeweichte Gelatine darin auflösen und mit dem Mixer verquirlen. Die entstandene Masse in kleine Espressogläser geben und kalt stellen.
Das Rhabarbercoulis: Rhabarber putzen, mit dem Zucker kochen und durch ein Haarsieb geben. Likör hinzufügen.

ANRICHTEN

In die Mitte eines flachen Tellers mit ca. 35 – 40 cm Durchmesser das Glas Kaffeegelatine stellen, das Rhabarbercoulis und die Schokozigarre darum anrichten. Das Eis hinzugeben.

CORNELIA POLETTO

WEISSES SPARGELRISOTTO MIT WILDGARNELEN

FÜR 4 PERSONEN
ZUBEREITUNGSZEIT: 20 MINUTEN
KOCHZEIT: 25 MINUTEN

ZUTATEN
- 500 g weiße Spargel
- 1 Schalotte, gewürfelt
- 1 Knoblauchzehe, zerdrückt
- 50 g Butter
- ca. 150 g geriebener Parmesan
- 1 Büschel Pfefferminze
- Meersalz, schwarzer Pfeffer
- 200 g Risottoreis, z. B. Carnaroli
- 5 cl trockener Weißwein
- 40 cl Spargelbrühe
- Zucker
- 1/2 Zitrone
- 8 Wildgarnelen
- Salz, Pfeffer aus der Mühle

ZUBEREITUNG

Die Spargel schälen. Mit den Schalen, der Zitrone und etwas Zucker eine Brühe kochen.
Die Spargelstangen in kleine Stücke schneiden, die Spitzen kochen und beiseite stellen.
Die Schalotte und den Knoblauch in einem Topf in Butter anschwitzen. Die restlichen Spargelstücke und den Reis hinzugeben, anbraten und mit Weißwein ablöschen. Dann nach und nach die heiße Spargelbrühe zugeben und das Risotto al dente kochen.
Die Wildgarnelen salzen und pfeffern und bei großer Hitze von beiden Seiten anbraten und zum Risotto geben, Butter einrühren und mit Parmesan bestreuen.
Zum Schluss die fein geschnittene Minze zugeben.
(Foto Seite 134)

TOPFENMOUSSE

FÜR 4 PERSONEN
ZUBEREITUNGSZEIT: 20 MINUTEN
KOCHZEIT: 15 MINUTEN
KÜHLZEIT: 4 STUNDEN

ZUTATEN
- 125 g Quark
- 80 g Zucker
- Saft und geriebene Schale einer halben Zitrone
- Saft und geriebene Schale einer halben Orange
- 1 Vanillestange
- 3 Blätter Gelatine
- 3 cl Grand Marnier
- 250 g Schlagsahne
- 3 Eiweiß
- Salz

ZUBEREITUNG

Den Quark mit den geriebenen Schalen der Zitrusfrüchte, der Vanille und der Hälfte des Zuckers mischen.
Die Gelatine in kaltem Wasser einweichen, ausdrücken und im Grand Marnier auflösen. Zitronen- und Orangensaft zugeben und das Ganze zur Quarkmischung geben.
Das Eiweiß mit dem Rest des Zuckers und einer Prise Salz zu Schnee schlagen. Abwechselnd Eischnee und Sahne unter den Quark heben.
4 Stunden im Kühlschrank fest werden lassen.

TOPFENKNÖDEL

FÜR 4 PERSONEN
ZUBEREITUNGSZEIT: 20 MINUTEN
KOCHZEIT: 15 MINUTEN

ZUTATEN
- 2 Eier
- 300 g Quark
- 30 g Butter
- 1 Zitrone
- 1 EL Zucker
- 1 Vanillestange
- 120 g Weißbrotbrösel
- Zucker, Zimt, Paniermehl

ZUBEREITUNG

Eier aufschlagen und trennen. Die Zitronenschale fein abreiben. Quark, Butter, Eigelb, Vanille und Zitronenschale mischen.
Eiweiß mit dem Zucker zu Schnee schlagen und abwechselnd mit den Brotbröseln unter den Quark heben. Aus der Masse kleine Knödel formen und 15 Minuten lang in leicht gesalzenem Wasser gar ziehen lassen. Abtropfen lassen. Zimt, Zucker und Paniermehl mischen und die Knödel darin wälzen. Mit Zucker bestreut servieren.

TOPFENEIS

FÜR 4 PERSONEN
ZUBEREITUNGSZEIT: 10 MINUTEN

ZUTATEN
- 1 Zitrone
- 1 Orange
- 250 g Quark
- 75 g Zucker

ZUBEREITUNG

Orange und Zitrone auspressen und mit dem Zucker und dem Quark mischen. In eine Eismaschine geben und gefrieren lassen.

MARIE-FRANCE PONSARD

GEMISCHTES VOM KALB MIT *SAUCE VERDURETTE*

FÜR 6 PERSONEN
ZUBEREITUNGSZEIT: 40 MINUTEN
KOCHZEIT: 1 STUNDE 30 MINUTEN

ZUTATEN
- 1/2 Kalbskopf, entbeint
- 1 Kalbszunge
- 2 Kalbsfüße
- 3 Zwiebeln
- 8 Karotten
- 1/2 Knollensellerie
- 6 Lauchstangen, zusammengebunden
- 8 Nelken
- 6 weiße Rübchen
- Salz, Pfefferkörner

Für die *Sauce Verdurette*
- 3 EL scharfer Senf
- 5 EL Öl
- Fleischbrühe
- 4 EL Essig
- 1 Stängel Kerbel
- 1 Schalotte
- Schnittlauch
- glatte Petersilie
- Estragon

ZUBEREITUNG

Den Kalbskopf, die Kalbzunge und die halbierten Kalbsfüße in einen Topf geben, mit Wasser auffüllen und die restlichen Zutaten hinzufügen. Aufkochen und danach 90 Minuten köcheln lassen.
Alles in kleine Stücke schneiden.
Die *Sauce Verdurette*: Senf, Öl, etwas Kochbrühe und Essig verquirlen, Kerbel, Schalotte, Schnittlauch, Petersilie und etwas Estragon zugeben und gut mischen.

ANRICHTEN

Auf jeden Teller ein Stück Kalbskopf und ein Stück Kalbsfuß legen. Das Gemüse um das Fleisch garnieren und in die Mitte jedes Tellers etwas Sauce geben

WARMES MIRABELLENSOUFFLÉ

FÜR 4 PERSONEN
ZUBEREITUNGSZEIT: 35 MINUTEN
KOCHZEIT: 6–7 MINUTEN

ZUTATEN
- 200 g fertige Konditorcreme
- 12 cl Mirabellenlikör
- 8 Eiweiß
- 60 g Zucker
- 2 EL Zucker für die Förmchen
- 2 nussgroße Stücke Butter
- 100 g eingekochte Mirabellen
- 2 EL Mirabellenlikör

ZUBEREITUNG

Die Konditorcreme mit etwas Mirabellenlikör in einer großen Schüssel glatt rühren.
Eiweiß zu Schnee schlagen, dabei 60 g Zucker einrieseln lassen.
Mit einem Holzlöffel unter die Konditorcreme heben.
Die Masse in die zuvor eingefetteten und mit Zucker ausgestreuten Förmchen geben. In die Mitte jedes Förmchens einige eingekochte Mirabellen häufeln. In den auf 240 Grad vorgeheizten Ofen setzen und etwa 6–7 Minuten backen.
Jedes Soufflé mit einem Messer einritzen und etwas Mirabellenlikör hineinträufeln. Als Beilage eignet sich Sandkuchen.
(Foto Seite 137)

CARME RUSCALLEDA

WOLFSBARSCH MIT KÜRBIS, ARTISCHOCKEN UND TOMATEN-KAPERNCOULIS

FÜR 4 PERSONEN
ZUBEREITUNGSZEIT: 45 MINUTEN
KOCHZEIT: 2 STUNDEN 10 MINUTEN

ZUTATEN

- Filets eines Wolfsbarschs von 1,2 kg
- Olivenöl
- Salz, Pfeffer

Für die Brühe

- Gräten und Kopf des Wolfsbarschs
- 1 Karotte
- 1 Zwiebel
- 1 Lauchstange
- 1 Tomate
- 2 Knoblauchzehen
- 3 Stängel Petersilie
- 1 Lorbeerblatt
- 20 cl trockener Sherry
- Salz, Pfeffer

Für das Gemüse

- 2 kg Tomaten
- 500 g Kürbis
- 1 großer Artischockenboden
- Saft einer halben Zitrone
- 50 g Kapern in Essig
- 1 Peperoncino
- Olivenöl
- Salz, Pfeffer

ZUBEREITUNG

Die Tomaten: Blanchieren, abschrecken und schälen. Die Hälfte der Tomaten beiseite stellen.
Die andere Hälfte vierteln, salzen, pfeffern, auf ein Backblech legen und mit Olivenöl beträufeln.
2 Stunden im Ofen bei 120 Grad trocknen lassen.
Die Brühe: Die Gräten, den Fischkopf, das in Würfel geschnittene Gemüse, Petersilie, Lorbeer, Sherry und 10 cl Wasser 30 Minuten köcheln lassen.
Passieren, abschmecken und auf ganz kleiner Flamme warm halten.
Das Gemüse: Die restlichen Tomaten entkernen, grob hacken und in 2 EL Olivenöl mit dem gehackten Peperoncino anbraten.
20 Minuten köcheln lassen, die Hälfte der abgetropften Kapern, Salz und Pfeffer zugeben. Warm halten. Den Kürbis schälen und in Würfel schneiden, salzen, pfeffern und 4 Minuten dünsten (oder in Salzwasser kochen). Beiseite stellen.
Die Artischocke in feine Stücke schneiden und mit Zitronensaft beträufeln, damit sie nicht braun wird.
Der Fisch: Fischfilets und Kürbis auf einem »heißen Stein« oder in einer beschichteten Pfanne mit wenig Öl anbraten. Salzen, pfeffern und etwa 5 Minuten im Ofen fertig garen lassen. Die Artischockenstückchen in 10 cl Olivenöl frittieren. Auf Küchenpapier abtropfen lassen und salzen.

ANRICHTEN

Den Fisch, die Artischocken und den Kürbis auf vorgewärmte Teller legen und mit den getrockneten und den gekochten Tomaten servieren, Sauce und restliche Kapern darüber verteilen.

REINE SAMMUT

CANNOLI MIT *BROUSSE* UND HONIGEIS

FÜR 4 CANNOLI
ZUBEREITUNGSZEIT: 40 MINUTEN
KOCHZEIT: 5 MINUTEN

ZUTATEN

Für die Cannoli

- 50 g Zucker
- 50 g gemahlene Mandeln
- 40 g Butter, zerlassen
- 1 geriebene Zitronenzeste
- 10 cl Orangensaft
- 15 g Mehl

Für die Füllung

- 100 g kandierte Früchte wie Birnen und Aprikosen
- 400 g korsischer Schafsfrischkäse *(Brousse)*
- 50 g Puderzucker
- 100 g Zucker
- 500 g Erdbeeren

Für das Honigeis

- 5 Eigelb
- 50 g Zucker
- 50 cl Vollmilch
- 100 g Blütenhonig
- 100 g Sahne

ZUBEREITUNG

Die Cannoli: Zucker, Mandeln, zerlassene Butter, geriebene Zitronenzeste und Orangensaft in einer Schüssel schaumig schlagen, dann das Mehl hinzufügen.
Den Backofen auf 200 Grad vorheizen.
1 EL der Masse auf einem mit Backpapier ausgelegten Backblech mit Hilfe der Rückseite des Löffels zu einer Scheibe formen.
5 Minuten backen. Aus dem Ofen nehmen, mit Hilfe einer Spachtel vorsichtig vom Backpapier lösen und um einen Zylinder mit 2,5 cm Durchmesser rollen. Abkühlen lassen und den Zylinder entfernen.
Diesen Vorgang noch drei Mal wiederholen.
Die Füllung: Die kandierten Früchte in kleine Würfel schneiden.
Den Schafskäse mit Zucker und kandierten Früchten mit einem Schneebesen mischen und in den Kühlschrank stellen.
Das Honigeis: Eigelb und Zucker in einer Schüssel schaumig schlagen. Milch und Honig aufkochen lassen, zur Eimasse geben und unterziehen. Das Ganze wieder auf den Herd stellen und bei milder Hitze so lange rühren, bis die Creme den Kochlöffel überzieht.
Passieren und abkühlen lassen.
Die Creme sehr kalt in die Küchenmaschine geben und so lange schlagen, bis sie fest ge-

worden ist. Dann die geschlagene Sahne unterziehen. In die Eismaschine geben und 15 Minuten anfrieren lassen.
Die Erdbeeren waschen, im Mixer pürieren und durch ein Sieb passieren. Die Cannoli mit Hilfe einer Spritztüte mit der *Brousse*-Mischung füllen.

ANRICHTEN
Auf jeden Teller eine Cannoli geben, mit einer Kugel Eis und einem Kreis Erdbeercoulis anrichten.
(Foto Seite 144)

Dieses Rezept stammt von Guys sizilianischer Großmutter. Wichtig ist, dass der *Brousse* ganz frisch ist, denn dann ist er besonders cremig.

FRITTIERTE FLÜGELSTÜCKE MIT KNOBLAUCHGELEE

FÜR 4 PERSONEN
ZUBEREITUNGSZEIT: 30 MINUTEN
KOCHZEIT: 12–15 MINUTEN

ZUTATEN
- 2 Eier
- Quatre-épices (Gewürzmischung aus Pfeffer, Muskatnuss, Nelken, Ingwer)
- 20 Flügelstücke von Geflügel
- 1 Teller Paniermehl
- 3 EL Erdnussöl
- 24 Knoblauchzehen
- 50 cl fertige Geflügelbrühe
- 5 Blatt Gelatine
- 3 EL Olivenöl
- 1 EL Balsamico
- 400 g gemischte Salatblätter
- Salz, Pfeffer

ZUBEREITUNG
Die Eier zu einem Omelette verquirlen, mit Salz, Pfeffer und der Gewürzmischung abschmecken. Die Flügelspitzen in die Masse tauchen und dann in Paniermehl wälzen. Das Erdnussöl bei niedriger Hitze in der Pfanne erhitzen und die Flügelspitzen frittieren.
Die geschälten Knoblauchzehen 8–10 Minuten in der Geflügelbrühe blanchieren. Aus der Flüssigkeit nehmen und auf 4 Portionsschälchen verteilen.
Die eingeweichte Gelatine in der Geflügelbrühe auflösen und über den Knoblauch gießen.
Kalt stellen.
Aus Olivenöl, Essig, Salz und Pfeffer eine Vinaigrette bereiten.
Je ein Knoblauchgelee auf einen Teller stürzen, an der einen Seite etwas Salat mit Vinaigrette anrichten und auf der anderen Seite 5 Geflügelspitzen platzieren.
(Foto Seite 146)

WARMES SCHOKOLADENSOUFFLÉ

FÜR 6 PERSONEN
ZUBEREITUNGSZEIT: 25 MINUTEN
KOCHZEIT: 10 MINUTEN

ZUTATEN
- 110 g Butter
- 100 g Bitterschokolade (64% Kakaoanteil)
- 4 Eigelb
- 130 g Puderzucker
- 50 g Mehl
- 1 nussgroßes Stück Butter für die Förmchen

ZUBEREITUNG
Butter und Schokolade im Wasserbad schmelzen lassen. Die Eier mit dem Zucker schaumig schlagen, zusammen mit dem gesiebten Mehl zur Schokoladenmasse geben. In die zuvor eingefetteten Förmchen gießen. Die Soufflés 60 Minuten bei –20 Grad im Gefrierschrank anfrieren lassen und dann im auf 180 Grad vorgeheizten Ofen 10 Minuten backen. Sofort servieren.

NADIA SANTINI

ZIEGENKÄSETORTELLI MIT WEISSEN TRÜFFELN

FÜR 4 PERSONEN
ZUBEREITUNGSZEIT: 35 MINUTEN
KOCHZEIT: 2 MINUTEN

ZUTATEN
Für die Füllung
- 100 g geriebener Parmesan
- 120 g cremiger Ziegenkäse

Für den Tortelliteig
- 250 g Weizenmehl
- 3 Eigelb
- 1 Ei
- 1 Prise Salz

Zum Anrichten
- 2–3 EL geriebener Parmesan
- 40 g Butter, geschmolzen
- 1 weißer Trüffel

ZUBEREITUNG
Mehl, Ei, Eigelb und Salz zu einem Teig verkneten. Auf einer bemehlten Arbeitsfläche sehr fein ausrollen. Den Teig in Quadrate schneiden. Den Parmesan mit der Ziegenkäsecreme verrühren. Mit Hilfe zweier Löffel auf jedes Teigquadrat etwas Füllung geben. Das Quadrat diagonal zusammenklappen, die Ränder gut andrücken.
Die beiden Ecken so zusammendrücken, dass ein Halbmond entsteht. In einem Topf mit kochendem Salzwasser die Tortelli 2 Minuten gar ziehen lassen. Abtropfen lassen, mit sehr heißer Butter übergießen und mit Parmesan bestreuen. Den Trüffel darüber reiben.

FRISCHE FRÜCHTE IN WALDFRÜCHTETEE

FÜR 4 PERSONEN
ZUBEREITUNGSZEIT: 25 MINUTEN
KOCHZEIT: 15–20 MINUTEN

ZUTATEN
- 50 cl aromatischer Weißwein
- 100 g Zucker
- 50 cl Waldfrüchtetee
- 1 Birne
- 1 Apfel
- 4 Pflaumen
- 1 Pfirsich
- 2 Aprikosen
- 1 Traube

ZUBEREITUNG
Wein, Zucker und Tee in einem großen Topf aufkochen lassen. Unterdessen die Früchte waschen und in Stücke schneiden, dabei Kerne und Kerngehäuse entfernen. Zur Flüssigkeit geben. Den Herd abschalten, zugedeckt 30 Minuten ziehen lassen. Lauwarm mit einem Fruchtsorbet servieren.
(Foto Seite 149)

Bei diesem Dessert sind der Phantasie des Kochs keine Grenzen gesetzt, am besten schmecken frische Früchte der Saison aus der jeweiligen Region.

ANNA SGROI

WARMES TINTENFISCH-CARPACCIO MIT SALAT VON GRÜNEM SPARGEL UND AUSTERNPILZEN

FÜR 4 PERSONEN
ZUBEREITUNGSZEIT: 25 MINUTEN
KOCHZEIT: 60 MINUTEN

ZUTATEN
Für den Tintenfisch
· 1 Tintenfisch
· 1 mit Nelke gespickte Zwiebel
· 50 cl Weißweinessig
· Salz
· Pfefferkörner
Für das Gemüse
· Herz eines Friséesalats
· 8 grüne Spargel
· 1/4 Stange Lauch
· 100 g Zuckerschoten
· 250 g Austernpilze
· 1/2 Zitrone
· 1 EL Petersilie, gehackt
· Olivenöl
· Salz, Pfeffer

ZUBEREITUNG
Den Tintenfisch in einem Schmortopf mit der Zwiebel, Essig, Salz und einigen Pfefferkörnern 45 Minuten weich kochen, abtropfen und abkühlen lassen. Danach fein schneiden. Spargel und Zuckerschoten 3 Minuten in kochendem Salzwasser garen, dann abtropfen lassen. Die Austernpilze vorsichtig waschen, in Stücke schneiden. Das Weiße des Lauchs in feine Ringe schneiden. Im Wok (oder in der Pfanne) Lauch und Pilze in 2 EL Olivenöl anbraten, Spargel und Zuckerschoten in feine Streifen schneiden und hinzufügen, salzen und pfeffern. Den Tintenfisch dazugeben, mit Zitronensaft, Petersilie und 3 EL Olivenöl abschmecken. Dann den Friséesalat zugeben und alles gut vermischen.
(Foto Seite 157)

JAKOBSMUSCHELN IM SALATBLATT MIT JUNGEN ARTISCHOCKEN UND ROTWEINSAUCE

FÜR 4 PERSONEN
ZUBEREITUNGSZEIT: 45 MINUTEN
KOCHZEIT: 50 MINUTEN

ZUTATEN
Fü die Jakobsmuscheln
· 8 frische Jakobsmuscheln ohne Schale
· 6 violette Artischocken
· 1 Kopfsalat
· 1 Lauch, das Weiße fein geschnitten
· etwas geriebene Zitronenschale
· 8 Perlzwiebeln
· 15 cl Weißwein
· Olivenöl
· Salz, Pfeffer
Für die Sauce
· 500 g Schalotten, in Scheiben geschnitten
· 50 cl kräftiger Rotwein
· 1 Lorbeerblatt
· 1 EL Olivenöl
· Salz, Pfeffer

ZUBEREITUNG
Die Sauce: Schalotten 5 Minuten in Olivenöl golden anbraten, Rotwein und Lorbeerblatt zugeben und 30 Minuten bis zu einem Viertel langsam reduzieren. Gleichzeitig die Perlzwiebeln in Weißwein kochen und abtropfen lassen. Die Artischocken putzen, die harten Blätter und das »Heu« entfernen, mit Zitronensaft beträufeln, vierteln und in 2 EL Olivenöl anziehen lassen. Die großen Blätter des Kopfsalats 1 Minute blanchieren, abtropfen lassen. Das Salatherz beiseite legen. Das Weiße des Lauchs in feine Streifen schneiden und in Olivenöl 3 Minuten anbraten. Das Salatherz ebenfalls in feine Streifen schneiden.
Die Jakobsmuscheln: Horizontal halbieren, salzen und pfeffern. Salat, Muschelhälften und geriebene Zitronenschale mischen, in blanchierten Salatblättern zu kleinen Päckchen wickeln. Den Ofen auf 190 Grad vorheizen, etwas Olivenöl in eine feuerfeste Form geben, die Muschelpäckchen, Artischocken und Perlzwiebeln hineinsetzen und 8 Minuten garen. Die Sauce passieren, erwärmen, salzen und pfeffern. Die Muschelpäckchen und das Gemüse auf einem warmen Teller anrichten und die Sauce darüber geben.
(Foto Seite 155)

SÜSSE VANILLECREME

FÜR 4 PERSONEN
ZUBEREITUNGSZEIT: 10 MINUTEN
KOCHZEIT: CA. 15 MINUTEN

ZUTATEN
· 100 g Milch
· 100 g Crème fraîche
· 80 g Zucker
· 10 g Speisestärke
· 2 Eiweiß
· das Innere einer halben Vanilleschote

ZUBEREITUNG
Alle Zutaten vermischen und in einem Topf sanft erhitzen, dabei rühren, bis die Masse cremig wird. Abkühlen lassen.

LUISA VALAZZA

REBHUHNRISOTTO

FÜR 4 PERSONEN
ZUBEREITUNGSZEIT: 35 MINUTEN
KOCHZEIT IM OFEN: 10 MINUTEN

ZUTATEN
· 2 große Rebhühner
· 2 Stängel Rosmarin
· dünne Speckstreifen
· 3 EL Olivenöl
· 1 Glas Weißwein
· 1 Karotte, klein geschnitten
· 1 Zwiebel, klein geschnitten
· 1 Stange Staudensellerie, klein geschnitten
· 200 g Carnaroli-Reis
· 1 l Geflügelbrühe
· 30 g Butter
· 50 g Parmesan
· Salz, Pfeffer

ZUBEREITUNG
Die Rebhühner von innen salzen und pfeffern, Rosmarin hineingeben und mit dünnem Speck umwickeln. In einem Topf in Olivenöl auf beiden Seiten goldbraun braten, den Bratensatz mit Weißwein ablöschen und vom Topfboden schaben. Dann Karotte, Zwiebel und Sellerie zugeben. Das Ganze im Ofen 10 Minuten offen garen lassen. Topf herausnehmen, zudecken. Ruhen lassen. Die Bratensauce abgießen und beiseite stellen. Den Reis in einen großen Topf geben und bei mittlerer Hitze nach und nach die Geflügelbrühe zugießen. Wenn der Risotto gar ist, die in Würfel geschnittene Butter, den gehobelten Parmesan sowie 2 EL Bratensaft hinzugeben und mischen.
Den Reis auf 4 Teller verteilen, jeweils ein halbes Rebhuhn darauf anrichten und mit dem Rest Bratensaft beträufeln.
(Foto Seite 167)

GRATINIERTE KARTOFFELN MIT ALBA-TRÜFFELN

FÜR 4 PERSONEN
ZUBEREITUNGSZEIT: 20 MINUTEN
KOCHZEIT: 30 MINUTEN

ZUTATEN
· 4 mittelgroße Kartoffeln
· 10 – 15 cl Milch
· 5 Eigelb
· 1 EL Parmesan
· 80 g weißer Trüffel
· Salz, Pfeffer

ZUBEREITUNG
Die ungeschälten Kartoffeln in Salzwasser 30 Minuten gar kochen. Abtropfen lassen, schälen und so aushöhlen, dass ein Eigelb hineinpasst. Warm stellen. Mit der ausgehöhlten Kartoffelmasse, 1 Eigelb, 1 EL Parmesan, Salz und Pfeffer ein Kartoffelpüree zubereiten.
Die ausgehöhlten Kartoffeln salzen, ein Eigelb hineinsetzen, die Öffnung mit Püree abdecken und im Ofen 5 Minuten gratinieren.
Die Kartoffeln aus dem Ofen nehmen und mit geriebenem Trüffel bestreuen.

FEIGEN-*BEIGNETS* MIT HEIDELBEERCOULIS

FÜR 4 PERSONEN
ZUBEREITUNGSZEIT: 25 MINUTEN
KOCHZEIT: 1 – 2 MINUTEN

ZUTATEN
· 250 g Zuckersirup
· 12 große, reife Feigen
· 2 Eier
· 1 EL Mehl
· 3 EL Milch
· 250 g Heidelbeeren
· 2 EL Zucker
· Öl zum Frittieren
· 3 – 4 EL Puderzucker

ZUBEREITUNG
Den Zuckersirup mit 4 Feigen pürieren. In eine Eismaschine geben und gefrieren lassen.
Für den *Beignet*-Teig Eier, Mehl und Milch mischen.
Für den Coulis die Heidelbeeren mit dem Zucker 5 Minuten kochen lassen und dann durch ein feines Sieb passieren.
Die restlichen Feigen teilen, in den Teig tauchen und 1 – 2 Minuten im heißen Öl frittieren.
Auf die Teller 2 EL Heidelbeercoulis verteilen, in die Mitte eine Kugel Sorbet setzen und die Feigen-*Beignets* darum anrichten. Mit Puderzucker bestäubt servieren.
(Foto Seite 165)

ADRESSEN DER RESTAURANTS

ELENA ARZAK
Arzak
Alto de Miracruz 21
E-20015 Donostia/San Sebastian
Telefon: 0034 09 43 27 84 65
arzak@relaischateaux.com
www.arzak.es

ISABELLE AUGUY
Grand hôtel Auguy
2, Allée de l'amicale
F-12210 Laguiole
Telefon: 0033 05 65 44 31 11
contact@hotel-auguy.fr
www.hotel-auguy.fr

JUDITH BAUMANN
Pinte des Mossettes
La Valsainte
CH-1654 Cerniat
Telefon: 0041 0 26ß 9 27 20 97
Veröffentlichungen: *Saveurs sauvages de la Gruyère*, 1994; *Un monde de saveurs*

NATHALIE BEAUVAIS
Le Jardin gourmand
46, Rue Jules Simon
F-56100 Lorient
Telefon: 0033 02 97 64 17 24
Veröffentlichungen: *La Bretagne gourmande*, 2004.
Mitarbeit: *Saveur et Terroir*, 1996; *Femmes Chefs*, 2004

SOPHIE BISE
• L'Auberge du Père Bise
Route du Port
F-74290 Talloires
Telefon: 0033 04 50 60 72 01
reception@perebise.com
www.perebise.com

• Chez ma cousine
2036, Route Annecy
F-74210 Doussard
Telefon: 0033 04 50 32 38 83
info@chezmacousine.fr
www.chezmacousine.fr

CHANTAL CHAGNY
Auberge du Cep
Place de l'Église
F-69820 Fleurie
Telefon: 0033 04 74 04 10 77

SALLY CLARKE
Clarke's
124 Kensington Church Street
GB-London W8 4BH
Telefon: 00 44 0 20 72 21 92 25
restaurant@sallyclarke.com
www.sallyclarke.com
Veröffentlichung: *Sally Clarke's Book*, 2004

HÉLÈNE DARROZE
Hélène Darroze
4, Rue D'Assas
F-75006 Paris
Telefon: 0033 01 42 22 00 11
darroze@relaischateaux.com
www.relaischateaux.com

PATRICIA DESMEDT
Rest't oud Konijntje
Bostraat, 53
B-8790 Waregem
Telefon: 0032 0 56 60 19 37
Veröffentlichung: *Culinaire confidenties. De Keuken van't oud Konijntje*, 2002. Mitarbeit: *The Culinar Chronicle*, 2003, *De Chef is een vrouw*, 2004

LYDIA EGLOFF
La Bonne Auberge
15, Rue Nationale
F-57350 Stiring-Wendel
Telefon: 0033 03 87 87 52 78

NICOLE FAGEGALTIER
Hôtel Restaurant du Vieux Pont
F-12390 Belcastel
Telefon: 0033 05 65 64 52 29
hotel-du-vieux-pont@wanadoo.fr
www.hotelbelcastel.com

ANNIE FEOLDE
Enoteca Pinchiorri
Via Ghibellina 87
I-50122 Firenze
Telefon: 0039 0 55 24 27 77
enoteca@relaischateaux.com
www.enotecapinchiorri.com

CHRISTINE FERBER
Maison Ferber
18, Rue des Trois-Épis
68230 Niedermorschwihr
Telefon: 0033 03 89 27 05 69
Veröffentlichungen: *Larousse des confitures; Verwunschene Leckereien; Mes tartes sucrés et salées*

ROSE GRAY & RUTH ROGERS
The River Cafe
Thames Wharf, Rainville Road
GB-London W69HA
Telefon: 0044 0 20 73 86 42 00
Veröffentlichung: *River Cafe Cook Book*

CATHERINE GUERRAZ
Chez Catherine
3, Rue Berryer
F-75008 Paris
Telefon: 0033 01 40 76 01 40

FATEMA HAL
La Mansoura
11, Rue Faidherbe
F-75011 Paris
Telefon: 0033 01 43 71 00 16
contact@fatemahal.com
www.fatemahal.com
Veröffentlichungen: *Le grand livre de la cuisine marocaine; Cuisine du Maroc; recettes originales du royaume des médinas; Le livre du couscous; Gestes et saveurs du Maroc*

ANGELA HARTNETT
The Connaught
Carlos Place Mayfair
GB-London W1K 2AL
Telefon: 0044 0 20 74 99 70 70
info@the-connaught.co.uk
www.the-connaught.co.uk

MARIE-CHRISTINE KLOPP
Restaurant La Flamiche
20, Place de l'Hôtel de ville
F-80700 Roye
Telefon: 0033 03 22 87 00 56
restaurant.flamiche@worldonline.fr
www.flamiche.fr

LEA LINSTER
Le Restaurant
17, Route de Luxembourg
L-5752 Frisange
Telefon: 0035 02 23 66 84 11
info@lealinster.lu
www.lealinster.lu
Veröffentlichung: *Einfach und genial*, 2002

JOCELYNE LOTZ-CHOQUART
Mungo Park
11, Rue Jean Petit
F-25000 Besançon
Telefon: 0033 03 81 81 28 01
contact@mungo-park.com
www.mungo-park.com

GISÈLE LOVICHI
Auberge Santa Barbara
Route de Propriano Alzone
F-20100 Sartène
Telefon: 0033 04 95 77 09 06

JOHANNA MAIER
Hubertus
Am Dorfplatz 1
A-5532 Filzmoos
Telefon: 0043 0 64 53 82 04
hubertus@relaischateaux.com
www.relaischateaux.com
Veröffentlichung: *Johanna Maier*, 2003

FLORA MIKULA
Flora
36, Av. George V
F-75008 Paris
Telefon: 0033 01 40 70 10 49
Veröffentlichung: *Ma Provence dans votre assiette*

OLYMPE
Casa Olympe
48, Rue St Georges
F-75009 Paris
Telefon: 0033 01 42 85 26 01

AGATA PARISELLA
Agata e Romeo
Via Carlo Alberto 45
I-00185 Rom
Telefon: 0039 06 4 46 61 15
ristorante@agataeromeo.it
www.agataeromeo.it
Veröffentlichungen: *La pittura in cucina*; *Olii e aceti d'Italia*

ANNE-SOPHIE PIC
• Pic
285, Av. Victor Hugo
F-26000 Valence
Telefon: 0033 04 75 44 15 32
pic@relaischateaux.com
www.pic-valence.com

• Auberge du Pin
285 Bis, Av. Victor Hugo
F-26000 Valence
Telefon: 0033 04 75 44 53 86
Veröffentlichungen: *L' artichaut*, 2002, *Au nom du père*, 2004

VALERIA PICCINI
Da Caino
Via Canonica 3
I- 58050 Montemerano (GR)
Telefon: 0039 05 64 60 28 17
info@dacaino.it
www.dacaino.it

CORNELIA POLETTO
Poletto
Eppendorfer Landstraße145
D-21251 Hamburg
Telefon: 0049 0 40 4 80 21 59

MARIE-FRANCE PONSARD
Le Bistroquet
97, Route nationale
F-54940 Belleville
Telefon: 0033 03 83 24 90 12
le-bistroquet@wanadoo.fr

CARME RUSCALLEDA
Restaurant Carme Ruscalleda – Sant Pau
C/Nou 10
E-08395 Sant Pol de Mar
Telefon: 0034 0 93 7 60 06 62
santpau@ruscalleda.com
www.ruscalleda.com
Veröffentlichungen: *Dau anys de cuina al Sant Pau; Cuinar per ser feliç; Un any amb Carma Ruscalleda*

REINE SAMMUT
Auberge La Fenière
Route de Cadenet
F-84160 Lourmarin
Telefon: 0033 04 90 68 11 79
contact@reinesammut.com
www.reinesammut.com
Veröffentlichungen: *La cuisine de Reine. Heures et saveurs méditerranéennes*

NADIA SANTINI
Ristorante dal Pescatore
Runate 17
Canneto sull'Oglio
I-46013 Mantova
Telefon: 0039 03 76 72 30 01
santini@dalpescatore.com
www.dalpescatore.com
Veröffentlichungen: *La cucina di Nadia e Antonio Santini* (Ausgaben in italienischer, französischer und japanischer Sprache)

ANNA SGROI
Lange Reihe 40
D-20099 Hamburg
Telefon: 0049 0 40 28 00 39 30

SUZEL
Odette Jung
La ferme de Suzel
15, Rue des Vergers
F-67350 Ringendorf
Telefon: 0033 03 88 03 30 80

LUISA VALAZZA
Al Sorriso
Via Roma 18
I-28018 Soriso
Telefon: 0039 03 22 98 32 28
sorriso@relaischateaux.com
www.relaischateaux.com

GLOSSAR

Agnolini: kleine Nudelteigtaschen mit gezacktem Rand

Aligot: dicker Brei aus Kartoffeln und Käse mit Knoblauch

Andouillette: rohe Andouille

Andouille: französische Wurst aus Kalbsgekröse, Schweinebauch und Innereien

Baeckoffe (elsässisch), *Backehoffe* (lothringischer Dialekt): Eintopf aus Fleisch, Kartoffeln und Zwiebeln

Beignet: im Backteig ausgebackene Früchte etc. (»Krapfen«)

Brickteig: hauchdünner Teigfladen, Spezialität aus Algerien und Marokko

Brocciu: korsischer Ziegenkäse

Brousse: korsischer Schafsfrischkäse

Bugne: Krapfen, Schmalzgebäck

Cannelloni: gefüllte Teigröhren

Carambar: französisches Kaubonbon

Charlotte: aus England stammende Süßspeise

Chorizo: spanische Wurst aus rohem Schweinefleisch, kräftig gewürzt

Confit: im eigenen Saft gegarte Speise, die in eine aromatisierende Flüssigkeit eingelegt wurde

Coulis: konzentrierter Saft oder feinflüssiges Püree

Espelette: Pfefferschote; der daraus gewonnene Pfeffer ist pikant, aber nicht so scharf wie Cayennepfeffer

Financiers: Mandelbiskuit, auch mit kandierten Früchten

Granita: italienisches Getränk aus geschabtem Eis

Guérande-Meersalz: naturbelassenes Salz aus der Bretagne

Lait glacé: Eis, auf der Basis von Milch, nicht von Sahne hergestellt

Maragogype: milde, aromatische Kaffeesorte

Nappieren: eine Speise mit einer dickflüssigen Sauce übergießen

Pain perdu: französisches Pendant zu den Armen Rittern

Pappardelle: Bandnudeln verschiedener Breite

Paris-Brest: mit Crème gefüllter Brandteig

Pastilla: Blätterteigpastete

Piconbier: Bier mit Cognac

Pistou: eine dickflüssige Sauce aus Kräutern, Knoblauch, Olivenöl und geriebenem Käse; französisches Pendant zum italienischen Pesto

Poutargu: provenzalischer gepresster Rogen der Seebarbe

Quinoa: »Inkaweizen«; Körnerfrucht aus den Anden

Rillettes: französischer Brotaufstrich aus fein gemahlenem, gut gewürztem Fleisch

Sauce Bourride: Fischsauce u. a. mit Zwiebeln, Tomaten, Knoblauch und Kräutern

Sauce Grenadine: Sauce mit Sirup aus Granatapfelsaft

Sauce laquée: süßsaure Sauce u. a. mit Honig und Sojasauce

Serac: aus Molke hergestellter frischer Käse

Strate de bœuf: Rinderfilet mit Foie Gras

Strozzapreti: zopfartige Kurzpasta

Taglierini: sehr schmale Bandnudeln

Tajine: aus Nordafrika stammendes Kochgerät aus Ton mit Deckel; auch Bezeichnung für darin geschmorte Gerichte

Tartiflette: Kartoffelauflauf

Tian: flache, meist irdene Auflaufform

Vin jaune: Sherry-ähnlicher Wein aus dem französischen Jura, jedoch nicht mit Alkohol versetzt

REZEPTREGISTER

IMPRESSUM

Titel der französischen Originalausgabe
Elles sont chefs : Les grandes dames de la cuisine contemporaine et leurs meilleures recettes

Koordination: AIO Buch und Bücher, Dr. Günther Fetzer, München
Lektorat: Maria Müller
Grafische Gestaltung: Isabelle Ducat
Satz: ABC Fotosatz & Repro GmbH, München
Lithografie: Reproscan, Italien
Druck: Canale, Borgaro Torinese

Printed in Italy

ISBN 2-08-021041-6
FB1041–05–IX
Dépôt légal: 9/2005

Éditions Flammarion
87, quai Panhard et Levassor
F-75647 Paris Cedex 13

www.editions.flammarion.com